要素式审判法：
庭审方式与裁判文书的创新

滕威 刘龙／著

第二版

人民法院出版社

图书在版编目（CIP）数据

要素式审判法：庭审方式与裁判文书的创新 / 滕威，刘龙著. -- 2版. -- 北京：人民法院出版社，2023.9
ISBN 978-7-5109-3887-0

Ⅰ. ①要… Ⅱ. ①滕… ②刘… Ⅲ. ①民事诉讼－审判－研究－中国 Ⅳ. ①D925.118.24

中国国家版本馆CIP数据核字(2023)第164601号

要素式审判法：庭审方式与裁判文书的创新（第二版）

滕 威 刘 龙 著

责任编辑	王 婷 李 瑞
出版发行	人民法院出版社
地 址	北京市东城区东交民巷27号（100745）
电 话	（010）67550617（责任编辑） 67550558（发行部查询）
	65223677（读者服务部）
客服QQ	2092078039
网 址	http://www.courtbook.com.cn
E－mail	courtpress@sohu.com
印 刷	保定市中画美凯印刷有限公司
经 销	新华书店
开 本	787毫米×1092毫米 1/16
字 数	350千字
印 张	19.75
版 次	2023年9月第2版 2023年9月第1次印刷
书 号	ISBN 978-7-5109-3887-0
定 价	68.00元

版权所有 侵权必究

修订版序言

推进民事诉讼程序繁简分流改革是深化民事诉讼制度改革的重要举措，也是全面深化司法体制综合配套改革的重要内容。2019年12月，全国人民代表大会常务委员会通过了《关于授权最高人民法院在部分地区开展民事诉讼程序繁简分流改革试点工作的决定》（人大常委会字〔2019〕42号）。为了规范试点工作，最高人民法院于2020年1月印发了《民事诉讼程序繁简分流改革试点方案》（法〔2020〕10号），并制定了《民事诉讼程序繁简分流改革试点实施办法》（法〔2020〕11号），要求深入贯彻落实党中央决策部署，扎实开展民事诉讼程序繁简分流改革试点工作。要完善简易程序规则，准确把握简易程序适用标准，做到"当简则简、当繁则繁"，依法规范小额诉讼程序、简易程序和普通程序转换机制，完善裁判文书简化配套制度，促进审判质量和效率相统一。2020年4月15日，最高人民法院发布了《关于印发〈民事诉讼程序繁简分流改革试点问答口径（一）〉》的通知（法〔2020〕105号）。根据上述决定，试点法院可以调整适用《民事诉讼法》条文共六条，对与之相关联的司法解释条文也一并调整适用。[①] 2021年年底，《民事诉讼法》第四次修正，同时《最高人民法院关于适用〈中华人民共和国民事诉讼法〉的解释》也进行了相应的修改，该《民事诉讼法》及其司法解释的修改，将繁简分流改革试点工作经验融入其中，尤其聚焦于独任制的扩大适用和合议制的限缩问题，规定基层人民法院审理的基本事实清楚、权利义务关系明确的第一审民事案件，可以由审判员一人适用普通程序独任审理。第四次修正后的《民事诉讼法》使基层人民法院在第一审程序中即适用独任小额诉讼程序、独任简易程序以及独任普通程序这三种不同的独任审判模式。需要说明的是，2023年9月《民事诉讼法》的修改并未涉及上述内容。

[①] 具体包括《最高人民法院关于适用〈中华人民共和国民事诉讼法〉的解释》第一百三十六条、第一百四十条、第二百五十七条、第二百五十八条第一款、第二百五十九条、第二百六十一条、第二百七十一条、第二百七十二条、第二百七十四条、第二百七十五条、第二百七十七条、第二百八十条、第二百八十二条。

民事诉讼立法以及最高人民法院司法解释、司法政策的变化，必然会影响司法实务。要素式审判法的适用前提就是民事诉讼案件的繁简分流，且民事简易程序又是要素式审判法的逻辑起点，即要素式审判法特别需要借助于民事简易程序以及小额诉讼程序。近年来，司法体制改革特别是法官员额制改革、司法责任制的落实，不仅在审判方式上而且在工作机制上对要素式审判法的运用产生了一定的影响，使得要素式审判法的运用与优化必须要与审判机制相衔接。要充分发挥法官助理的作用，注重争点整理、审前准备，包括庭前会议，为要素式庭审及要素式文书的运用打好基础。因此，对要素式审判法的一些认知与做法，需要进行重新审视、改进与完善。

此外，最高人民法院2016年出台的《关于进一步推进繁简分流优化司法资源配置的若干意见》第十五条，对裁判文书的繁简分流作出了明确的要求："推行裁判文书繁简分流。根据法院审级、案件类型、庭审情况等对裁判文书的体例结构及说理进行繁简分流。复杂案件的裁判文书应当围绕争议焦点进行有针对性的说理；新类型、具有指导意义的简单案件，加强说理；其他简单案件可以使用令状式、要素式、表格式等简式裁判文书，简化说理。当庭宣判的案件，裁判文书可以适当简化。当庭即时履行的民事案件，经征得各方当事人同意，可以在法庭笔录中记录相关情况后不再出具裁判文书。"这些规定，既可作为繁简分流原则在裁判文书说理方面的要求，也符合不同案件裁判文书说理需详略得当的客观实际。特别是近年来，对裁判文书释法说理的重视程度越来越高，其是深化依法治国实践和提升国家治理能力的基础工程，是展示人民法院公正形象的载体工程，是提高司法产品质量和审判效率的优化工程，是推进司法公正的升华工程，是改善人民群众公平正义获得感的民生工程。[①]最高人民法院于2018年出台的《关于加强和规范裁判文书释法说理的指导意见》（法发〔2018〕10号）第一条开宗明义地提出裁判文书说理的目的是要"发挥裁判的定分止争"作用，"让人民群众在每一个司法案件中感受到公平正义""实现法律效果与社会效果的有机统一。"这个目标定位是对法律与社会的关系这一论题的有力阐释，从司法裁判的视角重申社会认同对于司法的重要意义。

2021年，最高人民法院出台了《关于深入推进社会主义核心价值观融入裁

---

① 参见最高人民法院司法改革领导小组办公室编：《最高人民法院关于加强和规范裁判文书释法说理的指导意见理解与适用》，中国法制出版社2018年版，序言部分。

判文书释法说理的指导意见》(法〔2021〕21号),该指导意见开篇即强调"进一步增强司法裁判的公信力和权威性",第3条还就此进行了凝练与补充,即"……要根据案件的社会影响、审判程序、诉讼阶段等不同情况进行繁简适度的说理,简案略说,繁案精说,力求恰到好处"。要通过强化裁判文书的说理来"充分发挥司法裁判在国家治理、社会治理中的规则引领和价值导向作用",从而"努力实现富强、民主、文明、和谐的价值目标,努力追求自由、平等、公正、法治的价值取向,努力践行爱国、敬业、诚信、友善的价值准则"。这也是因为正义不仅要实现,而且要能为人所感知。

我们于2016年在人民法院出版社出版的《要素式审判法:庭审方式与裁判文书的创新》是面向司法实务的一本指导性用书,但鉴于上述深化诉讼制度改革、推进案件繁简分流以及立法、司法上的诸多新要求,加上这些年司法经验的积累和总结,亟须修订。在本次修订中,我们不仅对全书的体系进行了调整,而且在内容上也进行了大量的补充和完善。本着务实的态度,我们将大量的精力投入到应对司法实践中出现的新情况与新问题方面,尽可能细化要素式审判法的操作规范,还设计了可复制、可借鉴的部分类型案件的诉讼模板,以及示范性实例。

1. 我们增加了第一章的内容"要素式审判法概要",将要素式审判法的基本内容、要素式审判法产生的背景、要素式审判法的运用态势,以及要素式审判法的提速原理进行了介绍,目的是让读者能够从宏观层面对要素式审判法有所了解。我们还特别注意介绍要素式审判法在司法实务中的具体操作,尽可能让要素式审判法落地生根,更"接地气"。比如,关于小额诉讼程序的"一次性开庭审结"、庭前准备中争议要素整理方法、要素式审判法中的庭前会议、要素式庭审中的庭审小结、要素式庭审的开庭笔录等,都是本次修订新增加的内容,以增强其针对性、实用性以及指导性。不仅如此,对于要素式庭审方式,本次修订还增加了模板式的庭审提纲与操作实例,能使人更加直观地了解和把握要素式庭审的具体操作方法与流程。

2. 在要素式裁判文书制作方面,我们在第一版的基础上,对之前要素式裁判文书样式的可操作性进行了评价,并在"要素式裁判文书的案情概要制作"一节中,归纳出了"要素列举式"和"要素归纳式"两种要素式裁判文书样式,并分别设计了该两种样式的模板。同时,我们对要素式审判法如何落实"加强裁判文书释法说理"、如何"将社会主义核心价值观融入裁判文书释法说理"作出了回应，提出了具体的落实措施。

3. 本次修订，我们还增加了第五章的内容，即"要素式审判法重点提示和未来展望"，将要素式审判法在运用过程中的一些不宜放在前面各章节中的注意事项给予了重点提示。包括要素式审判法与审判流程、与法官助理等机制的衔接等。随着智慧法院建设进一步的发展，对人工智能与司法审判融合的要求也越来越高，所以我们对实务界已经作出的人工智能与要素式审判法的融合情况也进行了一般性介绍和展望。我们还对要素式审判法作出了归纳总结，认为未来司法实践中对要素式审判法的适用未必只在于简易案件或小额诉讼案件，其内在的机理将逻辑地导致要素式审判法适用于更大范围的民商事案件，甚至二审案件乃至再审申请案件。我们希望要素式审判法能够成为所有民商事案件的思维方式，成为法官审理案件首选的方法。

4. 本次修订中，我们还对初版的第二编内容，通过"提取公因式"的方式，设计了各类案件通用的庭审提纲与文书样式模板，删除了初版中分别附在三十多种案件类型后面的具有重复性的"庭审笔录"及"要素式判决书样式"内容，只保留了各类案件的《诉讼要素表》，不仅节省了大量的版面，而且使初版中的第一编与第二编内容失衡的情形得到了改善。

5. 在本次修订中，我们还将初版中第二编的部分民事纠纷类案，参照《民法典》的体例，尤其是按照最高人民法院印发的《关于修改〈民事案件案由规定〉的决定》（法〔2020〕346号）中民事案件案由的顺序进行了调整，使其更加科学合理。

总而言之，修订后的本书，在具体内容上更加贴近实务，整体布局上更加符合逻辑，其既强化了理论性，更强化了指导性，与初版相比，亦更具针对性。当然，要素式审判法仍在不断的改进过程中，即使适时地对本书进行修订，也难免挂一漏万、内容有所不当甚至出现谬误，还望各位读者明鉴！

作　者

二〇二三年九月

第一版前言

近年来，人民法院案多人少的矛盾日益突出，承担主要审判任务的基层人民法院不堪重负，出现了一些如诉讼效率低下、草率结案、诉讼不公、涉诉信访等问题，影响到人民法院的形象和司法的公信力。从宏观上说，解决这些矛盾有两条路径：一是构建多元化纠纷解决机制，大力发展仲裁、人民调解等民间解纷方式，鼓励更多的民商事纠纷通过诉讼外的途径解决；二是完善诉讼程序体系，实行繁简分流，增设小额诉讼程序、督促程序等来解决一些简单的民事纠纷，降低诉讼成本，节约司法资源。对于后者，我们既要改革现有制度中的不合时宜之处，又要更新自己一贯的思维观念，大胆探索，开拓创新。按照最高人民法院的要求，就是要根据不同审级和案件类型，实现裁判文书的繁简分流。加强对当事人争议较大、法律关系复杂、社会关注度较高的一审案件裁判文书的说理性。对事实清楚、权利义务关系明确、当事人争议不大的一审民商事案件，使用简化的裁判文书，通过填充要素、简化格式，提高裁判效率。[1]

影响程序公正结果的，除了不公正地对待诉讼双方当事人之外，还存在一个更为重要的因素就是诉讼时间上的迟延。一直以来，由于我国民事诉讼法规定按照案情是否简单或诉讼数额大小作为适用简易程序的划分标准，无法周到地考虑到小标的案件的复杂性，以及大标的案件的简单性，法院投入的人力财力未必与案件的处理需求相匹配，而且诉讼程序的实用性不高，缺乏简便易行的程序手段。我国也存在着诉讼分散性的程序性传统，民事纠纷当事人之间的争论焦点，往往会因缺乏审前准备程序而随着诉讼程序的进展才能渐渐趋于明朗，这与英美国家和地区差异很大。而且，当事人或律师也习惯于搞证据突袭，导致庭审质量与效率不高。在纠纷处理过程中，无论是法官还是当事人包括诉讼代理人常常投入一些无效劳动，使得有些案件的操作过程过于繁复，简单案

---

[1] 参见《最高人民法院关于全面深化人民法院改革的意见——人民法院第四个五年改革纲要（2014～2018）》（法发〔2015〕3号），载《人民法院报》2015年2月27日。

件久拖不决。其实这种现象，与我国基层法院目前所存在的诉讼态势，是极不相称的。要克服这些现象，就必须要从制度、观念与机制方面想办法予以解决。我们认为，在当前案多人少的司法背景下，应当尝试着对庭审方式进行改良，而在制度与观念之间，从某种意义上说，观念的改变又是更为重要的，因为观念的变革往往是制度变革的前奏与先导，观念变革的彻底与否，是制度改革能否取得成功的决定性因素。

自20世纪八九十年代，一场具有启蒙意义的审判方式改革提出了"证在法庭、辩在法庭、判在法庭"的模式，目的是努力让法庭成为诉讼程序的中心，让法官成为法院的中心。经过多年的审判方式改革包括庭审方式改革，人民法院已经普遍习惯于变传统的纠问式诉讼为听审式诉讼，并且把庭审作为审判工作的核心。改革走到了今天，仍然在持续推进，并在理论上作出了很多的贡献：一是法官/审判组织在司法过程中具有独立作出裁判的权力，而不应按照行政层级运行方式层层审核，不能搞行政化；二是法官作出裁判时必须经过公正、公开、规范的庭审，否则独立裁判中裁判是非曲直的实体正义将失去最重要的程序保障。在立案阶段，一律向当事人发送受理案件通知书、应诉通知书，同时发送诉讼须知、诉讼权利义务告知书等，目的是告知当事人对自己的主张有责任提供证据，否则会承担不利于己的法律后果；在庭前准备阶段，法官一般不找当事人谈话了解情况，也不帮助其收集证据材料，除非是因当事人客观原因不能自行收集的。要求法官必须对原告与被告的诉讼争议焦点有一个大体的把握，以便于庭审时有的放矢，突出重点，从而加快庭审节奏。该阶段可以召集庭前听证会，让当事人以及诉讼代理人都参加，通过举证以及当事人陈述，找出当事人双方争议的焦点，分清是非与责任，当然也可在此基础上进行调解，调解不成则立即开庭审理。庭审中，当事人可以进行举证和质证，法官一般不作询问。只有在当事人的陈述离开案件争议焦点时，法官才会制止或者进行引导。这种庭审方式，当庭查明事实，审核证据，消除了庭审走过场、先入为主等弊端，而且由于当事人陈述、举证质证、审核证据材料等活动，全都在庭上进行，不仅提高了效率，而且所查明的案件事实也更令人信服。要素式审判法中的庭审模式，正符合这样的要求，其能够克服上述列举的程序上的不足，并在不影响当事人诉讼权利的基础上，提高庭审效率。

1992年最高人民法院颁布的《法院诉讼文书样式（试行）》至今已实施了二十多年，这些年来，民事审判工作出现了很多新情况新变化，该文书样式已经不能满足司法实践的需要，除了各地法院对裁判文书的制作要求不同而样式各异、良莠不齐、文书缺乏对争议焦点的充分说理或论证、逻辑结构不清晰不简明而导致文书冗长外，有相当数量的裁判文书未能体现繁简分流，未能反映审级特点，法官制作裁判文书压力很大。[①]加上新的法律、司法解释新增加了诉讼制度和案件类型，全国法院裁判文书公开上网等要求，原来的文书样式便越来越显露出了缺陷和不足。因此，近年来，最高人民法院也一直在全国法院系统积极推进和鼓励庭审方式与裁判文书改革，特别是裁判文书的改革。其中，要素式审判法是在司法实践摸索中出现的新型模式，它能大大提高庭审效率，在裁判文书上实现简化，让法官把更多精力放在疑难、新型案件上。事实上，自2012年深圳市中级人民法院率先在其辖区内实行要素式审判法至今，要素式审判法已在全国多地区开花结果，广东、江苏、浙江、山东、内蒙古、陕西等地法院相继发布有关改革成果和指导意见，均取得了良好成效。

为适应我国民事审判工作面临的新形势、新任务，总结全国四级法院裁判文书有益做法、反映近年来审判方式改革和裁判文书改革经验，最高人民法院根据修正后《民事诉讼法》及其司法解释的规定，对原有的《民事诉讼文书样式》进行修改、补充、整合、规范。2016年7月5日，最高人民法院就统一制作裁判文书样式召开新闻发布会，公布了新版《民事诉讼文书样式》。同时指出，此次文书样式的设计，是根据不同审级的功能来确定裁判文书的说理重点，文书说理应当繁简得当，提出了既要加强对复杂、疑难、新型、典型、有争议、有示范价值等案件的说理，也要简化简易、小额、无争议案件裁判文书制作的要求，以减轻办案法官制作裁判文书的工作量，缓解案多人少压力。为此，最高人民法院根据案件的不同类型和审级要求，分别制定了普通程序、简易程序、小额诉讼程序的裁判文书样式；对其中适用简易程序与小额诉讼程序的案件，设计了要素式、令状式和表格式的简单裁判文书样式，以减轻办案法官制作裁判文书的工作量，缓解案多人少的压力。

要素式审判法，是把法官认定案件事实时所考虑的事项展示给当事人，让当事人围绕这些案件要素来提供相关证据，进行当庭举证、质证。当然，我们也看到，要素式庭审模式聚焦于争议要素的对抗性，要求法官具备较高的组织

[①] 参见最高人民法院修改后民事诉讼法贯彻实施工作领导小组编：《民事诉讼文书样式》，人民法院出版社2016年版，出版说明。

能力和判断水平。为此，我们对要素式庭审模式进行了一些归纳与提炼，要求在要素式庭审模式中，法官应当尽可能地对有争议的要素事实，通过当事人举证、质证，当庭予以确认并记入笔录。同时，要素式庭审模式所追求的结果，也一定离不开要素式裁判文书的制作，这二者之间相辅相成，相得益彰。目前，要素式审判法主要应用于劳动争议，交通事故，涉及抚养费、赡养费、履行离婚协议的婚姻家事，以及民间借贷纠纷包括金融借款纠纷等案件。在要素式裁判文书制作方面，要求对没有争议的要素直接予以确认，一笔带过；对于有争议的要素，法院才写明诉辩意见、举证以及法院认定事实，并根据情况决定是否需在要素式裁判文书中阐释理由或认定依据。这样做的好处就是突出重点、简单明了、节省时间，也提高效率。

要素式审判法将"以法官员额制改革、案多人少形势为背景，以梳理案件要素、提高开庭效率为目标，探索民商事案件更加合法、科学、高效的审判权运行方式"。[①] 有鉴于此，作为回应，我们对要素式审判法的理论与实践经验，在汇集各地法院规范性文件及其探索所取得的经验的基础上，进行了系统化的梳理研究，对要素式审判法，特别是要素式裁判文书的制作等，作出更进一步的模板化、可复制化的处理，以便于中基层人民法院的法官在应用过程中学习参照，使这一成果能够得以推广。同时，我们希望各地法院、各位法官在应用中，能对我们所归纳总结的不足和谬误给予批评指正。

编 著 者

二〇一六年八月

---

① 胡发胜：《积极推行要素模式引领审判权运行机制改革》，载《人民法院报》2016年5月18日。

目 录

第一编 要素式审判法的理论与实践探索

第一章 要素式审判法概说 …………………………………………………… 3
- 第一节 要素式审判法的基本内容 ………………………………………… 3
- 第二节 要素式审判法产生的背景及其运用态势 ………………………… 9
- 第三节 要素式审判法的提速原理 ………………………………………… 16

第二章 简易程序是要素式审判法的适用基础 ……………………………… 20
- 第一节 简易程序是要素式审判法的逻辑起点 …………………………… 22
- 第二节 民事小额诉讼程序的制度设计 …………………………………… 31
- 第三节 要素式审判法的适用前提是繁简分流 …………………………… 42
- 第四节 简易程序、小额程序、要素式审判与速裁的关系 ……………… 57

第三章 要素式审判法的庭审方式 …………………………………………… 65
- 第一节 民事庭审方式改革的嬗变 ………………………………………… 66
- 第二节 要素式庭审方式的实践探索 ……………………………………… 73
- 第三节 要素式庭审方式应掌握的原则 …………………………………… 78
- 第四节 中外庭审方式中对争议要素审查方式的比较 …………………… 83
- 第五节 要素式庭审方式的操作要点 ……………………………………… 93
- 第六节 要素式庭审提纲及其操作实例 …………………………………… 103

第四章 要素式裁判文书的理论与实务 ……………………………………… 113
- 第一节 我国民事裁判文书制度改革概览 ………………………………… 113
- 第二节 要素式裁判文书对传统裁判文书的冲击 ………………………… 124
- 第三节 要素式裁判文书的实践探索 ……………………………………… 131
- 第四节 要素式裁判文书制作概要 ………………………………………… 138
- 第五节 要素式民事裁判文书制作模板及其范例 ………………………… 158

第五章　要素式审判法的重点提示与未来展望 172
　　第一节　要素式审判法的重点提示 172
　　第二节　人工智能与要素式审判法的融合 178
　　第三节　要素式审判法适用范围的扩张 184

第二编　部分类案《诉讼要素表》

第一章　概　述 191
　　第一节　法律要件与诉讼要素的区别 191
　　第二节　以劳动争议案件为例的《诉讼要素表》 193

第二章　人格权纠纷 198
　　第一节　生命权、健康权损害赔偿纠纷 198

第三章　婚姻家事纠纷 202
　　第一节　离婚纠纷 202
　　第二节　离婚后财产纠纷 205
　　第三节　抚养纠纷（变更抚养关系纠纷） 206
　　第四节　婚约财产纠纷 207
　　第五节　收养纠纷（确认收养关系有效或者无效用） 208
　　第六节　继承纠纷 209

第四章　买卖合同纠纷 211
　　第一节　买卖合同纠纷（普通商品） 211
　　第二节　买卖合同纠纷（消费者权益保护类） 213
　　第三节　房屋买卖合同纠纷（预期交房） 215

第五章　借款合同纠纷 216
　　第一节　金融借款合同纠纷 216
　　第二节　信用卡纠纷 218
　　第三节　企业借贷合同纠纷 219
　　第四节　民间借贷纠纷 221
　　第五节　保证合同纠纷 224
　　第六节　担保追偿权纠纷 225

第六章　其他常见合同类纠纷 227
　　第一节　中介合同纠纷 227

第二节　加工承揽合同纠纷 229
　　第三节　运输合同纠纷 230
　　第四节　物业服务合同纠纷（欠缴物业费）....................... 231
　　第五节　房屋租赁合同纠纷 233
　　第六节　建设工程合同纠纷 235
第七章　保险合同纠纷 236
　　第一节　财产保险合同纠纷 236
　　第二节　人身保险合同纠纷 238
　　第三节　机动车交通事故责任强制保险合同纠纷 239
第八章　各类劳动争议纠纷 241
　　第一节　确认劳动关系纠纷 241
　　第二节　追索劳动报酬纠纷（请求工资或者加班工资）... 242
　　第三节　请求经济补偿金纠纷 244
　　第四节　追索劳动报酬纠纷（请求未休年休假工资）....... 246
　　第五节　追索劳动报酬纠纷（请求二倍工资用）............... 247
　　第六节　工伤保险待遇纠纷 249
　　第七节　撤销和解协议/不予撤销 251
第九章　侵权责任纠纷 252
　　第一节　机动车交通事故损害赔偿纠纷 252
　　第二节　医疗损害赔偿纠纷 255

第三编　附　录

最高人民法院
　关于适用简易程序审理民事案件的若干规定
　　（2020年12月23日）.. 261
最高人民法院
　关于印发《民事诉讼程序繁简分流改革试点方案》的通知
　　（2020年1月15日）.. 267
最高人民法院
　关于印发《民事诉讼程序繁简分流改革试点实施办法》的通知
　　（2020年1月15日）.. 270

最高人民法院
　关于印发《民事诉讼程序繁简分流改革试点相关诉讼文书
　样式》的通知（节选）
　　（2020年9月30日）.. 278
最高人民法院
　印发《关于加强和规范裁判文书释法说理的指导意见》的通知
　　（2018年6月1日）.. 286
最高人民法院
　印发《关于深入推进社会主义核心价值观融入裁判文书释法
　说理的指导意见》的通知
　　（2021年1月19日）.. 290
江苏省高级人民法院
　关于印发《金融借款合同纠纷案件要素式审判工作指引》的通知
　　（2018年1月8日）.. 294
北京法院速裁案件要素式审判若干规定（试行）
　　（2018年3月19日）.. 296
山东省高级人民法院要素式审判方式指引（试行）
　　（2019年9月30日）.. 299

后　记 302

第一编　要素式审判法的理论与实践探索

第一章　要素式审判法概说

所谓要素式审判法，就是围绕案件的基本要素进行庭审并制作裁判文书的一种审判方法。具体而言，就是在审理民事案件的过程中，对一些能够概括出固定案情要素的案件，进行要素提炼，并对双方当事人就案件中各种要素是否存在争议进行归纳，法官在开庭时，对无争议的事实当庭予以确认，然后明确争议焦点，对当事人有争议的要素，作为庭审的重点，逐项进行法庭调查，引导当事人举证、质证，查明案件事实，最后根据庭审查明的事实，按照要素式裁判文书样式制作裁判文书。

第一节　要素式审判法的基本内容

要素式审判法是基层人民法院在普遍存在案多人少形势下的一种办案方法，其主要价值功能就在于契合"繁简分流"，提高审判效率，其核心内容包括：要素式庭审方式和要素式裁判文书。

一、要素式庭审方式

尽管"上个世纪九十年代，庭审方式改革曾经在强调辩论主义下赢得了全社会的广泛关注"[①]，但也不可否认，经年的庭审改革既积累了经验也引起了反思，即在证据裁判主义的思维模式下，以往一以贯之的传统庭审过程，尤其是对证据材料的运作处理是否已无懈可击？许多国家和地区民事诉讼程序中，都有一个相对集中的证据材料或争点的整理程序，只是有的放在审前准备程序中，而有的置于庭审阶段而已，并且国外的庭审方式主要就是言辞辩论。而我国民

---

① 贺小荣：《重新定位庭审方式改革的时代意义》，载《人民法院报》2015年5月29日。

事庭审的任务,主要还是审查证据材料的"三性","许多案件的大量时间都被消耗在审查一些诉讼价值不大的证据材料上,导致审查焦点不突出,庭审效率不高","不少法官争点确定技术、释明权行使能力较为欠缺,案件中许多疑点没有被合理排除,突袭裁判时有发生。落后的庭审方式是我国法官数量多,庭审效率低,许多法官超负荷工作,审判质量不高的主要原因之一。"①因此,要提高民事诉讼中的庭审效率与庭审质量,就必须尽量克服上述一些弊端。

然而,"由于我国并没有采用集中审理的传统,也没有集中审理的法律原则或司法解释的明确规定,而且在司法实践中,法官为追求裁判的稳妥性,对绝大多数案件一般也不当庭宣判,常常采用更接近于分段审理的方式。这样,就必然会给当事人留下再次向法庭提供证据的机会。"②既然法官在审理案件中具有分段审理的思想意识,而且客观上也不可能满足集中审理原则下的要求,那么就必然会允许当事人根据上一次庭审的情况随时提出新的证据。"应该说,当事人是程序公正的直接感受者和评价者,只要法官公正无私,并给予当事人充分的机会表达其观点、提出证据,那么蒙受不利结果的当事人对判决的不满也就失去了客观的依据。"③

长期以来,我国的民事庭审一直不太重视审前准备,由此造成争点归纳机制的萎缩,庭审不能有的放矢。《最高人民法院关于适用〈中华人民共和国民事诉讼法〉的解释》(以下简称《民事诉讼法解释》)中的第二百二十四条、第二百二十五条、第二百二十六条及第二百二十九条,分别规定了开庭前的组织证据交换、庭前会议及当事人禁反言等,确实使我国的审前准备程序具有了合法性的地位。审前准备对庭审的辅助功能主要在于归纳争议焦点、确认无争议事实、交换证据材料、固定证据材料、排除无证明力的证据材料等,使得当事人在相互充分了解的基础上对簿公堂,增加庭审的针对性和有效性。而且审前准备程序还是由法官或者法官助理主导进行的非独立程序,本质上就是将案件审理分成争点整理阶段(庭前准备阶段)与集中审理阶段(庭审辩论程序),目的是要顺应集中审理制,当然,也可看成对《民事诉讼法》第一百三十六条第四项"需要开庭的,通过要求当事人交换证据等方式,明确争议焦点"规定的

---

① 章武生:《庭审方式改革的目标与任务》,载《人民法院报》2015年5月29日。
② 毕玉谦:《对我国民事诉讼审前程序与审理程序对接的功能性反思与建构——从比较法的视野看我国〈民事诉讼法〉的修改》,载《比较法研究》2012年第5期。
③ 肖建国:《民事诉讼程序价值论》,中国人民大学出版社2000年版,第465~466页。

一种扩张。集中审理原则的背后,就是强调庭前准备,如果不进行必要的庭前准备,不仅会影响庭审的效果,也会影响庭审的效率。

《民事诉讼法解释》将归纳争议焦点规定为必选动作,要求法官在庭审前,应当将无争议的、非重点的问题与案件争议焦点问题分类整理,预先固定证据、明确争议焦点,必要时进行庭前评议。随后在庭审时,便可围绕已被固定的争议焦点进行,排除非焦点问题对庭审过程的干扰或不当影响。并且,《民事诉讼法解释》第二百二十九条设立了禁反言制度,即当事人在庭审中对其在审理前的准备阶段认可的事实和证据提出不同意见的,人民法院应当责令其说明理由。必要时,可以责令其提供相应证据。人民法院应当结合当事人的诉讼能力、证据和案件的具体情况进行审查。理由成立的,可以列入争议焦点进行审理,当事人在庭前阶段认可的证据和事实系归纳和固定争议焦点的基础,若允许当事人随意变更,则会使整个庭前准备工作失去意义,亦违反禁反言原则。所以,《民事诉讼法解释》第二百二十九条的规定既保障了庭前程序的功能性,也为确有特殊情况的案件规定了审查的维度,法官结合当事人的诉讼能力来判断是否存在恶意拖延诉讼行为。①

要素式审判法当中的要素式庭审方式,归根到底就是要将双方当事人的争议焦点作为庭审的重点,其不仅借鉴了国外的审前准备程序,而且借鉴了多年来我们本土的实践经验,并已获得了程序法上的支持。要素式庭审方式需要双方当事人填写《诉讼要素表》,通过《诉讼要素表》的填写,能够将案件要素予以展示以明确争议焦点,缩短开庭时间,提高庭审效率。法官只要围绕有争议的要素通过举证、质证的方式进行审查,即可查明争议事实。这也正是多年来一直倡导的"重视庭前准备,注重开庭审理,强化当事人举证,发挥庭审功能"的审判方式改革成果。当事人在庭前所填写的《诉讼要素表》,其内容之性质当属当事人陈述,依附于当事人自认的规则理论,对双方无争议的要素事实无须在庭上举证、质证。当事人一方认可对方所填写之要素,即可免除对方当事人之举证责任,庭审便会变得简略。《诉讼要素表》的填写,应尽可能与庭前会议、归纳争议要素、确定庭审重点等审前程序有机结合,固定相同要素,从而能够针对不同要素进行重点审查,达到简化庭审、提高效率之目的。

---

① 参见北京市第二中级人民法院民一庭课题组:《论民事庭审去阶段化——围绕法庭调查与法庭辩论合并的新型模式展开》,载《人民司法》2019年第13期。

要素式庭审的要义就在于围绕案件要素进行审理，而案件要素包括事实要素、证据要素、法律要素、程序要素等，其中最基础性的要素就是案件事实要素，可根据不同的案件类别或类型，通过《诉讼要素表》的形式罗列出裁判可能需要的案件事实要素。当然，只有那些对案件处理结果具有实质意义的案件事实，才可能成为具有诉讼价值的事实要素。比如，民间借贷纠纷案件中的借款时间、借款金额、借款用途、借款利率、借款交付、担保情况等，都可能成为案件裁判所需的事实要素。这些诉讼要素的明确化，也会为法官和当事人提供一个可能的诉讼预期。因此，所谓围绕案件要素进行审理，其实就是要查明影响裁判结果的有争议的事实要素，排除那些非案件事实要素对庭审的干扰。

要素式庭审方式较之于传统庭审方式更为简便、直接、规范，虽然其并不严格区分庭审质证与庭审辩论阶段，也不严格按照质证顺序的要求，而只是按案件的相关要素确定审理顺序，但却不会通过这种略式庭审方式规避民事诉讼法的适用，也不会因此而减损当事人的诉讼权利。要素式庭审方式不但与传统正式的庭审模式不相背离，而且是完备性庭审模式的"简化版"，简易案件的"优化版"或"升级版"。要素式庭审方式在程序正当性、诉讼主体参与互动性、心证公开、法律适用等各方面都具有独特的优势，因此而受到普遍认同。

二、要素式裁判文书

根据《最高人民法院关于试行法院诉讼文书样式的通知》（法发〔1992〕18号），裁判文书需载明下列事项：案由；诉讼请求；争议的事实与理由；判决认定的事实、理由和适用的法律依据；裁判结果和诉讼费用的负担；上诉的期间和上诉的法院；审判人员、书记员署名；加盖人民法院印章，并且还对上述事项进行了细化。比如，事实部分就分为当事人争议事实与法院查明事实，前者用"原告诉称""被告辩称"与"第三人述称"的表达方式，后者则用"经审理查明"进行开端表述，而在理由部分则用"本院认为"作为开端，写完理由再得出结论，以"判决（裁定）如下"写出主文，并且还规定了每部分必备的要素与注意事项。如此统一安排，显得不切实际。因为其不分案件类型，一律由首部、主文、尾部组成，即便是简单的无争议的案件，也要从诉称、辩称到各方的举证、质证、认证等进行轮番论述，同一个事实往往也要在文书中从不同角度提到几次，而真正需要说理的却因争议不大而较为简单，导致重复冗长，

"头重脚轻"。

　　裁判文书制作上的这一弊端，随着在司法实践中的不断探索，特别是在推行案件"繁简分流"机制中也逐渐得到了改善。2015年，最高人民法院在"四五改革纲要"[①]中就曾明确指出：当事人双方争议较大的重要证据都必须在裁判文书中阐明采纳与否的理由；加强对当事人争议较大、法律关系复杂、社会关注度较高的一审案件，以及所有的二审案件、再审案件、审判委员会讨论决定案件裁判文书的说理性；完善裁判文书说理的刚性约束机制和激励机制。当然，为解决传统裁判文书的冗长烦琐与不切实际，最高人民法院也提出，应当根据不同的审级和案件类型，实现裁判文书"繁简分流"，对事实清楚、权利义务关系明确、当事人争议不大的一审民商事案件，可使用简化裁判文书，通过填充要素、简化格式，提高裁判效率。提倡根据案件不同情况进行繁简适度说理，简案略说，繁案精说，对于适用民事简易程序、小额诉讼程序审理的案件，可简化释法说理。[②] 由此可见，最高人民法院的改革意见是"二者兼顾，分而治之"的裁判文书释法说理"双轨制"，即"诉讼程序的繁简分流自然会要求裁判文书简式、要式并存、说理繁简有别，这既符合司法审判规律，也符合成本—效率规律"。[③]

　　民事裁判文书的简化，是案件"繁简分流"机制的题中应有之义。案件"繁简分流"是要素式审判法的实践基础，也是"简案快审、繁（难）案精审"的必然要求。在对待民事裁判文书的制作方面，最高人民法院所采用的也是"区别对待"和"适可而止"的原则，其授权法官可根据案件难易、讼争事实的不同，对裁判文书说理进行选择性的适度繁简。所以，从多年来一直提出要强化裁判文书的说理，到现在可以通过简式文书特别是要素式裁判文书的省略说理，其内在的逻辑关系并不矛盾，貌似要素式裁判文书对传统裁判文书形成了冲击，而实质上却是繁简分流、并行不悖的互补关系，二者不可偏废，共同实现着公正、高效解决纠纷的司法目的。

---

　　① 《最高人民法院关于全面深化人民法院改革的意见——人民法院第四个五年改革纲要（2014—2018）》（法发〔2015〕3号，以下简称"四五改革纲要"）。
　　② 参见2018年6月1日公布的《最高人民法院关于加强和规范裁判文书释法说理的指导意见》（法发〔2018〕10号，以下简称《释法说理意见》）第三条、第九条。
　　③ 李少平：《新时代裁判文书释法说理改革的功能定位及重点聚焦》，载《人民法院报》2018年6月12日。

为适应我国民事审判工作面临的新形势、新任务，2016年7月5日，最高人民法院就统一制作裁判文书样式召开了新闻发布会，公布了《人民法院民事裁判文书制作规范》及最新的《民事诉讼文书样式》。同时指出，此次文书样式的设计，是根据不同审级的功能来确定裁判文书的说理重点，文书说理应当繁简得当，提出了既要加强对复杂、疑难、新型、典型、有争议、有示范价值等案件的说理，也要简化简易、小额、无争议案件裁判文书制作的要求，以减轻办案法官制作裁判文书的工作量，缓解案多人少压力。为此，《民事诉讼文书样式》根据案件的不同类型和审级要求，分别制定了普通程序、简易程序、小额诉讼程序的裁判文书样式，并对其中适用简易程序与小额诉讼程序的案件设计了要素式、令状式和表格式的简单裁判文书样式。在"简易程序中的小额诉讼"文书样式中，其以劳动争议为例给出了"简易程序和小额诉讼程序要素式判决用"的文书样式，并且明确给出了要素式裁判文书的定义，即"要素式裁判文书是指对于那些能够归纳出固定要素的案件，在撰写裁判文书时，不再按照传统的裁判文书格式分开原告诉称、被告辩称、本院查明和本院认为，而是围绕着争议的特定要素，陈述原、被告诉辩意见、相关证据以及法院认定的理由和依据的法律文书"[①]。这其实是较为科学也较为合理的改进思路。因为要素式审判法要求在庭审时，对无争议的案件要素只作出说明并加以确认即可，庭审的重点在于围绕案件争议要素进行调查与辩论，不再单独区分调查阶段与辩论阶段，相应证据材料的展示也围绕着有争议的要素展开。

在审前准备程序的实际操作中，所填写的《诉讼要素表》，已预先保障了当事人对相互间诉请事实和辩驳理由的熟知，且多数情况下相互都持有各自的书状。所以，要素式裁判文书应当积极回应要素式庭审方式并与其相结合，妥当安排其结构体例即样式。可围绕具体案件的诉讼要素，对其中无争议的要素或事实用一句话概括，而对有争议的案件要素，简要表述双方意见或举证、质证以及法院认证的理由和依据，这样才能真正体现要素式裁判文书在制作上的简化与高效。而且，这样架构出来的裁判文书/样式，具有普适性与可复制性，能够受到绝大多数基层法官的认可。为了突出要素式裁判文书的简略性和可复制性，实践中可考虑对同类型案件的裁判文书设计出案件要素较为齐全和清晰的

[①] 最高人民法院修改后民事诉讼法贯彻实施工作领导小组编：《民事诉讼文书样式》，人民法院出版社2016年版，第350页。

样板进行填写，从而在记载当事人身份信息后，通过当事人所填写的要素表以及法院认定的案件要素，直接进入各要素事实和裁判主文。当然，也可以根据不同的案件类型，借助于现代科技及信息化工具，探索裁判文书制作的模板化，最终实现一键生成裁判文书之功效。

要素式审判法的适用前提是案件的繁简分流，但重点却在于个案中作为庭前准备工作中的《诉讼要素表》填写、要素式庭审和要素式文书制作。要素式庭审可使时间缩短，对小额案件以及法律关系简单证据齐全的简易案件，能当庭宣判的尽量当庭宣判；基于要素式文书具有略式性、模板性和可复制性，可通过法官助理辅助及文书生成系统提高其制作效率。当庭宣判的，尽可能当庭制作裁判文书并向当事人送达。

第二节　要素式审判法产生的背景及其运用态势

从 2012 年开始，广东省深圳市中级人民法院作为相关改革的先行者，率先在其辖区内实行要素式审判法。他们在开展调查研究的同时，吸取了新加坡以及我国香港特别行政区裁判文书的经验，于 2013 年 4 月出台了《深圳市中级人民法院关于一审民事裁判文书简化改革的若干规定（试行）》，并于 2014 年 5 月在罗湖、宝安、福田三个基层法院先行试点，后于同年 7 月在全市铺开实施。其针对不同类型案件，设计了令状式、要素式、表格式三种简易文书样式，并分别明确了适用的条件和范围。后广东省高级人民法院于 2013 年公布了《关于推行民事裁判文书改革 促进办案标准化和庭审规范化的实施意见》，规定采用要素式庭审方式的，可在庭审时围绕要素进行调查和辩论；当事人已在开庭审理前填写要素表的，法院在审理时对双方无争议的要素，无须进行质证而直接予以确认并记入庭审笔录；对于双方有争议的要素应重点审查。

在随后的几年里，除广东省在自己的区域范围内试行要素式审判法外，全国许多法院都在积极地探索和实践，使要素式审判法在全国许多地区都得以生根、发芽。河北、福建、河南、山东、陕西、江苏、云南等地法院相继发布有关指导意见和改革成果，均取得了一定的成效。比如，石家庄市新华法院为了破解案多人少矛盾，积极尝试要素式审判方式，针对民间借贷、买卖合同等 13 类常见纠纷案件特点，抽象概括出相对固定的案件要素，提炼成审判模板，制作成《起诉（应诉）要素表》，运用要素式庭审方式进行开庭审理，并对裁判文书进行"瘦身"，不再满篇铺开叙述，而是有争议的问题充分说理，无争议的事实一笔带过，裁判文书由原来的七八页"瘦身"为三四页，有的甚至两页就搞定，有效满足了当事人快速解决纠纷的司法需求。2015 年，河北省石家庄市中级人民法院在全市推进商事案件审判改革，研究制定了《商事案件审判规则（试行）》，尝试"庭审要素前移，简化庭审程序"的要素式审判方式。

福建省的许多基层法院积极探索要素式审判法，取得了许多经验与较好效果，如福建省龙岩市漳平法院从 2015 年 6 月就开始试行要素式审判，同年 11 月的一份《福建日报》报道：漳平区人民法院，积极创新审判工作机制，实行以要素式庭审与要素式裁判文书为核心的民事案件"要素式审判"改革，在民间借贷、离婚纠纷、人身损害赔偿纠纷三类民事案件中，试行要素式审判，根据不同案件类型，分别设计了《诉讼要素表》，其中民间借贷要素表中就包含有借款时间、借款数额、用途、支付方式等案件要素。"不到半年的时间，该院采用要素式庭审的平均时间缩短至大约 25 分钟，最快的仅用 10 分钟。"① 又如厦门市集美法院积极推行民商事案件精简化改革，推行"争点中心型"庭审、"要素式庭审"等创新模式，其中要素式庭审适用于基础事实争议不大的案件，主要是离婚等家事纠纷、民间借贷纠纷、机动车交通事故责任纠纷、劳动争议纠纷、物业服务合同纠纷和其他适合的案件。在庭审前，由法官引导双方当事人填写要素表，厘清案情。以劳动争议案件为例，当事人填写入职时间、签订书面劳动合同时间、合同约定的工资标准、解除或终止劳动关系时间、劳动争议仲裁结果等要素，如有需要还可以补充自己认为重要的其他事实。庭审时，法官将按照要素进行审理，再以争议要素为线索引导双方举证、质证和辩论，对于无争议要素仅宣读确认。②

山东省莒南县法院以要素模式引领审判权运行改革，认为这种要素式的审判模式改革，即使在现有的法律框架下，也具有实体法和程序法上的合法性支持。该院在受理案件后，提倡以填写《诉讼要素表》为前提，进行审前程序科学化，缩小争议焦点，缩短开庭时间，提高庭审效率。当事人在《诉讼要素表》中填写的各事实和法律要素信息，经审查后可以作为认定案件事实的基本信息

---

① 叶庆章：《"要素式审判"便民高效》，载《福建日报》2015 年 11 月 20 日。
② 《集美法院率先启动民商事审裁方式改革》，载 http://xm.fjsen.com/2015—08/10/content_16466495_all.htm，2016 年 3 月 27 日访问。

运用。[①]该院组织编写并于2017年5月由山东人民出版社出版的《要素式审判权运行机制研究》一书，也影响至深。

江苏省南京市中级人民法院于2017年12月8日印发了《关于推进机动车交通事故责任纠纷案件要素式审判的指导意见》（宁中法〔2017〕247号），要求各基层人民法院根据案件具体情况，优先选择损害后果较小、事实相对清楚、当事人争议不大的案件适用要素式审判模式进行审理，并逐步扩大推开。江苏省高级人民法院也曾提出让要素式审判法首先在劳动争议和交通事故损害赔偿案件中实行，进而扩展到金融借款纠纷案件并专门出台了工作指引。[②]2020年8月3日，江苏省苏州市中级人民法院下发《关于印发〈苏州市中级人民法院关于在全市基层法院推行"要素式审判"的实施办法（试行）〉的通知》（苏中法〔2020〕123号），该实施办法规定了要素式审判的含义、适用范围、要素表的填写、要素式庭审以及要素式裁判文书格式等。

云南省玉溪市中级人民法院为进一步贯彻落实《最高人民法院关于进一步推进案件繁简分流优化司法资源配置的若干意见》（以下简称《繁简分流意见》，法发〔2016〕21号），解决案多人少矛盾，于2017年6月14日专门召开"要素式审判法学习实践活动动员大会"，在全市两级法院民商事审判部门开展要素式审判法的学习与实践活动。北京市高级人民法院2018年也出台了《北京法院速裁案件要素式审判若干规定（试行）》，就要素式审判法的含义、适用案件类型、要素表的填写以及文书制作等，在全市范围内进行规范指导。

山东省高级人民法院为简化办案程序，提高审判效率，实现简案快审、类案专审，于2019年9月30日发出了《关于印发要素式审判方式指引（试行）的通知》（鲁高法〔2019〕51号），内容包括要素式审判法的定义、适用范围、要素表的填写、要素式审判法中的送达、举证、庭前会议、庭审方式、宣判形式和文书制作，并附有9类案件可以参考的《审判要素表》样式，要求全省法院贯彻执行。当月，山东省青岛市中级人民法院便将劳动争议、物业服务合同、买卖合同、机动车交通事故责任、信用卡纠纷、民间借贷、金融借款合同以及不动产、股权、以物抵债、租赁权执行异议之诉等共11类案件，规定施行要素

[①] 胡发胜：《要素模式引领审判权运行改革研究——以解决法院案多人少基本困境为进路》，载中国法院网，2016年4月14日访问。

[②] 2018年1月8日，江苏省高级人民法院印发了《金融借款合同纠纷案件要素式审判工作指引》（苏高法电〔2018〕22号）。

式审判法，半强制性地推进这个方法。为了保证要素式审判法的有效运用，让律师们尽快适应，青岛法院还组织了两期集中培训，分别对这11类案件进行专题辅导。他们认为律师也应当了解要素式审判法，可以大大提高律师的工作效率和工作质量。代理律师尤其是代理被告方的律师，通过填写《案件要素表》，向法庭提供要素表后，哪些案件要素无争议，哪些案件要素有争议，基本上做到心中有数，可以有效把握代理要点，法官和律师都可以节省时间。2020年4月29日，山东省济南市中级人民法院在个试行的指导意见中，明确规定"人民法院审理银行卡纠纷案件原则上应当适用要素式审判方式审理"。"基层人民法院应将当事人诉辩的基本案件事实要素进行列表，并将《银行卡纠纷审判要素表》嵌入网上立案系统，原告申请网上立案时按照系统自动提示填写；现场立案的，由诉讼服务中心工作人员指导原告填写。基层人民法院不得以当事人未填写《银行卡纠纷审判要素表》为由不予立案。""开庭时应当围绕相关事实要素并结合诉讼请求确定庭审顺序。对庭前会议确定的事实，不再进行调查，对双方无争议的要素予以确认并计入庭审笔录；对双方有争议的要素重点审查，引导当事人举证质证和辩论。"[1] 该指导意见还通过附件的方式，提供了"欠款类""盗刷类"和"维权类"等三种《银行卡纠纷案件审判要素表》，具有较高的实用价值。

2022年10月17日，广西贺州市中级人民法院印发《贺州市中级人民法院民商事案件要素式审判规程》《民商事案件要素式审判改革实施意见（试行）》，要求各县（区）法院对民间借贷纠纷、信用卡纠纷等7类案件采用要素式审判，并进行诉前调解，由原告填写《要素指引表》后送达被告进行答辩，对无争议的要素事实进行当庭确认，对争议要素事实在庭审时进行调查和辩论。

值得一提的是，在全国各地许多法院积极探索和推广要素式审判法的过程中，尤以要素式裁判文书的制作更具显性。如陕西省高级人民法院于2015年8月21日发布了《深入推进裁判文书繁简分流工作实施方案》（陕高法〔2015〕229号），其目的是在全省范围内落实《关于简化一审民商事案件裁判文书的规定（试行）》，推行民事裁判文书的"繁简分流"，简化一审民商事案件裁判文书制作，着力促进审判质量和效率提升。通过裁判文书"繁简分流"，真正实现

---

[1] 参见《山东省济南市中级人民法院关于适用繁简分流改革规定审理银行卡纠纷案件的指导意见（试行）》第四条、第五条、第九条。

繁案精写，简案简写，提高审判效率。该规定明确，一审民商事案件裁判文书简化的格式种类有令状式、表格式和要素式三类。其中，令状式裁判文书只包含诉讼参与人称谓和法院裁判主文，不记载当事人诉辩主张和详细裁判理由，主要适用于简易程序（包括小额诉讼）案件。表格式裁判文书是用表格列举的方法陈述当事人诉辩主张、法院查明的事实、裁判理由和裁判主文的简易法律文书，以及以附表列举金钱给付项目，主要适用于事实清楚、责任明确，所涉金钱给付项目适宜用表格方式列明的案件。要素式裁判文书是对能够概括出固定要素的案件，在制作裁判文书时不再阐述"原告诉称""被告辩称""经审理查明"和"本院认为"的相关内容，而是围绕案件特定要素，陈述当事人意见、相关证据、法院认定的理由、依据及裁判结果，主要适用于能够提炼出基本要素的类型化案件。

河北省承德市双滦区人民法院滦河人民法庭作为该院劳动人事争议案件的专业化审判单元，自2014年6月开始，就承担了辖区内的全部劳动人事争议案件的审判任务，并进行要素式裁判文书的改革。其将文书的结构分为当事人的自然情况、事实认定、裁判结果三部分。在事实认定中首先写明当事人的劳动仲裁请求、劳动仲裁结果以及诉讼请求，然后确认双方当事人无争议的事项，对于每一个争议事项都写明双方当事人的观点、证据及法院认定的内容。这样呈现出来的裁判文书，对当事人无争议的问题当简则简，而有争议的就当繁则繁。如在多名劳动者诉请经济补偿金问题时，往往需要明确劳动者入职时间、离职时间、工作年限、计算经济补偿金的月数、离职前月平均工资等信息，按照传统写作方式就会难免拖泥带水，而改革后的要素式裁判文书却显得清爽多了。

再如，北京知识产权法院在审理原告佛山市南海雅兰皇廷家具有限公司诉被告国家工商行政管理总局商标评审委员会、第三人雅兰实业（深圳）有限公司商标无效宣告请求行政纠纷案中，合议庭在撰写本案判决书时，就采用了要素化模板撰写裁判文书。其打破了原有裁判文书的撰写体例，将当事人情况、被诉决定作出时间、受理时间、开庭时间、诉争商标及引证商标的申请人、申请号、申请日期、标识等重要信息列为要素节点，在格式被高度简化的要素式裁判文书模板上一一进行填写。

广西壮族自治区南宁市江南区人民法院，秉持改革理念，率先在全区推行要素式裁判文书改革，针对交通事故数量大、当事人举证能力弱、传统裁判文书有弊端、案件审理周期长等问题，积极运用要素式审判法应对交通事故案件，有效提高了审判质效。

2019年12月28日，第十三届全国人大常委会第十五次会议作出《全国人民代表大会常务委员会关于授权最高人民法院在部分地区开展民事诉讼程序繁简分流改革试点工作的决定》，授权最高人民法院在北京、上海、广州、深圳等20个城市的中级、基层人民法院和部分基层人民法院开展试点。最高人民法院根据上述授权，制定了《民事诉讼程序繁简分流改革试点实施办法》[①]，试点法院可以综合考虑案件性质、案由、标的额、当事人数量、疑难复杂程度、社会关注程度等因素，判断案件繁简难易程度。试点法院适用简易程序审理法律关系明确、案情相对固定的类型化案件，可以不受一般庭审程序关于当事人诉辩称、法庭调查、法庭辩论等阶段限制，而根据案件的固定要素，围绕主要争点展开庭审。同时，根据实施办法第九条的规定，小额诉讼案件可以比照简易程序进一步简化裁判文书。对于案情简单、法律适用明确的案件，法官可以当庭作出裁判并说明理由。对于当庭裁判的案件，裁判过程经庭审录音录像或者庭审笔录完整记录的，人民法院在制作裁判文书时可以不再载明裁判理由。当然，在具体的运用中，还应当根据案件具体情况，决定是否采用简式裁判文书。并且中国裁判文书网的文书上传系统也已经作出了优化调整，支持上传包括要素式裁判文书在内的简式裁判文书。

为深入贯彻落实最高人民法院的上述实施办法，北京市海淀区人民法院重点探索应用公司纠纷类型案件，诸如股东知情权纠纷、公司决议效力确认纠纷以及公司决议撤销权纠纷采用要素式审判，制作三类案件的诉讼要素表和要素式裁判文书样式。山东省济南市中级人民法院规定，"银行卡纠纷案件应当首先选择制作要素式、表格式、令状式裁判文书。裁判文书一般不再分开当事人诉辩意见、证据认定、本院查明、本院认为部分，而是围绕争议的特定要素进行分析论证，依据相关法律作出裁判。对无争议的要素简单罗列，不再分析论证。"同时，该条的第二款也指出了"对不适宜制作要素式、表格式、令状式裁判文书的案件，可以简化裁判文书，主要记载当事人的基本信息、诉讼请求、

---

① 2020年1月15日，最高人民法院印发了《民事诉讼程序繁简分流改革试点实施方案》（法〔2020〕10号），并据此制定了《民事诉讼程序繁简分流改革试点实施办法》（法〔2020〕11号）。

答辩意见、主要事实、简要裁判理由、裁判依据、裁判主文等内容①"。上海市长宁区人民法院为落实最高人民法院繁简分流改革试点工作的要求，积极探索要素式裁判文书。2021年12月，该院分别就信息网络买卖合同纠纷和金融合同借款纠纷案件向当事人发送了要素式裁判文书，承办法官打破了原有判决文书的撰写体例，将合同形式、签订主体、签订时间、主要条款、履行情况等重要信息列为要素节点，在格式被高度简约化的要素式裁判文书模板上结合个案事实的查明，一一填写，篇幅简短，一目了然，实现了裁判文书撰写制作上的"当简则简"。

2022年9月，安徽省高级人民法院经最高人民法院审核通过了《关于简单民商事案件推行要素式审判方式的工作规则》，决定在全省法院推行。该规则共有13条，聚焦八类事实清楚、权利义务关系明确、当事人争议不大的一审简单民商事案件，规定了要素式庭审、简化裁判文书制作等审理规则，并附八类案由的要素表和要素式文书模板供承办法官参考使用。②

全国各地对要素式裁判文书的改革与实践运作，不仅简化了裁判文书的结构，有利于化解当前基层法院案多人少矛盾，而且有利于法官从原来的"八股文"中游离出来，减轻了工作压力，提高了审判效率。更为重要的是，要素式裁判文书的适用，也有利于满足人民群众日益增长的司法需求。因为裁判文书最直接的作用就在于对涉诉争端以司法程序作出判断，明确当事人之间的权利义务关系，对当事人来说，其最为关注的还是裁判结果。当然，对于一些案情复杂、法律适用难度较大的案件裁判文书，确实还需要做到格式规范、事项齐全、事实证据清楚、判决理由透彻、判决结论公正、语言表达准确等，真正起到民事案件审理与裁判的"繁简分流"实际效果。

随着进入人民法院诉讼案件数量的急速增加，并一直保持高位运行的态势，提高审判效率便成了近几年人民法院解决"案多人少"矛盾的当然路径选择，全国许多法院都在积极探索民事案件的要素式审判法。2016年9月，以"要素式审判法"为关键词，百度搜索引擎检索量为4800条，2019年9月的百度检索量超过10万条，2022年9月其引擎检索量已超过118000条。由此可见，通过近几年的进一步实践与完善，要素式审判法方兴未艾，越来越受到全国各地法

---

① 参见《山东省济南市中级人民法院关于适用繁简分流改革规定审理银行卡纠纷案件的指导意见（试行）》第十二条。

② 《安徽：出台要素式审判方式工作规则》，载《人民法院报》2022年9月15日。

院和法官的推崇。倡导要素式审判这样一个"速裁快审"方法，也符合最高人民法院推进案件繁简分流优化司法资源配置的精神，契合"简案速裁快审"机制的构建，也回应了人民法院提升解纷能力的需求和人民群众日益增长的司法需求。

第三节　要素式审判法的提速原理

要素式审判法不仅是建立在对民事诉讼的历史与现实的考察之上的考量结果，而且是多年来民事诉讼从职权主义到当事人主义的改革成果的体现；不仅是司法者的审判技能提高到一定水平后的成果展现，而且是强化诉讼程序正当性从而扩大当事人诉讼参与领域的一种诉讼机制，更是引领审判权运行机制改革的一个更为有效的审判办法。不管从理论还是逻辑上看，要素式审判法都能实现减轻法官工作量、提高审判工作效率的目的，甚而被认为是"解构主义在司法诉讼程序中的运用，是演绎思维对司法活动进一步细化而产生的具体工作方式"，"符合员额制改革的发展要求"，"是审判工作的一次技术性革命"，"是司法改革成果的展示板。"[①] 因此，对于要素式审判法，我们仍需从理论、机制乃至技术层面上作对其进行研究，总结其提速原因，要让要素式审判法在案件繁简分流机制中得到进一步的推广与运用。

一、繁简分流的目的是"简案快审"

传统司法"以老带新"模式下培养出来的法官，基于各自经验和认知能力形成的传统审判方法，在"立案登记制""法官员额制"后已逐渐成为"分调裁审"机制的瓶颈。传统审判方法在保证程序正义的同时，对人民群众急速增长的司法需求逐渐力不从心，虽然通过司法责任制改革和人员分类管理，实现了把最优秀的人才吸引到办案一线的目标，但是法官结案数的攀升，加之基层法院普遍存在送达难等因素叠加，分散了法官在"庭审中心主义"中分配的司法审判资源。而正确运用要素式审判法，正是"审判工作的一次技术性革命"，其

---

① 胡发胜主编：《要素式审判权运行机制研究》，山东人民出版社2017年版，第12~14页。

兼具简便性和可复制性，为繁简分流后的简案快审、规范裁判以及储备人才提供了良好的解决方案，可谓大有可为。繁简分流也与西方国家和地区近年来开展的新一轮民事诉讼程序改革有着相似的理念——便捷、高效、不拘泥于严格程序，以回应时代进步和科技发展带来的快节奏大众生活。

繁简分流的目的在于提高效率。要素式审判法所适合的案件一般都是经过繁简分流后所确定的简易案件，其着力于"速裁快审""简出效率"。其中的要素式庭审方式，是在告知当事人回避等基本诉讼权利后，直接由法官归纳出争议焦点，指挥当事人围绕争议焦点合并发表诉辩意见、质证意见和辩论意见，并不受法庭调查、法庭辩论等程序限制。而要素式裁判文书则是一种按照裁判文书简化要求而进行的"局部"技术性改革，其目的在于通过规范民商事案件裁判文书制作，以达到简案快审的目的。最高人民法院于2019年7月31日公布的《关于一站式多元解纷机制一站式诉讼服务中心的意见》中明确要求通过"系统算法"加人工识别，实现精准分流。在一些信息化、智能化建设基础较好的地区，已经实现了案件的智能化分流。[①] 而且，"进一步完善案件繁简分流机制，健全完善立体化、多元化、精细化的诉讼程序，推进案件繁简分流、轻重分离、快慢分道"，也是《人民法院第五个五年改革纲要（2019—2023）》中明列的主要任务。

二、要素式审判法能使诉讼成本得以降低

民事诉讼的成本包括经济成本、时间成本、劳动力成本等。从经济成本的角度分析，R. 科斯（Ronald Coase）提出的成本理论是经济分析法学中的理论基础和前提，被称为"科斯定理"，其主要含义是：在一个零交易成本的世界里，无论如何选择法规、配置权利和资源，只要交易自由，总会产生最有效率的结果；而在现实交易成本存在的条件下，能使交易成本效应最小化的法律是最适当的法律。这个说的就是经济成本。波斯纳（Richard Allen Posner）也提出"从经济学的角度看，诉讼制度的目的就是要使这两类成本之和最小化。第一类成

---

① 2019年7月16日最高人民法院司法改革领导小组印发的《人民法院司法改革案例选编（六）》，改革案例第101号：建立标准化流程化智能化分流机制。

本是错误的司法判决的成本。第二类成本是诉讼制度的运行成本即直接成本"[1]。要素式审判法的设计正是以较小的诉讼成本，让诉讼参与人获取较大的诉讼收益，法院也在这样的方法中提升了审判效率。

在时间成本方面，运用要素式审判法的案件，一次性不间断庭审的占比明显提升，即使需要两次开庭的，时间也耗费较短，大部分案件都能展现出集中审理特征。从立案到判决的时间也相应缩短，审限内结案率有所提高，多数案件能在庭前有效实现争议要素的整理，并在庭审中围绕争议焦点展开调查和辩论，缓解了法官白天开庭晚上加班写判决的工作压力。有人统计，通过是否采用要素式审判法的对比和分析，在员额法官不变的情况下，使用要素式审判法的团队每增加1名法官助理的效果，大约相当于普通审判团队加入1.4名法官助理，提升效率约40%。

在劳动力成本方面，一个运用要素式审判法审理的案件，其重点在于当事人双方对《诉讼要素表》的填写、《诉讼要素表》的比对、庭前会议包括制作笔录、庭审及文书制作。可以将这几项工作分开实施，由作为办案劳动力之一的承办法官主要负责不可替代的庭审工作，增加难度相对较小的一些劳动力变量，如法官助理、书记员、人民陪审员，由他们来实施案件中的其他几项工作。特别是法官员额制改革以后，许多法院都建立了以员额法官为核心的审判团队，而要素式审判法正契合了审判团队的改革，通过法官与助理的合理分工与协作，可优化司法资源配置。因此，要有效运用要素式审判法，就必须组建审判团队，尤其要发挥法官助理的作用，而且要明确职能定位，才能有利于优化审判团队工作质量与工作效率。另外，可增加当事人需要承担的工作量，对于证据材料的整理提交等工作，都可以让当事人完成，摒弃当事人起诉后坐等审判结果的错误理念。这样便可从整体上促成司法劳动力供给总量的增加，体现出团队合作效应。[2]当事人可在一个相对集中的时段，就案件所涉及的诉讼要素提供证据材料，顺其自然地将举证、庭前交换证据与当事人答辩无缝衔接或融为一体，实现由传统的分段式审理向集中式审理的过渡，尽可能通过一次性庭审就结案，从而也降低当事人往返于法院等的诉讼成本，加快审判效率。

---

[1] ［美］理查德·A.波斯纳：《法律的经济分析》，蒋兆康译，法律出版社2012年版，第717页。

[2] 胡发胜主编：《要素式审判权运行机制研究》，山东人民出版社2017年版，第159页。

三、要素式裁判文书缩短了文书制作时间

早在 2006 年,最高人民法院就在《关于加强民事裁判文书制作工作的通知》中提出要将不同类型的案件裁判文书区别对待,实行繁简分流。2016 年,最高人民法院《人民法院民事裁判文书制作规范》和《民事诉讼文书样式》的出台,更要求裁判文书要体现以审判为中心,并且明确提出了裁判文书的繁简分流,以减轻办案法官制作裁判文书的工作量,缓解案多人少压力。随后出台的《繁简分流意见》第十五条中,也明确了对于简单案件的裁判文书可以采用要素式文书来简化裁判说理,充分说明了最高人民法院对要素式裁判文书说理性要求持放宽的态度。因此,在制作要素式裁判文书过程中,为突出文书的简略性和可复制性,可以将当事人填写的信息和争议要素填入后,直接进入法院认定的要素事实和裁判主文。显然,对要素式裁判文书制作中的简略要求,必然会减少法官的文书制作时间,从而加快审结速度,提高审判效率。

此外,还可以借助智慧法院建设,实现要素式裁判文书模板化,进而实现当庭裁判、当庭出文书。也就是说,我们可依托智能要素式审判系统,通过建立标准化的"人脑+电脑"的操作模式,智能化地提炼类案要素制作文书,即只要对要素表、要素式庭审笔录等前置性数据进行智能判断,再按照文书样式的要求,可以一键生成要素式裁判文书的初稿,再由法官在一些争议要素事实或法律适用的项下填写所认定的事实或法律适用,即可生成所需要的要素式裁判文书。这种将人工智能等现代科技融入审判活动的做法,相对于手工撰写文书,显然更能提高审判效率。

第二章　简易程序是要素式审判法的适用基础

最高人民法院《繁简分流意见》第一条提出了要根据案件事实、法律适用、社会影响等因素，选择适用适当的审理程序，规范不同程序之间的转换衔接，做到该繁则繁，当简则简，繁简得当，努力以较小的司法成本取得较好的法律效果。《人民法院第五个五年改革纲要（2019—2023）》中，也明确提出了"进一步完善繁简分流机制，健全完善立体化、多元化、精细化的诉讼程序，推进案件繁简分流、轻重分离、快慢分道"的要求，与一些国家和地区近年来开展的新一轮民事诉讼程序改革有着相似的理念，即追求便捷、高效，不拘泥于严格程序，以回应时代进步和科技发展所带来的快节奏纠纷解决需求。要素式审判法，是近年来民事案件"繁简分流"改革过程中推出的一项创新成果，其适用的对象正是经过"繁简分流"后所确定的简易案件，其着力于"速裁快审""简出效率"。

近年来，随着经济社会快速发展，民事案件的数量持续高速增长，人民群众对人民法院解决纠纷的能力和水平提出了更高的要求和期待，希望司法更加公正，诉讼更加高效。前述《最高人民法院民事诉讼程序繁简分流改革试点实施办法》[①]第十三条规定："适用简易程序审理的案件，人民法院可以根据案件情况，采取下列方式简化庭审程序，但应当保障当事人答辩、举证、质证、陈述、辩论等诉讼权利：（一）开庭前已经通过庭前会议或者其他方式完成当事人身份核实、权利义务告知、庭审纪律宣示的，开庭时可以不再重复；（二）经庭前会议笔录记载的无争议事实和证据，可以不再举证、质证；（三）庭审可以直接围绕诉讼请求或者案件要素进行。"说明对于民事简易案件的庭审过程，试点法院可以打破固有的庭审阶段划分，只围绕有争议的案件要素展开法庭调查和辩论，这正是要素式审判法中关于要素式庭审方式的原理和要求。

[①] 2020年1月15日，最高人民法院印发了《民事诉讼程序繁简分流改革试点方案》（法〔2020〕10号），并据此制定了《民事诉讼程序繁简分流改革试点实施办法》（法〔2020〕11号）。

该实施办法的第十四条还规定:"适用简易程序审理的案件,人民法院可以采取下列方式简化裁判文书:(一)对于能够概括出案件固定要素的,可以根据案件要素阐明原告、被告意见、证据和法院认定理由、依据及裁判结果;(二)对于一方当事人明确表示承认对方全部或者主要诉讼请求的、当事人对案件事实没有争议或者争议不大的,裁判文书可以只包含当事人基本信息、诉讼请求、答辩意见、主要事实、简要裁判理由、裁判依据和裁判主文。"这就更加明确了要素式审判法中有关要素式裁判文书制作的规则要求。

运用要素式审判法,法官在开庭时首先要对无争议的事实予以归纳并当庭予以确认;然后明确争议焦点,并对当事人有争议的要素,逐项进行法庭调查,引导当事人举证、质证。在一般情况下,大多数简易案件的庭审,都非常适合运用要素式审判法。在裁判文书制作方面,要素式审判法也要求进行适当的"瘦身",不再满篇铺开叙述。"对能够概括出固定要素的案件,在制作文书时不再分别阐述原告诉称、被告辩称、经审理查明和本院认为的相关内容,而是围绕案件的特定要素,陈述当事人意见、相关证据、法院认定的理由、依据及裁判结果,主要适用于能够提炼出基本要素的类型化案件。"[1]在简易程序审理的案件中,往往法律适用简单、裁判过程简明、裁判文书制作灵活简便、当事人权利义务简洁明了,可适用化解简单民事矛盾更加经济、快捷的司法程序。

要素式审判法,适合于简易程序审理的民事案件,这在广大基层法官中已获得了普遍的认同与接受,并一直在积极地加以实践。同时,要素式审判法也受到人民群众的欢迎。总之,这对于人民群众日益增长的司法需求以及化解基层法院案多人少矛盾来说,显然是一件非常利好的事情。我们认为,要素式审判法的法律基础是简易程序的规范要求,而要素式审判法得以运用的实践基础或前提条件是民事案件的"繁简分流"。因此,对简易程序的构造、规则以及适用效果进行研究,对民事诉讼法中"繁简分流"背景意义以及划分标准的分析,无疑是我们探寻要素式审判法适法性的必要路径。

---

[1] 蔡淑芳:《简化裁判文书 探索提高审判质效新途径》,载人民日报社《民生周刊》"民生与法"栏目。

第一节　简易程序是要素式审判法的逻辑起点

一、民事简易程序制度流源概览

（一）民事简易程序源流

简化诉讼程序的努力，一直贯穿于民事诉讼制度的全部历史，返璞归真的思考往往会给我们带来现代思维上的启迪。在罗马法史上，公元2世纪前的法定诉讼拘泥于形式，忽视实质，当事人于诉讼进行中须口述一定的言词，手为一定的动作，稍有不符即遭败诉，且其程序繁复，又不能使用诉讼代理人，致聋哑、口吃和健忘之人无法进行诉讼或须冒很大的风险，而法官又不能发挥主动作用。因此，大约在公元3世纪末前，法定诉讼逐渐被程式诉讼所取代。程式诉讼放弃了严格的形式主义，当事人可以自由地陈述意见，不需遵守法定言语和动作；大法官在诉讼中的权限扩大，对诉讼进程起主导作用。但是程式诉讼仍保留了法定诉讼的痕迹，如传唤仍由原告向被告为之，审判依旧分为法律审理与事实审理两个阶段等。帝政以后，皇帝总揽国家大权，对行政上和司法上的纠纷，多整个解决。大法官以行政长官的资格采用非常程序处理案件，有权自行审查事实，直接予以解决，不受听讼日的限制，也不再区分事实审理和法律审理。非常程序结案快，效力大，较之程式诉讼程序更加优越，因此，帝政后期，成为唯一通行的诉讼程序。[1] 中世纪欧洲诉讼程序的形式主义几乎统治了公元5世纪后到近代法典化运动和诉讼程序改革之前的整个过程。

在18世纪法典编纂运动中所出现的诉讼程序的改革，核心内容是实现诉讼的口头化、集中性和公开性，改革的成果反映在欧洲各个国家和地区的诉讼法典中。对诉讼程序演进过程的宏观分析表明，诉讼程序的总体变化趋势是"由仪式化、教条化、武断性向实用、有效、民主方向发展"[2]。具体来说，欧洲诉

---

[1] 周枏：《罗马法原论》，商务印书馆1994年版，第858页。
[2] 顾培东：《诉讼制度的哲学思考》，载柴发邦主编：《体制改革与诉讼制度完善》，中国人民公安大学出版社1991年版，第32页。

讼程序经历了一个公开—秘密—公开、口头—书面—口头、简单—繁复—简易化的过程，并且在每一历史时期内，程序的繁简并存，由繁到简的趋势较为明显。

美国的诉讼程序设计及其操作系统也较为细致。当然，美国对抗制模式的运作前提是，它的一审民事案件只有不到5%的数量能够进入到审判程序，也就是说，有超过95%的民事案件是不经过开庭审理而结案的，而在需要开庭审理的5%的案件中，又只有1%的案件，需要详述裁判理由，上诉法院案件通常也只有78%被放入不予发表和不准引用的"快车道"，这些案件甚至不经开庭辩论，司法意见也非常简短。在大陆法系国家，如德国、奥地利等，其民事诉讼所适用的程序也灵活多样，在程序的简化方面发展较快，也非常值得借鉴。

（二）西方国家对简易程序的制度安排

从20世纪60年代开始，西方国家就开始了新一轮的程序改革。这次改革的重要内容主要是简化诉讼程序，建立小额审判制度。据说，英国不经开庭审结的案件数量高达98%。英国和日本自20世纪70年代以来所采取的一些程序设计及措施，比如小额诉讼程序，也是在强大的积案压力下，为保障不同价值取向的程序正义而采取的不同对策。英国于1973年设立了专门的小额诉讼法庭，以一种低廉的、简易的诉讼程序，处理小型消费者争端、占有诉讼和人身损害赔偿等金钱请求在3000英镑以下的案件；对于事实争点比较复杂的案件，法庭可以许可提交郡法院审理，但是当事人不得夸大请求的数额以避免小额诉讼程序。小额请求案件只审理一次，但可以举行审前听证，法官借此机会可以试行调解。审理不公开，不允许律师代理，审理程序简单、非正式，且不受证据规则的限制。法官在程序中比较积极，必要时可以提问和审查证据，整个审理过程非常迅速，60%的案件在30分钟之内即可审结。[①] 而且，许多成讼的简易案件都被法院官员处理了。因为根据英国法律规定，法院官员具有有限的司法权，案件进入法院，关键看被告有没有抗辩。如果有抗辩，案件才由法官审理。如果被告收到原告的诉状后没有提出抗辩，那么法院官员便可以依法作出"基于被告自认的判决"或者"基于被告未应诉或未抗辩的判决"，这两种判决

[①] 英国上诉法院 Afzal v.Ford Motor Co.Ltd（1994），Catherine Elliot and Frances Quinn, English Legal System p.274–275.

都属于行政性判决,因为它是由行政人员作出的,不属于法官作出的司法裁判,法官判决是需要法官署名的,行政性判决不需要署名,只需要盖法院的印章。[①] 这种程序设计的背后,实质上就是在区别有争议的案件和无争议的案件,从而适用不同的处理机制和方式。

为了迅速解决纠纷,国家必须为性质、类型、金额不同的案件规定不同的程序规则,以便于当事人或者法院进行合理的选择,在某种意义上,"法院用群众方便的诉讼程序和方法迅速解决大量的存在的小额诉讼案件,是一个国家的司法制度能否取信于民的关键所在。"[②] 综观世界各国或地区的立法,在规定简易程序的适用范围时不外乎以下几种方案:

第一种方案是概括式,即对适用简易程序的案件下一个一般性定义,以便于根据案件情况灵活掌握,但因其随意性太大,不同的人会有不同的理解,故意造成操作上的混乱和司法的不统一。其实,我国现行民事诉讼法所采用的正是这种立法模式。

第二种方案是确定一个数额,即以标的金额为限,在规定的金额之上的适用普通程序,在规定金额之下的适用简易程序。这种方案的优点在于简洁明了,便于操作,也是各国立法的通行办法。

第三种方案是列举适用简易程序的简单民事案件,以案件的性质作为划分标准。当然,还有些国家和地区的立法同时包括了几种方案,将它们有机结合形成自己的一个适用标准。如有些国家和地区规定某些案件适用简易程序的同时,又规定了若干类型的案件也适用简易程序,同时还允许双方当事人合意适用简易程序。当然,世界各地的司法改革并非趋于一致,其诉讼程序的设计或者变革方向一定取决于它的现实状况。但无论如何,我们面临的问题主要是在公正和效率两个端点之间寻求一个平衡点。

二、民事简易程序的制度价值及其完善

民事诉讼应当在实现司法公正和提高司法效率这二者之间寻找一个平衡点。因为,一个花钱费时的诉讼很难说是公正的,这对一个诉讼制度的设计者来说

---

① 参见张永红:《英国法院如何解决案多人少矛盾》,载《人民法院报》2014年12月12日。
② [日]兼子一、竹下守夫:《民事诉讼法》,法律出版社1996年版,第23页。

是一个挑战。民事诉讼应当把效益作为追求的目标之一，其要求民事诉讼必须要有较强的可操作性。如果当事人只需按照规定进行简单运作，即能够完成权利义务的设定、调整与实施，那么它就是一个有效益的程序；反之，如果该程序规范既原则抽象也烦琐费时甚至费钱，实际运作不方便，对违反法定程序的法律后果缺乏明确的制度规范，那么该程序就是不具有效益的。

（一）改造民事简易程序的必要性

在审判实践中，一般情况下，当事人很少从这个角度来考虑程序问题。人们更多的是考虑诉讼所花费的代价，考虑的是诉讼效益问题。我国在较长一段时间内，在民事诉讼程序或诉讼手段适用的过程中，存在一些问题，诸如：案件审理时间长，造成大量的人力、物力和财力的耗费；审判力量不足而显示出来的案多人少状况；程序的实用性不高，缺乏简便易行的程序手段，等等。这些弊端，非常需要通过程序的重新改造来进行完善。

就当代法治社会而言，要对一个业已形成多年的诉讼程序进行改造，又不能跨越时空或者背离实际司法环境，甚至根本无视已经合理设计出来的民事诉讼程序而另搞一套程序规则，肯定是行不通的。所以，要在不妨碍诉讼制度设计者一直以来所遵从的共同理念的前提下，本着诉讼实践的理性进行合理构建，比如说通过加重当事人举证责任、开庭审判和集中听审、简化诉讼程序等方式，来降低获取公正裁判的成本，以提高审判效率。

（二）我国的立法实践

在我国，党的十一届三中全会以后，最高人民法院于 1979 年 2 月召开第二次民事审判工作会议，制定了《人民法院审判民事案件程序制度的规定（试行）》。按照最高人民法院当时的解释，该规定明确，"为了保障人民民主，加强社会主义法制，贯彻、落实中央〔1978〕32 号文件精神，进一步搞好民事审判工作，提高办案质量，为实现新时期总任务作出贡献，根据宪法、《人民法院组织法》的有关规定和审判实践经验，特制定本规定，在民事诉讼法公布之前试行"。该规定总共有 11 个部分，[①] 无论从立法技术上还是在文字表述上，都

---

① 这 11 个部分分别为：案件受理、审理前的准备、调查案情和采取保全措施、调解、开庭审理、裁判、上诉、执行、申诉与再审、回访及案卷归档。

没有形成十分规范的像法律条文一样的程式。也就在当年，全国人民代表大会将民事诉讼法的起草提到了议事日程。经过多次讨论与反复征求意见，终于在1982年3月8日全国人民代表大会常务委员会第二十二次会议上通过了《民事诉讼法（试行）》，并于同年10月1日起正式试行。该法的第二编设专章对简易程序作出了规定。据此规定，基层人民法院及其派出的法庭对于简单的民事案件可以适用简易程序进行审理。1984年最高人民法院在其所发布的《关于贯彻执行〈中华人民共和国民事诉讼法（试行）〉若干问题的意见》中，列举了七种简单的民事案件。[①]《民事诉讼法（试行）》是我国经济体制由计划经济向市场经济转型初期制定的程序法，由于制定的时间较短，而且相关理论认识也存在不足，立法技术上更存在欠缺，导致不仅许多规定都较为原则，而且存在的问题还很多。

随着我国民事实体法律规范的增多，特别是公民法治意识的逐渐增强，立法必须要设计一个具有针对性的程序制度来解决类型各异的民事纠纷。《民事诉讼法（试行）》经过9年的运行，在实施中出现了许多新情况、新问题。为此，对该法的修改与完善就成了势在必行的一项工作，1991年4月9日，第七届全国人民代表大会第四次会议通过了《民事诉讼法》。后来这部法律又经过2007年、2012年、2017年、2021年、2023年修改。无论是之前试行的民事诉讼法，还是正式的民事诉讼法，都是将简易程序作为与第一审普通程序并列的一种独立程序。当然，2021年第四次修正也有所突破，即将合议制、独任制与原来一直对应的普通程序、简易程序进行了"解绑"，并规定在简易程序的基础上，独任制还可以适用于部分普通程序、二审程序案件，这成为这次民事诉讼修正的一大亮点。所有这些，都在立法与制度层面上为我们确立了高效快捷和成本低廉的民事纠纷处理规范。

[①] 七种民事案件分别为：（1）结婚时间短，财产争议不大的离婚案件，或者当事人婚前就患有法律规定不准结婚的疾病的离婚案件；（2）权利义务关系明确，只是给付时间和金额上有争议的赡养费、扶养费和抚育费案件；（3）确认或变更收养、抚养关系，双方争议不大的案件；（4）借贷关系明确、证据充分和金额不大的债务案件；（5）遗产和继承人范围明确，讼争遗产数额不大的继承案件；（6）事实清楚、责任明确、赔偿金额不大的损害赔偿案件；（7）事实清楚、情节简单、是非分明、争议焦点明确、讼争金额不大的其他案件。

（三）我国简易程序的司法实践

我国自 1982 年以后的司法实践，事实上证明了民事简易程序以低成本、周期短、诉讼方式简便、适用范围广泛等特点，在民事审判实践中发挥着极其重要的作用，对迅速快捷解决大量民事纠纷、减轻当事人讼累等，也起到了十分积极的作用。但为了确实解决司法实践中诸如案多人少等问题，全国许多基层法院都开始在简易程序的运用方面动脑筋，想办法。借助于审判方式改革的深入开展形势，虽然开始时基本上都是围绕普通程序而展开的，但后来简易程序的改革也逐渐地引起司法实务部门的重视，并且取得了令人瞩目的积极效果。比如，广东省在 1999 年开展简易程序改革以前，全省基层法院适用简易程序处理的案件仅占其所受理的民事案件的 20% 左右，而改革以后的当年，即 1999 年就已经达到 30%，至 2001 年，有的法院竟已达到 90% 以上。简易程序的大量适用，对人民法院缓解案件压力以及司法资源欠缺的矛盾，无疑起到了一定的积极作用，它使基层法院在庭审方式上完成了从纠问式向诉辩式的转变。

然而，随着社会主义市场经济的逐步确立与发展，各类民事纠纷也大幅度地增加，上述改革措施再次不适应经济社会飞速发展所带来的变化。特别是 2000 年前后，全国范围内普遍都在扩大简易程序审理案件的范围。而为了规范简易程序的运作，许多法院专门制定了相应的运用规则或实施意见。比如，河北石家庄市中级人民法院 1998 年制定了《民事案件适用简易程序的若干意见》；陕西省西安市碑林区人民法院 1999 年 5 月制定了《民事、经济案件适用简易程序的有关规定》；2001 年浙江诸暨市人民法院出台了《适用简易程序审理民事案件若干规则》，等等。

总而言之，扩大简易程序审理案件的范围已经成了一种较为普遍的呼声，各地法院纷纷向改革要效率，在既有的简易程序制度框架下进行了各种实践探索。但普遍开花式的探索，并不利于法制的规范与统一，也易造成司法适用上的混乱局面。而且在理论上，"事实清楚、权利义务关系明确、争议不大"的界定标准也显示出了它的局限性。比如，民事案件的简单与复杂的判断，在立案的时候只能是主观的，理论上任何案件在尚未进入审判程序之前，均无法确定其是否属于"事实清楚、权利义务关系明确、争议不大"，这种概括在理论上不符合司法认知自身的规律性。况且，这一标准虽然便于根据案件情况灵活掌握，但是却过于原则，弹性过大，反而导致可操作性不强。有鉴于此，考虑到我国的上述实际情况,司法理应对民事诉讼法中的简易程序进行解释,从而将简易程序的适用范围明确化、具体化,以克服在立法过于原则情况下各自为政的做法。

三、我国民事简易程序的制度设计

(一)民事简易程序设计的总体思路

2003年9月10日,最高人民法院公布了《关于适用简易程序审理民事案件的若干规定》(法释〔2003〕15号,以下简称《简易程序规定》),并于同年12月1日起施行。该规定将标的金额作为适用简易程序的主要标准,兼顾某些适合用简易程序审理的案件,将它们规定为适用简易程序审理。如该规定的第一条规定:"基层人民法院根据《中华人民共和国民事诉讼法》第一百四十二条规定审理简单的民事案件,适用本规定,但有下列情形之一的案件除外:(一)起诉时被告下落不明的;(二)发回重审的;(三)共同诉讼中一方或者双方当事人人数众多的;(四)法律规定应当适用特别程序、审判监督程序、督促程序、公示催告程序和企业法人破产还债程序的;(五)人民法院认为不宜适用简易程序进行审理的。"该规定还将当事人意思自治的原则融入简易程序的运用之中。其第二条规定:"基层人民法院适用第一审普通程序审理的民事案件,当事人各方自愿选择适用简易程序,经人民法院审查同意的,可以适用简易程序进行审理。"除此而外,该规定还详细规定了简易程序中的一些运用规则,具有较强的可操作性,为解决大量的民事纠纷提供了制度上的支持。即便是近几年,民事诉讼案件高发时期,简易程序仍然是基层人民法院审理简单民事案件时适用的独立诉讼程序。简易程序也因其快捷、简便解决纠纷而成为当事人的首选程序。

2012年第二次修正后的《民事诉讼法》(以下简称2012年《民事诉讼法》)在以下几个方面突出进行了规定:扩大简易程序的适用范围;增加当事人双方可以约定适用简易程序;简化简易诉讼案件审理程序;设立小额诉讼程序。从中可以看出,2012年《民事诉讼法》沿用了最高人民法院的《简易程序规定》中对"简单案件"和"简易程序"的规定。在现行法律中,"简单案件"被定义为"事实清楚、权利义务关系明确、争议不大"的案件,而审理适用的程序为现行《民事诉讼法》第十三章规定的"简易程序",适用的法院为"基层人民法院和它的派出法庭"。

特别需要提出的是，我国现行《民事诉讼法》第一百六十条第二款明确规定，对基层人民法院和它派出的法庭审理的简易的民事案件以外的其他民事案件，当事人双方可以约定适用简易程序。这个规定是《民事诉讼法》修正的一大亮点，也引起了社会的极大关注。双方当事人的约定能够将本应适用普通程序审理的案件适用简易程序审理，是当事人行使程序选择权的结果，充分体现了当事人在民事诉讼程序中的处分原则和意思自治原则，贯彻了诉讼民主精神和司法为民思想，大大地节省了国家的司法资源，这不仅扩大了简易程序的适用范围，也体现了人民法院对当事人处分权的尊重。

（二）民事简易程序的特点及作用

1. 起诉方式简便

适用简易程序审理的民事案件，原告既可以口头起诉，也可以用书面方式起诉，而且原告若口头起诉的，也并不将"书面起诉确有困难"作为前提条件。这一点，与普通程序中的起诉稍有不同，即在普通程序中，必须是在原告"书写起诉状确有困难"的情况下，方可口头起诉。尽管口头起诉的方式在一定程度上，并不利于维护人民法院裁判的公信力，也不利于实现诉讼活动的正规化，但是它的存在却符合我国当前仍有相当数量的当事人经济能力较差、不具备起码的文化素养以及法律知识欠缺等实际情况，也符合便于当事人诉讼的民事诉讼原则。

2. 审理程序灵活

除了起诉方式简便以外，简易程序审理案件的庭审方式、文书制作等也都较为简略。《民事诉讼法》进一步简化了审理程序，比如可以省略开庭前的准备工作、可以简便方式传唤当事人、送达文书、审理案件。修改前的《民事诉讼法》的简易程序中的送达程序并不简便，虽然其规定可以用简便方法随时传唤当事人、证人，但对具体的送达方式却没有作出有别于普通程序的规定，而且这种送达的规定也仅限于开庭通知的送达，并没有包括所有需要送达的诉讼文书与法律文书，导致依照简易程序审理的案件往往会因为送达而使整个程序价值目标难以实现。《民事诉讼法》增加了关于人民法院可以简便方式送达诉讼文书的规定，包括捎口信、打电话、传真、电子邮件等方式通知当事人、证人到庭，方便了基层人民法院根据当地实际情况积极探索以各种方便灵活的方式送达诉讼文书，也为总结审判实践经验、制定简易程序不同于普通程序中的送达文书方式，提供了法律依据。但需要注意的是，采用简便方式传唤当事人时，由于未采取传票传唤方式，所以如果当事人不承认或者无相关证据证明，便不能产生缺席判决或按自动撤诉处理的后果。当然，如果有证据证明采用了这种传唤方式，则产生法律上的效力。但适用普通程序审理案件时，法院则应当按照法定方式在法定期限内传唤当事人和证人，否则不发生法律上的效力。同样，在简易程序中，人民法院也可以采用传真、电子邮件等能够确认收悉的方式送达诉讼文书，但一般情况下不宜用电子送达的方式向当事人送达判决书、调解书等裁判文书。①

在适用简易程序审理案件的过程中，可以由一名法官独任审理，在审前准备阶段不受开庭期日提前通知及公开审理进行公告的限制。事实上，并非所有案件都有必要进入审前准备程序，对那些争点简单明了，当事人起诉和答辩阶段已经提出了充分证据材料的案件，可以直接进入开庭审理程序。纵览各国和部分地区有关简易程序、简易判决的设计理念及其内容规定，都对审前准备程序进行了相当程度的简化处理，甚至完全不要。② 不过，虽然开庭审理的程序简化，不受普通程序规定的法庭调查与法庭辩论的顺序的限制，但也要注意保障当事人陈述意见的权利。还有就是简易程序审理的案件，其裁判文书也应当简略，不仅可以节约诉讼成本，也符合世界潮流。制作裁判文书时，应体现其简便性，对事实可以高度概括，裁判理由也可以简明扼要甚至省略。这正是要素式审判法的逻辑起点，也是要素式审判法能够得以开展的理论基础与保障。

3.民事简易程序的目的与作用

简易程序的目的既然在于速审、速结，就应当尽量简化审理案件的程序，突出简易程序简便性的特点与优势，更好地体现简易程序经济、便民、快捷的原则。例如，最高人民法院曾制定相关司法解释，以开庭审理为核心，凸显简易程序经济、快捷的内在价值，对简易程序的当庭举证、一次开庭、当庭宣判等作出了规定，对于简化审理程序、提高审判效率、降低当事人诉累具有十分重要的作用。《民事诉讼法》也规定基层人民法院可以简便方式审理案件，方便基层人民法院积极探索方便灵活的审理方式，提高审判效率，也为总结审判经

---

① 江必新主编：《新民事诉讼法理解适用与实务指南》，法律出版社2012年版，第605页。
② 江伟主编：《民事诉讼法典专家修改建议稿及立法理由》，法律出版社2008年版，第265页。

验、制定简易程序中简便审理方式提供了法律依据。①

总之,我国《民事诉讼法》对适用简易程序审理案件进行了具体规范,即对简易程序在传唤程序、送达程序、审理方式、裁判文书等方面都有进一步的规范与简化。在保障当事人法定程序权利的同时,使适用简易程序更简洁,从而体现民事简易程序的简化特点,防止简易程序普通审,以节约诉讼资源,降低诉讼成本。同时,也对解决基层人民法院案多人少矛盾,有效化解民事纠纷起着积极的作用。民事简易程序的这些特点,为要素式审判法的开展提供了法律规范层面的制度支撑。

第二节 民事小额诉讼程序的制度设计

在世界各国司法制度中,普遍都将诉讼程序的简易、便利、快速、低廉作为基本目标之一。简易程序在受到普遍重视的同时,也进行了一系列的创新,其小额诉讼程序就是这些创新成果中的一个。小额诉讼简化诉讼程序,是在西方国家和地区司法程序较为完备甚至程序相当复杂、实体法相对发达的背景下对既有诉讼程序的简化,是一个从"繁"到"简"的过程。所谓小额诉讼程序,以前有学者认为,是指为了案件审理的简便、迅速和经济,针对请求小额金钱、其他替代物或有价证券的诉讼所规定的一种程序。② 其追求低成本与高效率,有利于对小额纠纷的有效解决。从理论上说,运用小额诉讼程序的案件因涉及金额小,以相对简单、便利、低成本的司法程序来解决,符合程序相当与诉讼经济原理。尤其是在我国目前的情况下,大幅度上升的案件数量与有限的审判资源的矛盾较为突出,更有必要设立小额诉讼程序。

一、小额诉讼程序的制度价值

从立法例来看,许多国家和地区将小额诉讼案件从简易程序案件中独立出来,设置了专门的、相对独立的小额诉讼程序。比如,《日本民事诉讼法》就

---

① 江必新主编:《新民事诉讼法理解适用与实务指南》,法律出版社2012年版,第604页。
② 常怡主编:《比较民事诉讼法》,中国政法大学出版社2002年版,第608页。

单独规定了区别于简易程序的小额程序，专门处理金额在30万日元以下的金钱支付请求案件，该程序在简易法院根据当事人提出的申请而进行（该法第三百六十八条）。① 此外，美国、英国、法国、德国等国家和地区都有关于小额诉讼程序的规定，只是有的仅是散见于民事诉讼法或者民事诉讼规则条文之中，而未作专门性的独立规定而已。"但小额诉讼程序的建立不仅是基于对民事案件进行'繁简分流'的处理，从而减轻法院负担的需要，而且在于实现司法的大众化，它可以通过简易化的努力使一般公民普遍能够得到具体的、有程序保障的司法服务，从保障当事人平等使用法院之机会以接近正义的目的出发，应当建立简便经济快捷的小额诉讼程序。"②

在我国，关于是否应当设立独立于简易程序的小额诉讼程序的问题，理论与实务界早在二十多年前就已提出。但考虑到我国简易程序尚未完善且学术界对此问题存在争议，所以迟迟未能提上立法的议事日程。但是，由于我国正处于经济转轨、社会转型的关键时期，由各种利益诉求引发的矛盾纠纷持续增加，并以诉讼的方式大量进入司法程序，不少地方法院案多人少的矛盾始终未得到根本缓解，难以满足人民群众不断增长的司法需求。因此，需要探索在基层法院适用小额速裁程序审理民事案件，希望通过进一步合理配置审判资源，便利人民群众诉讼，提高办案效率，维护司法公正，达到最大限度地满足人民群众的司法需求。

最高人民法院遂在《人民法院第二个五年改革纲要》（法发〔2005〕18号）中明确提出，要探索民事诉讼程序的简化形式，在简易程序的基础上建立速裁程序机制，规范小额债务案件审理。2011年3月17日，最高人民法院印发了《关于在部分基层法院开展小额速裁试点工作的指导意见》的通知（法〔2011〕129号），决定在全国90个基层法院开展小额速裁程序试点。当时主要考虑五个方面的内容：一是明确适用范围。小额速裁案件原则上为标的金额1万元以下的给付之诉案件，最高不超过5万元。二是简化审判流程。由审判员一人审理，答辩期、举证期不超过7日。三是灵活确定开庭时间。灵活安排开庭时间与地点，自立案之日起一个月内审结，不能延长。一个月内未能审结的，适用普通程序继续审理；四是确保裁决公正。小额案件实行一审终局，允许当事人提出

---

① 修改后的《日本民事诉讼法》（1996年），在其第二编《第一审诉讼程序》中规定《关于简易法院诉讼程序的特则》的同时，又在第六编中单独规定了《关于小额诉讼的特则》。

② 江必新主编：《新民事诉讼法理解适用与实务指南》，法律出版社2012年版，第610页。

异议申请；五是诉讼费减半收取。后在试点成功经验的基础上，借鉴国外有益经验，于 2012 年修正《民事诉讼法》时，以简易程序一章中的第一百六十二条内容正式确立了小额诉讼制度。

由于小额诉讼程序毕竟是从简易程序中剥离出来的标的额较小的案件审理程序，因此，小额性是其首要的特征。小额诉讼程序的立法宗旨之一就是强调司法的效率，通过高度简化的程序设计，为当事人提供更廉价、高效的司法救济，使纠纷及时地得到解决，快速定分止争。在应对和解决所谓案多人少问题的司法背景下，通过立法修改强化小额诉讼的适用率，强化繁简分流的司法改革效果，进而提升法院整体的审判效率。因此，2021 年 12 月 24 日第四次修正的《民事诉讼法》在设计小额诉讼程序的内容时，便集中在以下几个方面：一是通过明确小额案件的性质和负面清单限制适用案件对象；二是进一步扩大小额诉讼程序的适用范围；三是对于适用小额诉讼程序审理的案件缩短审理期限为一个月，并实行"一次开庭审结"制度。这三点修改内容，反映了立法者试图通过限缩开庭次数、缩短审限等措施，达到提高审判效率的效果。不仅如此，通过这次修改，更加彰显了我国小额诉讼程序构造和程序特色，更加脱离了简易程序的束缚，进而向其应有的程序"独立性"靠近。因此，小额诉讼程序虽然被规定于"简易程序"一章，但并不能将其简单地等同于简易程序，而是与简易程序、普通程序相并列的独立民事诉讼程序。尽管其尚无严格的狭义上的概念，但小额诉讼程序所具备的小额、简易、强调效率等要件，使司法实践中的基层法官们总是倾向于狭义概念上的理解，即小额诉讼程序是指基层人民法院在审查受理、审理诉讼标的额较小的简单民事案件时所适用的比简易程序更简易的一审终审诉讼程序。

修改前的《民事诉讼法》在第一百六十二条规定："基层人民法院和它派出的法庭审理符合本法第一百五十七条第一款规定的简单的民事案件，标的额为各省、自治区、直辖市上年度就业人员年平均工资百分之三十以下的，实行一审终审。"现行《民事诉讼法》第一百六十五条规定："基层人民法院和它派出的法庭审理事实清楚、权利义务关系明确、争议不大的简易金钱给付民事案件，标的额为各省、自治区、直辖市上年度就业人员年平均工资百分之五十以下的，实行一审终审。"这个制度的设计，也是司法亲民化和大众化的一种体现，其程序简便、时间简短、手续简约的特点，保证了当事人可以根据纠纷的特性选择符合自己实际利益的程序处理纠纷，也能够保证当事人在发生纠纷时能够以更加简单的方式进入诉讼和脱离诉讼,是在新时代中国特色社会主义法治思想指导下司法为民的集中体现。

小额诉讼程序作为一种选择性程序方式,在特定种类的案件中,相对于当事人和法院而言,都是一种成本的节约,是优化程序效益的又一表现。众所周知,目前基层法院的案件数量与一线法官的供需之间矛盾加剧,而司法最为直接的应对措施,就是减少法官在每一个案中工作量的投入。小额诉讼程序至少在表面上契合了这种需求。特别是在当前基层解决纠纷机制不力、大量纠纷聚集法院、法院办案人员相对不足的情况下,小额诉讼程序的确立,能够保障基层法院和人民法庭腾出更多的时间和精力审理重大、复杂的民商事案件,也对优化司法资源起到了良好的作用。

二、小额诉讼程序的主要内容

(一)小额诉讼的适用范围

小额诉讼程序是2012年《民事诉讼法》修正时新增的程序,因其没有应有的独立性和完整性,而被规定在《民事诉讼法》的"简易程序"一章里,但其适用的条件过于严苛,且程序优势也不太明显,加上法院内部考核机制的压力导向效应,使得这一制度在最初的几年没有什么影响力。小额诉讼程序首先必须符合简易民事案件的条件,即适用于事实清楚、权利义务关系明确、争议不大的简单的民事案件。其次是标的金额必须符合法律规定的相关标准。各国确定小额诉讼的标准和方法并不一致,而且差异很大,有些以请求金额为标准,有些以一审判决确定的争议金额为标准,也有的以上诉人在上诉中可能获得的利益为标准。但以请求金额为标准的较为普遍。由于我国地域广阔,各个地方的经济发展差异很大,所以民事诉讼法选用的是相对指标,同时又能体现"小额"的范围。

为了解决司法实践中小额诉讼程序总体适用率一直偏低、制度功能未能充分发挥的问题,2021年修正后的《民事诉讼法》克服了以往小额诉讼标的数额设置过低而导致的适用门槛较高现象,在最高人民法院的建议下,对原来《民事诉讼法》第一百六十二条进行了修改完善,将小额诉讼标的额由不超过各省、自治区或直辖市上年度就业人员平均工资的"百分之三十以下"修改为不超过各省、自治区或直辖市上年度从业人员年平均工资的"百分之五十以下",成为现行《民事诉讼法》的第一百六十五条,扩大了小额诉讼程序的适用范围。当然,小额诉讼程序还有其他一些程序性简化的变化。简易程序尤其是小额诉讼制度的修改是此次《民事诉讼法》修正最重要的成果之一。原则上标的额百分之五十,超过百分之五十但又在二倍以下的,当事人双方也可以约定适用小额诉讼的程序。

最高人民法院于2020年12月23日第一次修正的《民事诉讼法解释》专门对哪些民事案件可以适用小额诉讼程序进行了列举,其中第二百七十四条(现已删去)规定,下列金钱给付的案件,适用小额诉讼程序审理:(1)买卖合同、借款合同、租赁合同纠纷;(2)身份关系清楚,仅在给付的数额、时间、方式上存在争议的赡养费、抚育费、扶养费纠纷;(3)责任明确,仅在给付的数额、时间、方式上存在争议的交通事故损害赔偿和其他人身损害赔偿纠纷;(4)供用水、电、气、热力合同纠纷;(5)银行卡纠纷;(6)劳动关系清楚,仅在劳动报酬、工伤医疗费、经济补偿金或者赔偿金给付数额、时间、方式上存在争议的劳动合同纠纷;(7)劳动关系清楚,仅在劳务报酬给付数额、时间、方式上存在争议的劳务合同纠纷;(8)物业、电信等服务合同纠纷;(9)其他金钱给付纠纷。另外,根据《最高人民法院关于海事法院可否适用小额诉讼程序问题的规定》,简单的海事、海商案件可以适用小额诉讼程序。《民事诉讼法解释》第二百七十三条明确规定,海事法院可以审理海事、海商小额诉讼案件。案件标的额应当以实际受理案件的海事法院或者其派出法庭所在的省、自治区、直辖市上年度就业人员年平均工资百分之三十为限。

2020年12月23日第一次修正的《民事诉讼法解释》第二百七十五条(现已删去)还从相反方面同时规定了下列案件不适用小额诉讼程序:(1)人身关系、财产确权纠纷;(2)涉外民事纠纷;(3)知识产权纠纷;(4)需要评估、鉴定或者对诉前评估、鉴定结果有异议的纠纷;(5)其他不宜适用一审终审的纠纷。需要指出的是,2021年12月24日修改后的《民事诉讼法》第一百六十六条,是在2020年12月23日第一次修正的《民事诉讼法解释》第二百七十五条基础上的进一步完善,其规定了六种不适用小额诉讼的程序审理的情形,包括:"(一)人身关系、财产确权关系;(二)涉外案件;(三)需要评估、鉴定或者对诉前评估、鉴定结果有异议的案件;(四)一方当事人下落不明的案件;(五)当事人提出反诉的案件;(六)其他不宜适用小额诉讼程序审理的案件。"与修改前相比，修改后的第一百六十六条内容，扩大了人民法院自主决定适用一审终审的小额诉讼程序的适用范围，而且赋予当事人程序转换异议权。值得注意的是，现行法律与司法解释均已明确规定不适用简易程序的案件，自不应适用小额诉讼程序而一审终审。比如，不适用简易程序的"起诉时被告下落不明的""发回重审的""当事人一方人数众多的""适用审判监督程序的""涉及国家利益、社会公共利益的""第三人起诉请求改变或者撤销生效判决、裁定、调解书的"。还有，设立海事赔偿责任限制基金程序中的相关确权案件，也不适用小额诉讼程序。

（二）适用小额诉讼的法院

小额诉讼案件实行快立、快审、快结，案件流转周期短，可以较大限度地减轻当事人诉讼的时间成本。依据我国《民事诉讼法》第一百六十条的规定，小额诉讼程序与其他简易程序一样，只能适用于基层人民法院和它派出的法庭，而且只适用于一审民事案件。二审案件、发回重审案件、审判监督案件都不得适用小额诉讼程序。基层法院以外的人民法院审理第一审民事案件，也不得适用小额诉讼程序。

（三）小额诉讼的审理周期

对于普通程序与简易程序而言，由于实行两审终审制，往往导致一个案件的审理周期较长，诉讼程序相对烦琐，由此产生的诉讼成本也高。因此，《民事诉讼法》明确规定，小额诉讼程序案件实行一审终审制，而且法定审限也比一般简易程序审理的案件审限要短。[①] 就是说，当事人对采用小额诉讼程序审理的案件处理结果不服的，不能上诉。小额诉讼程序采用审终审制，是其与简易程序相区别的一个重要方面。这里的"一审终审"，也是借鉴了国外对小额诉讼案件"压制审限、禁止上诉"的良好做法，目的是降低诉讼成本，节约资源。其中包含着两个方面：一是降低当事人诉讼成本，避免一件小小的案件任由一方当事人滥用诉权无休止地诉讼、上诉。由于普通程序和简易程序实行两审终审的案件审理周期较长，诉讼程序相对烦琐，由此产生的诉讼成本也高。小额诉

[①] 《民事诉讼法》第一百六十八条规定："人民法院适用小额诉讼程序审理案件，应当在立案之日起两个月内审结。有特殊情况需要延长的，经本院院长批准可延长一个月。"

讼程序实行一审终审，诉讼程序相对简便，能够保障当事人之间纠纷的快速解决，并可防止诉讼当事人恶意拖延诉讼的行为。二是降低审判资源成本，优化司法资源配置。任何国家和地区在一定期限内的司法资源都是有限的，因此应当用有限的资源，实现司法制度的利益最大化。毕竟适用小额诉讼程序的案件，双方当事人对标的额没有实质性争议或争议不大，比如利息的计算、赔偿标准，独任法官能做到100%的认定，避免占用合议庭的审判资源，或占用二审法院的审判资源。这样规定，不仅可以满足小额诉讼的特别要求，使其具有大众化、成本低、效率高的特点，还能有效防止当事人恶意拖延诉讼的行为，较大限度地减轻当事人诉讼的时间成本。这不仅加快了当事人实体权利的实现进程，一定程度上维护了司法的权威性，也提升了司法公信力，实现人民群众与司法的良性互动。

（四）小额诉讼程序的转换

根据《民事诉讼法解释》第二百七十八条的规定，小额诉讼程序可以转换成简易程序或普通程序。小额诉讼案件在被立案后，若发现其案情疑难复杂等不适合适用小额诉讼程序条件的，应当适用简易程序的其他规定审理；当然，符合条件的也可转换成普通程序审理。这里的条件，应该是指"当事人申请增加或变更诉讼请求、提出反诉、追加当事人等"，致使案件本身的条件不符合小额诉讼案件条件。2021年《民事诉讼法》的修正，也有关于程序转换的内容，该法第一百六十九条规定："人民法院在审理过程中，发现案件不宜适用小额诉讼的程序的，应当适用简易程序的其他规定或者裁定转为普通程序。当事人认为案件适用小额诉讼的程序审理违反法律规定的，可以向人民法院提出异议。人民法院对当事人提出的异议应当审查，异议成立的，应当适用简易程序的其他规定审理或者裁定转为普通程序；异议不成立的，裁定驳回。"《民事诉讼法解释》第二百七十九条规定了当事人提出异议的时间，"应当在开庭前提出。"

需要注意的是，小额诉讼程序转换成普通程序应当属于审判程序上的重大性质变化，应当采用裁定方式，但小额诉讼程序转换成适用简易程序的其他规定时，则属于简易程序的内部调整，并不属于程序变更，而且从简易程序讲求诉讼效率的目的出发，也没有必要专门进行裁定，应当属于案件的继续审理，而不是案件重新开始审理。因此，转换前适用小额诉讼程序审理过程中，经当事人举证、质证所确认的事实可不再进行举证、质证。基于对当事人诉讼权利的保障，在开庭前应当向当事人发放《小额诉讼须知》，以书面形式告知小额诉讼程序的适用条件、审理程序、救济途径等诉讼事项，并要求当事人对《小额诉讼须知》进行签收，以保障当事人的诉讼权利。另外，被告可以就适用小额诉讼程序提出异议，如经法官审查异议成立，则应当将案件转入简易程序或普通程序审理。

三、小额诉讼程序的强制适用

我国《民事诉讼法》在2012年修正前，试点法院都是以当事人同意适用为前提的，但是2012年《民事诉讼法》修正后及2015年《民事诉讼法解释》出台后，我们看到了小额诉讼程序的强制适用，当事人并无选择权。这是因为"小额诉讼为普通公民需要而创设，但并不意味着这种程序也可以由公民自由决定加以适用。小额诉讼程序中，基于程序相称原则，降低程序成本不仅涉及当事人的利益，也关系到国家司法资源的有效使用和优化配置问题，因此在小额诉讼程序的适用上当事人不具有程序选择权。对应当适用的案件当事人无权以合意方式排除适用"[①]。因为，审理民事案件具体适用何种诉讼程序取决于案件的性质、法律的规定和法院的选择。《民事诉讼法》第一百六十条第二款只是规定了当事人对本应适用普通程序的民事案件可以约定适用简易程序，但并不意味着可以由此推出当事人对所有审理程序都可以选择的结论。

但反过来，对不属于小额诉讼程序适用范围的案件，当事人是否也无权以合意方式选择适用？对此，我们认为，案件的繁简、难易与诉讼标的额有一定关系，但并没有必然的联系，也不是一种成比例的关系。实践中也确实存在标的额虽超过了省、自治区、直辖市上年度就业人员年平均工资的百分之三十，但案件事实清楚、权利义务关系明确、争议不大的案件，对于此类案件，在民事诉讼法没有明确禁止的情形下，实践中可以对当事人的选择适用作进一步的有益探索。[②] 好在《民事诉讼法》第一百六十五条第二款已作出了明确规定，对"标的额超过各省、自治区、直辖市上年度就业人员年平均工资的百分之五十但

---

① 江必新主编：《新民事诉讼法理解适用与实务指南》，法律出版社2012年版，第615页。
② 最高人民法院修改后民事诉讼法贯彻实施工作领导小组编著：《最高人民法院民事诉讼法司法解释理解与适用》，人民法院出版社2015年版，第708页。

在二倍以下的，当事人双方也可以约定适用小额诉讼的程序"。

小额诉讼程序要求案件的审理程序简便，快速审结。只有抛弃程序的太过复杂，小额诉讼程序才可能比简易程序更具简便灵活性，才能体现其应有的属性，也才能发挥其简单快捷的实际应用价值。但如何简单、快捷，简单到什么程度，快捷的时限如何，全国还没有统一的规定。

小额诉讼程序能够有效简化案件的审理过程，归纳一下主要体现在以下几个方面：

一是简化庭审程序。如经人民法院释明，小额诉讼案件的当事人表示放弃答辩和举证期限的，则可以直接开庭；公开开庭的案件可以不进行庭前公告；可以根据当事人的申请，安排在夜间、休息日到当事人所在地或纠纷发生地进行调解或开庭，开庭时可不严格按照法庭调查、法庭辩论、当事人最后陈述、法庭调解等庭审顺序进行；适用小额诉讼程序的案件，贯彻调解优先的原则，调解不成的及时作出裁判。鼓励承办法官一庭审结、当庭宣判。但要注意的是，如果被告拒不到庭需要判决，必须有已传唤被告的传票送达回证附卷证实。这里需要提出的是，最高人民法院在《民事诉讼程序繁简分流改革试点实施办法》（法〔2020〕11号）中，设置了独立于简易程序的小额诉讼程序规则，比如在审理方式简化方面，明确在征得当事人同意，有效保障其程序利益的前提下，将答辩期间从15日缩短至7日。同时，小额诉讼案件可以比照简易程序规则进一步简化传唤、送达、证据交换的方式。根据案件情况，庭审可采取要素式审理，提高庭审效率。对简单案件，原则上应当一次开庭审结。[1]

二是简化诉讼文书样式。根据《民事诉讼法解释》的规定，制定统一的小额诉讼程序案件的诉状样本和裁判文书样本，方便小额诉讼程序的具体适用，可要求小额诉讼程序案件原则上都应当使用令状式裁判文书，只记载当事人基本信息、诉讼请求、裁判主文等内容。当然，实践中法官应当根据案件情况，决定是否采用简式裁判文书。需要说明的是，中国裁判文书网的文书上传系统已经作了优化调整，支持上传表格式、要素式裁判文书。

三是简化案件流程。基层法院可以通过立案庭或所设立的诉讼服务中心，安排专人简化小额诉讼的立案工作，立案的同时做好当事人的法律释明工作，

---

[1] 刘峥、何帆、李承远：《〈民事诉讼程序繁简分流改革试点实施办法〉的理解与适用》，载最高人民法院研究室编：《人民法院调查研究》2020年第6辑，中国民主法制出版社2021年版，第144页。

立案时一次性发放《小额诉讼须知》及《小额诉讼风险告知书》等诉讼告知材料。针对民事案件送达难问题，可以规定小额诉讼案件可以进一步简化送达手续，可以采用电话、传真、电子邮件、手机短信等简便方式与当事人联系。虽然法律规定当事人不得就小额诉讼的裁判结果提出上诉，但依照民事诉讼法解释的规定，对小额诉讼案件判决、裁定不服的，当事人可以向原审人民法院申请再审，申请再审事由成立的，人民法院应当裁定再审，并组成合议庭进行审理。因此，我们所设想的小额诉讼程序，简化得较为彻底，法定程度也显得很具"刚性"，因此适用的案件种类也较为狭窄。

四、小额诉讼程序的"一次性开庭审结"

《民事诉讼法》第一百六十七条规定："人民法院适用小额诉讼的程序审理案件，可以一次开庭审结并且当庭宣判。"之前最高人民法院在《民事诉讼程序繁简分流改革试点实施办法》的第八条第二款中规定的是小额诉讼程序审理的案件原则上"应当一次开庭结案"，而且向全国人民代表大会常务委员会第三十一次会议递交并向全社会征求意见的《民事诉讼法（修正草案）》，所增加的作为第一百六十九条的内容中，也使用了"应当"的表述。而出台后的《民事诉讼法》第一百六十七条对于一次开庭结案问题，使用的是"可以"一词，这说明"一次开庭结案"并未成为适用小额诉讼程序审理案件的一项原则，"一次开庭结案"还只属于一个倡导性规范。而在司法实践中，无论是适用简易程序还是适用普通程序审理的案件，通常都会奉行能不进行二次开庭的就不要进行二次开庭，尽量"一次开庭结案并且当庭宣判"，以提高审判效率。如此说来，《民事诉讼法》第一百六十七条的规定，并无必要。但有观点认为，民事案件只一次开庭，这是司法实践中的常态，"往往只有事实复杂、证据众多或者需要鉴定等情况下才需要二次开庭。当事人的举证能力也是导致二次开庭的重要原因。但本条规定实际是作了一种宣示：既然是小额诉讼案件，原则上应当一次开庭，同时也应当尽量当庭宣判。这才符合小额诉讼程序设立的初衷。同时，在审理小额诉讼案件时，如何在简案快办和保护当事人诉讼权利之间取得平衡，如何进行具体操作，一方面要依据民事诉讼法及其司法解释关于简易程序和小额诉讼程序的相关规定进行，另一方面需要在司法实践中不断探索，并在总结司法实践经验的基础上，通过司法解释等方式予以明确。"[①]这说明了在诉讼理念上，一次开庭审结与小额诉讼程序具有天然的对应性，或者说一次开庭审结是小额诉讼程序应有之特点之一。

虽然这次 2021 年《民事诉讼法》修正并没有将"一次开庭审结"作为一个原则，而且貌似没有必要单独规定"可以一次开庭审结"，但其背后应当包含着小额诉讼程序的制度价值。所以，我们认为，鉴于小额诉讼程序具有程序简便、时间简短、手续简约等特点，对适用小额诉讼程序审理的案件，应当适当注重其诉讼效率，要在最短时间内解决纠纷。尽管立法上可能出于其与司法实践存在差异性等因素考虑，对于"一次开庭审结并且当庭宣判"的用语是"可以"，但实践中还是应以"应当"作为标准，才符合小额诉讼程序的立法理念和制度价值的。否则，小额诉讼程序就会"因过于强调标的金额作为标准，可能导致进入小额诉讼程序案件的'复杂化'；开庭审理对象因攻击防御方法在审前不固定、小额诉讼灵活化庭审规则趋同化，均可能导致一次开庭审结在事实上难以实现，进而难逃'程序空转'的命运，由此也可能再次加剧我国小额诉讼制度理想和现实的紧张与对立，就犹如当年的'一步到庭'司法改革举措"[②]。所以，应当借鉴比较法上关于一次开庭审结与当庭宣判的立法经验，结合我国目前的诉讼立法与司法实践，将"一次开庭审结并且当庭宣判"作为适用小额诉讼程序案件的重要追求目标（不排除追求一次开庭审结率），以彰显小额诉讼制度的价值功能。

凡适用小额诉讼程序审理的案件运用要素式审判法的，都应该主动迎合立法之倡导，高标准地以"一次开庭审结并且当庭宣判"为原则，而且要素式庭审方式是在填写《诉讼要素表》、归纳争议焦点等充分的庭前准备保障前提下的一种办案方法，更具实现"一次开庭审结并且当庭宣判"的可能性，即要素式审判法在适用小额诉讼程序审理案件中更能接近"一次开庭审结并且当庭宣判"的诉讼目标。

[①] 谢勇：《新〈民事诉讼法〉对小额诉讼程序的修改及理解适用》，载最高人民法院民事审判第一庭编：《民事审判指导与参考》2021 年第 4 辑（总第 88 辑），人民法院出版社 2022 年版，第 207 页。

[②] 林剑锋：《论我国小额诉讼中"一次开庭审结"的实现》，载《法治研究》2022 年第 3 期。

第三节　要素式审判法的适用前提是繁简分流

一、民事案件繁简分流机制的背景

(一)繁简分流的兴起

我国幅员辽阔，人口众多，随着我国经济社会持续快速发展，涌入到人民法院的各种社会矛盾纠纷也越来越多，导致人民法院人案矛盾也越发突出。

从宏观上说，解决这一矛盾主要有两条路径：一是构建多元化纠纷解决机制，大力发展仲裁、人民调解等民间解纷方式，鼓励更多的纠纷通过诉讼外的途径解决；二是完善诉讼程序体系，实行繁简分流，增设小额诉讼程序、督促程序等来解决一些简单的民事纠纷，从而降低诉讼成本，节约司法资源。在这两个路径中，虽然多元化纠纷解决机制不失为一个好的思路，但却需要社会资源的回应与支持，要有一个推动、培育与发展的过程。而人民群众对司法的需求、依赖与信任又是其他纠纷解决机制难以完全替代的，因而为提高审判效率而出现的案件繁简分流机制，便成了法院解决案多人少矛盾的必然选择。正如学者所言，"现代社会，各种个人无法自行解决的矛盾，人们越来越习惯于通过司法渠道得以解决，司法势必进入案件'大爆炸'时代，甚至如一些人说的那样已经进入了案件'大爆炸'时代。因此，纠纷有大小，案件巨细有别，解决闹上法庭的社会纠纷的司法机制不分轻重巨细平均使力，并无必要。法院想不被汹涌而来的案件淹没，就必须实行案件之繁简分流。"[①]

民事案件的繁简分流，就是通过定性或定量判断，将复杂民事案件与简单民事案件区别开来，通过建立"简案快审"的工作机制，实现审判资源的优化配置，最大限度地提升审判效率。其实，繁简分流从本质上说并不是一个全新概念，司法实践中，各地法院基本上都是将民事诉讼法中能否适用简易程序的案件，作为划分案件之"繁"与"简"的标准。简易程序既能保障当事人的诉讼权利，也能降低诉讼成本。若将各类民事案件进行繁简分流，则能体现现代

[①] 张建伟：《繁简分流需要繁简兼顾》，载《中国审判》2017年第24期。

民事诉讼"适用诉讼程序应与被解决的民事纠纷规模相适应"的原则,有利于实现司法资源的优化配置。而且,简易程序与普通程序相比较,其最大特点和优势就在于程序简便。

(二)繁简分流的发展困境

然而,过往规定的简易程序,并没有完全突出繁简分流这样一个特点,使得简易程序的功能难以完全发挥出来。1992年,北京市海淀区人民法院在全国首创繁简分流这一审判方式改革措施,此后,凡是遇到人案矛盾时,各地法院都会采取一系列的举措来进行繁简分流。因此,在司法实践中,繁简分流不仅具有较为旺盛的生命力,而且能够有效缓解人案矛盾,并且随着司法改革的深化而不断为科学探索合理的诉讼制度奠定实践基础,具有不断创新性。[1] 当然,实践中也还存在一些问题,甚至许多基层法院似乎一直都在两难中求生存:一方面,人案矛盾不得不需要扩大简易程序审理案件的范围;另一方面,扩大简易程序审理案件的范围又是以丧失或者降低程序保障为代价的。表现为基层法院在确定适用简易程序审理案件的范围时,既想扩大适用又不敢扩大适用,因为适用简易程序还是普通程序,二者之间并无明确的界限,全凭立案法官的裁量把握。[2] 那么,在案件审理前,在掌握的证据极其有限甚至连被告的答辩状都未见到的情况下,断定民事案件的简单与否已成为一项难题。

另外,案件"繁简"区分标准不一。由于案件之"繁简",区分在立案第一关上,而立案审查又只是形式上的审查,有的案件从表面上看简单,但审理中却发现许多疑难问题,只能转普通程序进行审理,简案不简,影响了简易案件的审判效率。主要是实践中有的当事人出于对程序利益的不当追求,明知自己的起诉案件较为复杂,本应当依照普通程序审理,却故意在其起诉状中将不太清楚的事实写得简单清楚,将不明确的权利义务关系写得看似没有争议,企图以此影响法官对案件性质简单与否的判断,达到适用简易程序的目的。基于此,

---

[1] 李少平:《深化"繁简分流"改革 破解"案多人少"矛盾》,载《人民法院报》2016年6月8日"理论周刊"。

[2] 一般只体现在以下一些情形:双方当事人到庭请求即时解决纠纷的民、商事案件;当事人对离婚、财产分割及子女抚养等无争议的婚姻家庭案件;当事人争议不大的扶养、赡养纠纷案件;事实清楚、争议不大的债务案件;事实清楚、争议不大的银行借贷及其他合同纠纷案件;其他涉及一个或两个民商事法律关系,且权利义务明确的民、商事纠纷案件。

有的法官就随着法院案件的存量或自己的喜好随便决定适用简易程序，更有的法院在审判方式改革过程中，为简化办案程序，出现了"所有案件受理后一律适用简易程序"的极端做法。

从法院受理案件的实际情况来看，基层法院受理的民商事案件，虽然越来越多地符合适用简易程序审理的条件，但实践中，一些当事人和法官还是认为民事诉讼法所规定的简易程序和普通程序并无太大的区别。因此，面对迅速增长的案件压力，不改变现有的诉讼观念，不以实事求是的态度去完善现有制度，并在此基础上探索新路子，是无法回应社会需求的。

二、繁简分流是缓解现实矛盾的有效途径

长期以来，人民法院的民事审判一直存在着四个不适应，即：传统审判模式与新的审判理念之间的不适应、日益紧张的审判资源与司法诉求急遽提升之间的不适应、审判的同质化与专业性的内在要求之间的不适应、审者独立裁判与案件质量之间的不适应。[①]特别是在案多人少矛盾凸显的条件下，人民法院普遍采取随机分案的方式来保障司法公平，但这种未考虑案件难易程度的同质化分案方式，与审判专业化的内在要求之间产生矛盾，从而导致有些案件的质量有待提高，有些案件的审判效果不佳，而有些案件的审判效率不高，尤其是2012年《民事诉讼法》修正和我国经济进入新常态以来，全国各级人民法院民事商事案件呈现大幅度增长，民事商事审判工作面临巨大的压力与挑战。面对如此严峻的审判新形势，各级人民法院都主动适应，积极应对，并以进一步贯彻落实民事诉讼法律等为切入点，做了许多提高民事商事审判质量与效率的积极举动。为了有效缓解审判资源不足与司法需求猛增之间的矛盾，积极推行民事诉讼案件的繁简分流便成为首选的应对措施。事实上，繁简分流不单纯是普通程序和简易程序的分开适用，还牵涉到法院整体工作以及一系列的改革。囿于本书主题及篇幅，不在这里展开论述。

（一）"繁简分流"的价值基础

现代法律生活的压力常常要求公正对效率作出适当妥协。然而，简易程序

---

① 刘力：《以专业化路径保障审判权公正高效行使》，载《人民法院报》2015年4月1日。

与普通程序的划分并非以公正与效率的价值冲突为基础。换言之，程序的简化并非必然以牺牲公正为代价，复杂的程序也并非必须意味着程序保障的实现。民事简易程序通过以当事人为本位、规范强制与合意选择相结合的程序设计，使繁简分流与程序保障并行不悖。

实行裁判文书的繁简分流，可以把有限的审判人员的主要精力和时间，用于集中审理少数复杂、疑难案件上，从而加快诉讼进程，提高诉讼效率，使有限的司法资源发挥最大的效益。从满足被裁判者诉讼需求的角度来说，裁判文书的繁简、长短和格式等以不违背当事人获得及时、准确、公正的裁判的诉讼需求为前提，并与个案的司法投入相对应，体现出小额诉讼、简易诉讼、普通诉讼及复杂诉讼的差异。

当然，如果简易程序以效率为唯一的价值取向，以缓解法院压力而不是以满足当事人的程序利益为出发点时，当简易程序作为一种强制性适用而不参与当事人意愿时，效率的价值就会覆盖和损害简易程序应当具有的其他价值和功能。因此，对简易程序功能的理解应当更多地从当事人的立场思考程序功能，按照多元的、可选择的价值取向设计出满足社会多元价值需求的"繁简分流"规则。[1]

（二）繁简分流的积极意义

根据当下基层法院的现实状况，实行案件的繁简分流，已是大势所趋，其至少具有以下几个方面的积极意义：

首先，繁简分流有利于审判效率和审判质量的提高。繁简分流的动力始于案多人少的矛盾，随着我国经济社会的发展，特别是经济发展进入新常态，大量的矛盾纠纷涌入法院，导致法院案多人少的矛盾异常突出，人民法院民事审判执行工作越来越繁重。如何解决案多人少的矛盾，满足人民群众越来越高的司法需求，是新时期摆在人民法院面前的严峻课题。我们现在存在的一个突出问题是案件多，平均用力，效率不高。因此，要坚持以审判为中心，从优化司法资源配置、提高审判质效出发，区分审级特点，推进繁简分流，以满足当事人的需求，努力以较小的司法成本取得最大的法律效果，实现公正与效率更高

---

[1] 刘黎明：《当前法院案件繁简分流机制存在的不足与完善建议》，载光明网"人民法院频道"，http://court.gmw.cn/html/article/201511/24/189146.shtml，2016年1月10日访问。

层次上的平衡。正如最高人民法院在《繁简分流意见》中所提出的："要科学调配和高效运用审判资源，依法快速审理简单案件，严格规范审理复杂案件，实现简案快审、繁案精审，要做到该繁则繁，当简则简，繁简得当，努力以较小的司法成本取得较好的法律效果。"①具体而言，实行案件的繁简分流，简易案件简单审，复杂案件精确审，不仅会提高案件的办结效率，而且会提高案件质量。

其次，繁简分流有利于诉讼与非诉讼纠纷对接解决机制平台的建设。并非所有纠纷都经过诉讼程序为好，也不是所有纠纷只有经过诉讼程序才能解决。通过法院对外的业务指导，调动非诉调解纠纷的积极因素，把大量的纠纷挡在诉外，实现诉内与诉外的案件分流。不仅调动了社会力量参与矛盾纠纷的解决，而且使法院从繁重的案件中解脱出来。对于案件要素非常清楚的一些纠纷事实，一旦明确关键性的要素，纠纷便能够得以化解。

再次，繁简分流有利于促进法官职业化和专业化建设。实行繁简分流，势必会带来法官专业上的分工，从而提升职业化水平，使法官群体得到锻炼。审理简易案件的法官就要在快捷、高效上下功夫；审理普通案件的法官就要在严格、精深上下功夫，这既反映了当事人不同的诉讼价值要求，也体现了法官不同的司法价值追求，必然促进审判的专业化水平。要素式审判法要求法官熟练掌握实体法上的要素，熟练驾驭庭审，尽快出具简易文书，这种要求，必然会对法官的职业化与专业化产生促进作用。

最后，繁简分流有利于法官分类管理和类型化审判。法官分类管理是司法改革的重要内容，而繁简分流工作除了程序分流以外，按审判流程还可以分为立案法官、速裁法官、调解法官、审理法官和执行法官，审理法官包括刑事、民事、行政法官，通过实行法官分类管理的改革，形成法官的专业化分工，促进了类型化审判，这也是完全符合中央关于司法体制、机制改革要求的。

（三）繁简分流是要素式审判法的动力基础

只有从优化司法资源配置、提高审判质效出发，强力推进繁简分流，才能以较小的司法成本取得最大审判效率。"在司法资源相对有限的情况下，实行案件的繁简分流，构成司法内的供给侧改革——简单案件采用令状式、要素式、

---

① 《最高人民法院关于进一步推进案件繁简分流优化司法资源配置的若干意见》（法发〔2016〕21号）第1条，载《人民法院报》2016年9月14日。

填充式文书，而将更多的精力放在复杂案件的说理上。"①让简易案件简单审，复杂案件精确审，以此提高案件的办结效率。于是，各地法院依托司法改革政策背景的支撑，本着矛盾纠纷的多元化解以及案件的繁简分流，纷纷尝试"诉前调解""小额诉讼""案件速裁""要素式审判"等多种方式，试图在一审程序之前或之中，尽早地将纠纷处理终结。

实行案件的繁简分流，可使法官的工作强度有所缓解，也能被案件当事人所接受。正因为如此，2016年年初，最高人民法院发出通知，不仅要求"在法律、司法解释的框架内，除了《民事诉讼法解释》第二百七十五条②规定不适用小额诉讼程序审理的案件外，一律严格适用小额诉讼制度的各项规定"，并且"把小额诉讼制度的贯彻落实作为评价基层人民法院审判绩效的重要因素"，还要求"大力推进繁简分流机制建设，积极探索裁判文书简化。对于基层人民法院审理的事实清楚、权利义务关系明确、争议不大的案件，尽可能简化裁判文书样式和内容，可以积极探索令状式、表格式、要素式等简便方式制作文书"③。为规范案件的繁简分流，维护司法统一，在实施案件繁简分流的改革措施时，必须对简易程序的适用范围作一科学界定。当然，在以金额作为标准时，要照顾到各地区的人民生活水平，按经济发展的不同层次划分标准。此外，应当以立法的形式将简易程序的适用范围明确化，为案件繁简分流确定一个统一标准。2016年9月12日，最高人民法院根据多年司法实践所探索出来的经验总结，正式出台了《繁简分流意见》，其提出了要根据案件事实、法律适用、社会影响等因素，适用适当的审理程序，规范不同程序之间的转换衔接，做到该繁则繁，当简则简，繁简得当，努力以较小的司法成本获得较好的法律效果。

在各种积极有益的提质增效探索中，要素式审判法格外引人注目，逐渐成为近年来民事案件实行繁简分流改革的一项创新成果，成为基层法院解决案多人少矛盾的一种办案"捷径"，在短短的几年内便迅速得到推广。要素式审判法的主要价值功能就在于提高审判效率，其与繁简分流的宗旨是相吻合的。要素式审判法就是要对案件进行类型化区分，要有针对性地设计庭审要素与裁判文书中的要素，并借此运用于类型化案件，比如民间借贷纠纷、道路交通事故损

---

① 刘莉：《演变与重塑：裁判文书说理改革的趋势》，载《人民法院报》2016年5月11日。
② 2015年《民事诉讼法解释》第二百七十五条。
③ 《最高人民法院关于进一步贯彻落实民事诉讼法及其司法解释切实提高民事商事审判质量与效益的通知》（法明传〔2016〕131号）。

害赔偿纠纷、金融借款纠纷、追索劳动报酬纠纷、工伤保险待遇纠纷等。根据要素式审判法原理进行诉前指导，能够实现精确审判的目的，对有效缓解案多人少的矛盾大有好处。

民事案件的繁简分流是要素式审判法得以运用的动力基础，而民事诉讼法及其司法解释的规定，则是要素式审判法的规范基础。当然，对于一些案情复杂、法律适用难度较大的案件，则不适宜采用要素式审判法。因此，在要素式审判法的运用过程中，还需要对案件进行类型化区分，要有针对性地设计出应当予以关注的案件要素，便于集中庭审与裁判文书制作，比如民间借贷纠纷、道路交通事故损害赔偿纠纷、金融借款合同纠纷、信用卡纠纷、电信服务合同纠纷、物业服务合同纠纷、追索劳动报酬纠纷、工伤保险待遇纠纷等，这类案件都有一定的案件数量基础，且类型化特征较为明显，对诉请表达、事实主张、证据提供以及其他要素的规范提炼等，均具有大致相同的事实要素与法律规范需求，非常适合运用要素式审判法进行审理和裁判。

三、民事案件繁简分流的标准与方法

（一）明确"繁"与"简"的区分标准

由于简易程序毕竟是在普通程序基础上的一种改造，实践中普遍反映的问题是"简易不简"，这确实困扰着基层法官，也制约着基层法官的办案热情。如果不能确定繁案与简案的区分标准，就会在一定程度上制约要素式审判法的运用和推广。

目前，我国针对民事案件繁简分流的研究，主要集中在对基层法院如何适用简易程序的阐述和论证上，强调的是通过独任审判、简化流程来合理配置审判资源，进而达到繁简分流的目的。2012年《民事诉讼法》规定，在立案阶段便实行繁简分流，并增加审理前准备和庭前会议制度，以提前梳理当事人相关诉讼请求和意见、组织交换证据、归纳争议焦点，这为提高庭审效率奠定了基础。根据《民事诉讼法》第一百六十条的规定，简易程序的适用范围为"事实清楚、权利义务关系明确、争议不大的简单民事案件"，但如何根据这个规定进行区分案件繁简，程序法上并没有作出具体规定。司法解释的理解是，"事实清楚"是指当事人双方对争议的事实陈述基本一致，并能够提供可靠的证据，无

须法院调查收集证据即可判明事实、分清是非的;"权利义务关系明确"是指谁是责任的承担者,谁是权利的享有者,关系较为明确;"争议不大"则是指当事人对案件是非、责任以及诉讼标的争执无原则上的分歧。一个案件须同时具备上述三个条件,方可适用简易程序。[①] 即便如此解释,实践操作中仍易造成认识分歧,执行不一,对程序的选择和适用偏差较大,即随意性较大。正因为即使一般地甄别案件的繁简也有难度,所以也很难有一个统一的标准供全国基层法院掌握并适用。有鉴于此,《繁简分流意见》第二条专门给出了一个原则性的规定,即地方各级人民法院根据法律规定,科学制定简单案件与复杂案件的区分标准和分流规则。深入推进繁简分流机制必须将案件繁简分流法律标准进一步类型化、细致化、客观化,形成方便快捷、具体可操作的类型化标准。[②] 对于繁简程度确实难以及时准确判断的案件,立案、审判及审判管理部门应当及时会商沟通,实现分案工作的有序高效。司法实践中,区分民事案件之繁简大致有三种方法:

一是定义法。即根据法院自身受理案件情况,通过否定性列举的方式,排除非简易案件。比如,设定涉外诉讼案件、有重大社会影响的群体案件、法院首例新类型疑难案件、标的金额超过一定金额标准的案件、共同诉讼中一方或双方当事人人数众多的案件、一方当事人可能对案件裁判结果反应强烈具有不稳定因素的案件、发回重审案件、再审案件等适用普通程序,其余则全部推定为事实清楚、权利义务关系明确、争议不大的简易案件,可以直接适用简易程序审理,并以此将民事案件作出繁简分流。这种识别方法或标准比较直观迅捷,好操作,在立案阶段就能通过基本筛查,确定案件是否适用简易程序审理。当然,这种标准也过于宽泛,覆盖面较广,导致适用简易程序的案件数量过于庞大,精准度也不高。

二是范例法。即根据法院受理民事案件的不同类型,事先明确属于简单案件的范例,然后将这些范例作为甄别标准。但这种识别标准,必须建立在立案法官具有丰富审判经验的基础上,它是将长期积累经验与当前案件进行比较后,认为案件不会太复杂,则确定为简单案件。如有的法院规定,对于结婚时间较短、不涉及子女抚养与财产、住房分割的离婚案件,为简单案件;对债务纠纷,

---

① 江必新主编:《新民事诉讼法理解适用与实务指南》,法律出版社2012年版,第597页。
② 徐良峰、罗灿:《全面落实司法责任制须将繁简分流改革进行到底》,载《人民法治》2018年第3期。

规定原告起诉时有书面借据证明借贷关系的为简单案件；对损害赔偿，规定原告请求赔偿数额低于一定标准的为简单案件等。这种主要通过人工方法进行的识别分流，往往准确度较高，也是最能保障最大程度上筛选出符合法律规定的简案的。但毕竟这种方法工作量较大，需要立案人员具有较高的专业素养和职业道德素养，即具有较为丰富的司法经验和较强的工作责任心，二者缺一不可，否则，在实践中就很难不受一些外来的因素或自身主观因素的干扰，而且几乎没有哪个法院会将如此素质的立案人员，放置在立案岗位专司案件的繁简识别。

三是前置法。除了个别有明确规定应该适用普通程序审理的案件以外，一律适用简易程序先交给速裁部门的法官予以审理，在经过一定的期限后，通常是不超过3个月的简易程序法定审限，凡不能结案的，就转为普通程序给非速裁部门法官审理。在司法实践中，这种方法一直或多或少地存在，转为普通程序的案件，有的法院称之为"案件回流"，也有的法院称之为"案件的二次分配"。实际上，这种方法需要一定的时间，因为其客观上将本案是否属于简案的判断交给了业务庭的法官，这就很难保证在较短的时间内能给出结论，先接手案件的法官不仅有挑拣案件之嫌，而且有延长审理周期之虞。尽管这种方法具有一定的可操作性，也能在一定程度上缓解法院内部分案机制上的矛盾，但若着眼于当事人诉讼权利的保障和实体权益的及时实现，这种识别方法显然弊大于利。

三种做法中，第一种做法虽然剔除了不应适用简易程序进行审理的复杂案件，但对于其余的大量千差万别的民事案件个案，依然没有甄别繁简的具体方法；第二种方法由于区别是在法官尚未确定案件争议焦点之前就已经确定为简易案件，会有似易实难和似难实易的困惑；第三种方法对面广、量大的民事案件，一律先以简易程序操作，虽然提高了效率，但由于这些案件中有相当一部分会由简易程序转为普通程序，而这种转变的时间与条件随意性较大，又不可避免地影响到诉讼程序本身的稳定性，并有可能最终损害诉讼的公正和效率价值，其负面影响不能低估。[①] 司法实践中，有的地方法院在自己的辖区内倡导性地规定了较为原则的繁简甄别分流机制亦未尝不可，比如，江苏省高级人民法院就提出："建立科学的简单与复杂案件分流机制，实行繁简案件集中分类处

[①] 张蔚隽：《实施繁简分流机制的实践与思考》，载张启楣主编：《司法热点问题调查》，人民法院出版社2004年版，第189页。

理。各级法院可以根据案由类型、诉讼标的、诉讼主体身份、案件平均审理时间等,自行确定简单案件与复杂案件标准和范围。""探索运用大数据手段,实现对案件繁简智能识别、自动分流。"①

我们认为,要准确划分繁简案件,应当在两个层面上进行判断。第一个层面就是正确把握简易程序与普通程序案件的判断标准,在此基础上再进行第二个层面上的判断,即运用归纳加列举的方式作为判断规则或者标准,再划分出简易程序中的一般简易案件和适于速裁的案件。第一层面上的判断,就是对照民事诉讼法的条文规定,把当事人对事实没有争议或者争议较小的、当事人权利义务关系较为明确的,以及当事人争议仅涉及程序性事项不涉及实体权益的,作为基本判断标准。

具体而言,下列案件应首先考虑适用简易程序审理:(1)凡属于权利义务明确、不论标的大小的借款、借贷案件和买卖纠纷案件及双方当事人对案件的主要事实基本一致、无须作大量调查即可判明事实、分清是非、明确责任的各类纠纷案件;(2)权利义务关系明确,只在时间或金额上有争议的赡养、抚养、扶养费纠纷案件;(3)第一次诉讼的离婚案件、机动车事故损害赔偿案件;(4)确认或变更收养、抚养关系纠纷案件;(5)遗产和继承人范围明确、纷争不大的案件。符合上述类似条件的案件,均先作为非普通程序审理的简易案件。

第二层面上的判断,是在上述第一层面基础上再进行一次判断,从而适用快审或速裁程序,这也是要素式审判法可以有效适用的一个基础。比如,因买卖、承揽合同关系而产生的货款纠纷;租赁和中介合同中涉及费用追索的纠纷;债权债务关系明确的民间借贷纠纷;金融借款合同纠纷;小额劳动争议纠纷;工伤赔偿纠纷;交通事故赔偿纠纷;采暖费、物业费纠纷;相邻关系纠纷;所有权确认纠纷;股东知情权纠纷;不涉及夫妻共同财产分割和共同债务承担的离婚纠纷等,这类案件符合适用小额诉讼程序条件的,可以适用小额诉讼程序。

(二)繁简分流与制度规范

繁简分流只是一个在法院系统约定俗成的用语,其中对"繁简"之定义并

---

① 参见2017年9月5日《江苏省高级人民法院关于深入推进矛盾纠纷多元化解和案件繁简分流的实施意见(试行)》(苏高发〔2017〕163号)第22条。

无统一认识，各地法院所进行的改革尝试，也只是把繁简分流当作法院内部的一种管理措施，是审判管理工作中的一道工序，而并非是一个法律程序构造。在上述三种方法中，较为普遍的做法是：一律先按简易程序立案，在审理过程中如果发现案情复杂、取证困难或其他原因，难以在3个月内审结的，从简易程序转为普通程序，或者由原承办法官作为主审法官共同组成合议庭审理，或者转给其他法官审理。也就是说，各地法院较为普遍采用的应当属于上述第三种方法。正因为对"繁简"没有统一定义，导致了运用第三种方法很方便，对立案法官的随意性也几乎无任何约束，其对法定诉讼程序的影响最大，有损司法的权威性。也有少数法院试行由审判庭庭长或准备法官先进行初步审查或庭前准备，根据案情或性质决定适用何种程序并分派法官。

其实，早在2003年12月，最高人民法院在《关于落实23项司法为民具体措施的指导意见》中就提出："对简单的民事案件适用简易程序速裁，减轻涉诉群众的讼累。要规范简易程序的操作规程，方便当事人诉讼，充分保护当事人的诉讼权利。"随后的《人民法院第二个五年改革纲要》及《人民法院第三个五年改革纲要》中也都明确提出要建立民事案件的速裁审判机制。此后，全国许多基层法院都建立起了速裁机制。2008年5月，在"法院速裁机制的建立与完善"研讨会上，来自全国三十多家高级、中级、基层法院的法官就完善基层法院速裁工作机制等问题进行了探讨与交流。在绝大多数法院的司法实践探索中，简易诉讼程序、小额诉讼程序以及速裁程序都是相互并用的，并没有明确的区分。而且在对速裁案件的审理中，传唤、通知、举证、质证、开庭、认证、裁决等环节的做法也不太统一，包括是否需要先行调解、是否当庭举证、是否允许采取简便传唤方式等都是不同的，表现为操作程序上的混乱。

2017年5月8日，最高人民法院下发了《关于印发〈最高人民法院关于民商事案件繁简分流和调解速裁操作规程（试行）〉的通知》（法发〔2017〕14号），其中明确规定，基层人民法院可以设立专门速裁组织，对适宜速裁的民商事案件进行裁判；基层人民法院对于离婚后财产纠纷、买卖合同纠纷、商品房预售合同纠纷、金融借款合同纠纷、民间借贷纠纷、银行卡纠纷、租赁合同纠纷等事实清楚、权利义务关系明确、争议不大的金钱给付纠纷，可以采用速裁方式审理；采用速裁方式审理的民商事案件，一般只开庭一次，庭审直接围绕诉讼请求进行，不受法庭调查、法庭辩论等庭审程序的限制，但应当告知当事人回避、上诉等基本诉讼权利，并听取当事人对案件事实的陈述意见；采用速裁方式审理的民商事案件，可以使用令状式、要素式、表格式裁判文书，应当当庭宣判送达。[①] 为了贯彻落实最高人民法院的上述操作规程，许多法院也积极进行了回应。比如，江苏省高级人民法院在2017年9月5日的文件中，就要求不仅要"建立健全立案环节的案件分流机制"，还要"建立健全简单案件的快速审理机制"，要"改革审前程序"，"积极推进要素式审判，在离婚纠纷、劳动争议、机动车交通事故责任纠纷等案件基础上，全面梳理适宜要素式审理的案件类型，依法、规范制作格式化案件要素表，供当事人下载和书面填写。立案登记时，立案工作人员或受其指导的诉讼服务志愿者应当指导当事人填写要素表。"[②]

2020年1月15日，最高人民法院根据第十三届全国人大常委会授权，开展民事诉讼程序繁简分流改革试点，制定了试点方案及《民事诉讼程序繁简分流改革试点实施办法》(法〔2020〕11号)，指导各试点法院积极探索优化司法确认程序、完善小额诉讼程序、完善简易程序规则、扩大独任制适用范围、健全电子诉讼规则，扎实有序推进各项试点工作。紧接着，2020年2月，最高人民法院又出台了《关于人民法院深化"分调裁审"机制改革的意见》(法发〔2020〕8号)，提出开展"分流""调解""速裁""快审"机制改革，进一步强调发挥速裁的作用。民事诉讼程序繁简分流改革试点工作是以诉讼制度改革为突破口，从程序规则、司法模式、资源配置等层面发力，探索构建分层递进、繁简结合、供需适配的多层次解决纠纷体系，探索建立和完善独立于简易程序的小额诉讼程序的规则，通过降低适用门槛、探索合意适用模式、有序简化审理方式和裁判文书，充分发挥小额诉讼程序高效、便捷、低成本、一次性解纷的制度优势，有效提升司法质量、效率和公信力，确保司法公正。

在试点过程中，郑州法院畅通小额诉讼案件申诉渠道，强化审判监督，按照普通程序对案件进行实质性审查，打消当事人适用顾虑。西安、宁波等地法院推进小额诉讼程序与要素式庭审、要素式裁判文书相结合，制定各类文书模板，简化规范审理环节，实现提速增效。福州法院依托大数据技术，探索建立"人工识别＋智能化辅助"繁简识别机制，提升案件繁简识别精准度。南京法院建立简易案件快速识别和要素式审判机制，明确集中审理、要素化审判的标准

---

① 参见《最高人民法院关于民商事案件繁简分流和调解速裁操作规程（试行）》第十九至二十二条。

② 参见江苏省高级人民法院《关于深入推进矛盾纠纷多元化解和案件繁简分流的实施意见（试行）》（苏高发〔2017〕163号）第三十三条"要素式审理的立案指导"。

化流程。合肥法院针对金融借款纠纷、融资租赁合同纠纷等批量简易案件，实行集中排期、送达和开庭，推动类案快审。试点法院普遍都在"简"字上狠下功夫，同时针对相对复杂的案件组建"精审"团队，依法适用普通程序审理，积极推行类案检索，强化专业法官会议作用，完善法律适用分歧解决机制，努力实现"简案有质量，繁案出精品"[1]。在这里，特别值得注意的是"要素式审判方式的实践为速裁程序的正式制度化奠定了技术基础"，所以要提倡在民事诉讼全流程推广要素式审判方式。

当然，有关繁简分流的制度规范，并不单纯是人民法院自我减压的权宜之计，也不只是审判方式和工作机制层面的技术性改良，更是事关民事诉讼法的制度落实、程序重构和司法职权优化配置的革命性变革。要打破传统的思维定式和工作习惯，更新观念，对进入诉讼程序的案件，通过改革分案机制、建立速裁程序、强化专业审判、改进庭审方式、简化裁判文书制作，并辅之以信息化手段等，提高审判效率。

四、案件繁简分流对要素式审判法的意义

目前，我国各类案件数量都呈上升态势，案情也日益复杂多样，法官的工作任务越来越繁重。与此同时，裁判文书改革又具有过于强调文书的形式完整性并力求在各部分均详细表述的趋势，通常的情况是：裁判文书越详细越好，所反映的信息量越多越好，篇幅越长越好。诚然，对于一些事实复杂或者法律适用有难度的案件来说，确实要做到格式规范、事项齐全、事实（含证据）清晰、理由透彻等要求。但对于事实相对清楚、法律适用明确的简单民事案件，如果在庭审及裁判文书制作上仍要求严格遵守规范，意义并不大。

（一）要处理好繁与简的关系

《民事诉讼法》及其相关司法解释已经对案件繁简作了较为原则的界定。但事实上，案件在审理程序的推进中，起初被界定为简案的，也可能因为诉讼各方产生争议而变为繁案，反之亦然；另一方面，新类型案件出现时一般被界定

---

[1] 参见《最高人民法院关于民事诉讼程序繁简分流改革试点情况的中期报告》（2021 年 2 月 27 日）。

为繁案，但随着裁判规则的逐步形成，也可能变成简案。

首先，要确实充分发挥不同审理程序对案件的分流作用，符合法定条件的，依法适用民事简易程序、小额诉讼程序、督促程序等，鼓励和引导当事人双方约定适用民事简易程序和小额诉讼程序，快速处理案件。最高人民法院在《繁简分流意见》中明确提出："要根据民事诉讼法及其司法解释规定，积极引导当事人双方约定适用简易程序审理民事案件，对于标的额超过规定标准的简单民事案件，或者不属于《民事诉讼法》第一百五十七条第一款[①]规定情形但标的额在规定标准以下的民事案件，当事人双方约定适用小额诉讼程序的，可以适用小额诉讼程序审理。"[②] 当然，对于经过繁简分流后不属于简单案件或者小额诉讼程序案件的，则按照普通程序审理。

其次，通过召开庭前会议等形式，明确当事人主张、确定无争议事实、归纳争议焦点、解决程序事项。审判辅助人员在开庭前集中完成核对当事人身份信息、告知当事人诉讼权利义务等程序性事项，法官在开庭审理时作出说明即可省略或者简化。对此，最高人民法院在《繁简分流意见》第九条中也明确给出了指导性意见，即要发挥庭前会议功能，可以由法官或者受法官指导的法官助理主持召开庭前会议，解决核对当事人身份、组织交换证据目录等事项，对于适宜调解的案件，积极通过庭前会议促成当事人和解或者达成调解协议。对于庭前会议中已经确认的无争议事实和证据，在庭审中作出说明后，可以简化庭审举证与质证。

再次，庭审应当区分有争议事项与无争议事项，依次围绕有争议事项进行举证、质证，并要提高当庭认证水平和当庭宣判率。对于适用小额诉讼程序的案件、批量案件以及类似道路交通事故的案件，应当实行要素式庭审方式。[③]

最后，与此相对应，裁判文书也要繁简分流。要推广包括要素式裁判文书在内的简易文书样式，诸如要素式、令状式、表格式等格式化的简式裁判文书，探索这种简式裁判文书的自动生成机制，简化说理。

总之，对于简易民事案件，要尽可能简化审判程序，尤其是对案件要素与审理要点相对较为集中的，可根据相关要素并结合诉讼请求确定审理程序，围

---

① 现为《民事诉讼法》第一百六十条第一款。
② 《最高人民法院关于进一步推进案件繁简分流优化司法资源配置的若干意见》（法发〔2016〕21号）第4条，载《人民法院报》2016年9月14日。
③ 李少平：《深化"繁简分流"改革，破解"案多人少"矛盾》，载《人民法院报》2016年6月8日。

绕争议焦点同步进行法庭调查与法庭辩论。尽管在推行繁简分流机制的过程中，普遍都把着力点放在了如何精简程序、快速审理案件方面，而对相对复杂的民事案件，则关注较少。其实对于相对复杂或疑难民事案件，也不可偏废。"繁简分流要根据案件繁简不同，设定相应的不同诉讼程序，不但要顾及当简则简的审理程序，也要顾及该繁则繁的案件审理程序，避免司法程序全都简陋化。"[1]我们强力推行繁简分流机制的落实，其核心目的还是为了司法公正与诉讼效率，无论繁案、简案，在追求司法效率的同时都不能害及司法公正。

（二）要素式审判法是繁简分流机制的具体落实

要素式审判法作为一种旨在快速解决纠纷的审理模式，其在一定程度上是以牺牲程序的完整性以及判决说理的充分性为代价的。因此，我们认为，并非所有案件的审理均适用要素式审判法。要素式审判法应最适合那些法律关系清晰、法律事实明确、双方争议不大的简易纠纷案件。结合司法实践经验，在具体的案件类型上，因许多民间借贷纠纷、劳动争议、人身权纠纷以及一些简单合同纠纷，双方争议的标的数额较小，案件事实争议不大，法律关系清晰，故适用要素式审判法简化庭审程序，省略文书说理，不仅不会侵犯双方当事人利益，而且在节约司法资源、提高审判效率等方面，还有利于迅速定分止争，让双方当事人早日脱离诉讼泥潭，稳定社会关系。换言之，适用要素式审判法的案件类型主要是审判实践中常见的那些事实要素固化、法律关系明晰、争议标的不大且易于查明的案件。当然，我们并不否认，即使在这些案件类型中，也可能不乏争议标的不大，但事实分歧较大、案件难以迅速查实的情况存在，这类案件当然无法适用要素式审判法。因此，要素式审判法的运用应当在案件类型的基础上，由法官根据案件具体情况选择适用，不宜一概而论。

对双方争议较大、法律关系较为复杂的案件类型，不是不能适用要素式审判法，而是不宜适用要素式审判解决。比如，与公司、证券、票据等有关的民商事纠纷，典型的如股权转让纠纷、股东出资纠纷、清算责任纠纷以及票据纠纷，保险合同纠纷中的保险人代位求偿权纠纷、保险经纪合同纠纷、涉及知识产权权属、复杂的侵权纠纷，涉及不正当竞争、垄断纠纷以及物权纠纷等，其法律关系复杂，案件类型新颖，法律事实较难查清，往往需要通过诉讼程序的

---

[1] 张建伟：《繁简分流需要繁简兼顾》，载《中国审判》2017年第24期。

充分展开,进行充分地举证、质证等,才能让案件事实逐渐得以查清,要素式审判法往往难以驾驭这类案件。而且从此类案件的处理结果上看,当事人之间争议较大,案件复杂多变,在裁判上也要求判决的充分说理,若仍然一味套用要素式审判法中的要素式裁判文书样式,恐怕不但不能很好地解决个案纠纷,有违《释法说理意见》的要求,而且可能会带来不良的社会效果,不利于树立纠纷的一次性解决规则,从而为市场秩序提供稳定的预期与判断。在选择运用要素式审判法裁判案件时,应当考虑到简单案件以及复杂案件的差异。裁判文书的直接作用在于对涉诉争端以司法程序作出判断,以明确当事人之间的权利义务关系。在这个意义上,当事人最为关注的正是裁判的最终结果。在民事简易案件中,往往是法律适用非常简单,有的案件甚至不需要从法律上进行说理,因为根据社会中的普遍常识就可得出结论,如欠债还钱、侵权赔偿等。因此,在这种案件中,只需给当事人一个结论,无须过分说理。就裁判文书内容本身而言,诉讼双方对没有争议的事实、证据及适用法律的意见,完全可以略写,甚至可以以"双方无争议"的表达形式一笔带过。而对有争议的事实、证据及适用法律意见,尤其是理由部分,则应作为重点详写。

裁判文书的"繁"与"简"都是相对的,没有一个固定的标准。但无论是"繁"还是"简",都必须考虑裁判文书的合法性和规范性。实践表明,对于简单民事案件就应当坚持"简案简写、重点突出"的原则,为提高审判效率而发挥要素式审判法的应有作用。

第四节　简易程序、小额程序、要素式审判与速裁的关系

从20世纪中后期开始,随着经济的复苏与发展,世界各国法院共同面临着"诉讼爆炸"和程序复杂、成本高、运行效率低下所造成的诉讼迟延等严重问题,很多国家试图通过增配审判力量予以解决,然而这一单纯依靠增加投入的方式很快被证实效果有限。出于应对全球性"司法危机"的迫切需要,两大法系的诸多国家和地区都立足于自身实际,不约而同地对民事案件速裁进行探索,并将其中的有益部分陆续纳入本国的民事诉讼立法当中,从而形成了各具特色的民事速裁机制。

虽然"速裁"一词在我国司法实践中已经得到广泛运用,但由于其文意表

述的多样性与定位的模糊性，导致"速裁"的内涵一直具有较大的不确定性。从字面上看，"速裁"可以直观地解释为"快速裁判"。但事实上，各国的司法实践表明"速裁"的内涵远不止这么单一，而是具有丰富的内容。然而从各国关于速裁理念产生的背景及所形成的共识来看，我们却可以将民事速裁机制的定义概括为：为缓解日益激化的案多人少矛盾，解决不断加剧的诉讼迟延与成本高昂问题，在民事诉讼过程中，通过简化诉讼程序、改革不合理的制度设计等多种方式提高诉讼效率，从而实现民事案件的简便、快速、低成本处理。

我国的民事速裁实践肇始于2001年，深圳市罗湖区法院为缓解案多人少压力，成为我国第一个创设速裁机制的试点法院。因其简易、灵活、高效的实践效果，2002年以后，国内其他法院也纷纷开始探索构建速裁机制。2003年，《最高人民法院关于落实23项司法为民具体措施的指导意见》提出了"对简单的民事案件适用简易程序速裁，减轻涉诉群众的讼累"的工作要求，全国许多地方法院结合当地民事审判工作实际，陆续制定了有关民事速裁程序的工作细则或者暂行规定。2004年，最高人民法院又颁布《人民法院第二个五年改革纲要（2004—2008）》，其第6条规定："继续探索民事诉讼的简化形式，在民事简易程序的基础上建立速裁程序制度"，此时我国民事速裁程序制度正式得以确立。2009年，最高人民法院发布了《人民法院第三个五年改革纲要》，其中第29条规定："完善民事、行政诉讼简易程序，明确适用简易程序的案件范围，制定简易程序审理规则……探索推行远程立案、网上立案查询、巡回审判、'速裁法庭'、远程审理等便民利民措施。"2010年3月的《最高人民法院工作报告》中也提到："完善简易案件速裁机制，提高审判效率。"到2011年《最高人民法院关于部分基层人民法院开展小额速裁试点工作指导意见》，安排部署在全国90个基层人民法院开展小额速裁试点工作。

2017年5月出台的《最高人民法院关于民商事案件繁简分流和调解速裁操作规程（试行）》（法发〔2017〕14号）还就设立专门的速裁组织、速裁程序适用的案件类型、开庭审理的规则、简式裁判文书、审理期限、程序转换等作出专门规定，让人感觉速裁程序是游离于简易程序、小额程序之外的又一个诉讼程序。其实，一般而言，在较为理想的情况下，诉讼程序越复杂精致，就越能实现正义。但在司法资源有限的前提下，要求在每个案件上都精雕细琢、焚膏继晷，则不仅强人所难，而且不符合司法规律。要在保障正义的前提下强调司法效率，这才符合司法体制改革的目的，最高人民法院发布《繁简分流意见》

的用意也正在于此，所以各地法院在积极探索速裁机制的运用过程中，不仅考虑到了司法的实体性公正，更加注重司法的程序性公正并积极追求司法的高效，出现了各式各样的实践举措。

1. 不同的程序运行模式。关于速裁程序的运行，司法实践中主要呈现出三种不同的运行模式：一是独立式速裁。即将速裁程序独立适用，通过设定严格的适用条件，把一些简单、易处理的民商事案件纳入速裁范围。通常设定的条件较为严格，如案件事实清楚、双方无争议，双方合意选择适用，被告放弃答辩期、反诉等。二是替代式速裁，即在适用简易程序的基础上，通过压缩法定期限、加快办案节奏的方式，加快案件的处理。三是前置式速裁。即对案件的前置调解程序，对案件事实清楚、争议不大，通过调解或不开庭审理就能解决的案件实行速裁，不能解决的案件则转入相应的简易程序或普通程序进行审理。

2. 不同的程序启动方式。实践中，启动速裁程序的方式主要有以下三种：一是法院依职权启动，即法院根据案件的特点，对于符合速裁适用范围的案件直接适用速裁程序；二是当事人合意选择，即当事人之间对案件的争议不大，为促进案件的尽快解决而合意选择适用速裁程序；三是法院确定与当事人选择相结合，即对于符合速裁程序范围的案件由法院依职权直接启动，对于适用范围以外的案件，如果当事人达成适用速裁程序的合意，经过法院审查认为适用速裁程序不影响案件公正审理的，适用速裁程序。

3. 不同的组织机构。对此，实践中主要有三种模式：一是在业务庭内部对案件进行繁简分流，并设立速裁组，专司庭内简单案件的快速审结；二是在立案庭设立速裁组，配备若干审判经验丰富的法官，对全院符合速裁范围的民商事案件进行速裁；三是在基层法院单设或将人民法庭变为速裁法庭，如北京朝阳区法院的旅游假日法庭、海南海口市新华法院小额巡回法庭等。

可见，各地的速裁探索大都突破了微观、静态的层面，而力图在宏观、动态的更高层面提高审判效率，实现良性运作。而这些虽然都是速裁机制的应有之义，但毕竟速裁机制还要受制于各个诉讼程序，诉讼程序与审判机制、方式方法或审判技术之间存在着区别。从司法实践来看，有大量事实清楚、法律关系明确的案件完全可以通过速裁程序、小额诉讼程序、简易程序等及时有效审理。除了法院内部的繁简分流外，还应当建立多元化的诉调对接平台，形成多元化的纠纷解决渠道。① 当然，繁简分流是一个系统工程，不仅需要通过构建多层次的诉讼制度体系来优化诉讼机制，而且需要深化其他司法改革举措来完善配套保障机制，实现人、案、程序的有机衔接，最大限度地提高司法生产力。

一、简易程序与速裁之区别

简易诉讼程序作为一个法律概念，是相对于程序设置比较完备的普通程序而言的，所谓简易，即有"简便""易行"之意。与普通程序相比，简易程序在性质上应当是个速裁程序，因为它不受普通程序各个诉讼环节的限制，审限规定也相对较短，都强调了对"快速审结"的追求。由此可知，简易程序原本就应当是一个集合性概念，与普通程序相对，其下应含有小额诉讼程序、督促程序等所有简单的程序。但现在我们的民事诉讼制度实行的是简易程序与普通程序、督促程序、小额程序并列的程序安排。对于速裁机制，早在2001年，上海浦东人民法院就率先推行民商事案件的速裁机制，随后全国各地都积极跟随进行实践与探索，有的还在法院内部设立了专门的速裁机构。该速裁机制的探索也得到了最高人民法院的肯定与回应，包括发布了上述一系列的规程、方案和意见。

作为一种自下而上的实践层面的改革，法院本身对速裁机制的认识也尚未统一，实践中有两种观念：一种是认为在没有新的法律对速裁机制作出规定之前，速裁机制只能在程序法框架内对简易程序的能动运用；② 另一种是主张速裁的独立程序价值，认为速裁应当成为普通程序、简易程序和小额诉讼程序之外的第四种程序。从司法实践看，全国各地法院对民事诉讼案件的速裁探索都不仅局限于某一个诉讼流程或者诉讼规程的简化与提速，而是包括了专门的程序设计、具体的制度规范等多个方面，并且贯穿于整个民事诉讼的全过程，是一项全方位多层次的系统工程，所追求的目标也是通过民事诉讼进程中的不同主体、不同环节步骤、不同组成要素的动态联系与有机作用，实现整个诉讼资源的整合与诉讼效率的提高，并确保其在一定时间和特定条件下保持相对稳定和持续发挥效用。尽管如此，我们仍必须明确，"速裁"目前还只是提高民事诉讼

---

① 周维明：《推进案件繁简分流，优化司法资源配置》，载《人民法院报》2016年9月15日。

② 《中国审判》编辑部：《法院速裁机制的建立与完善》，载《中国审判》2008年第6期。

效率的一种理念和概念，其可以在民事诉讼法定程序框架内进行制度设计，而且只能在此框架内简化流程和加快工作节奏，说白了，就是基层法院的一种工作机制和案件管理中的一种策略，本身并不是独立的法定程序，更不具有强制适用性。换句话说，即使通过最高人民法院努力推动和地方各级人民法院的积极探索，速裁的实践价值已逐渐得以显现并得到广泛认可，也不能就此认为速裁是民事诉讼中与简易程序并行的独立程序。而简易程序、小额诉讼程序等，却是制度性的诉讼程序，是必须严格遵守的。可以进行速裁的案件，一般都是小额或者简易的案件，但小额案件、简易案件并不等于适宜速裁甚至必须速裁，因为有的小额或简易诉讼事件并不简单，有时甚至涉及法律的创设或制度的改进等方面的问题。

二、小额诉讼程序与速裁的关系

为了让更多有必要适当简化审理程序的不同类型案件，也能比较灵活地"准用"这一程序，许多法院还着眼于"速裁程序"这个概念。不同国家和地区的小额诉讼程序虽然在细节上有差异，但都不约而同地同属于独立简易程序的速裁型程序。[①] 如德国法官可以自由裁量决定程序进行的样式，除非当事人申请口头辩论，法官可以决定不开庭，采用书面审理加询问当事人的方式，通过电话询问、书面回答的方式调查证据。而在英国，既有小额诉讼程序，也有速裁（快速）程序。如果说小额诉讼程序保证了诉讼费用的节省，那么快速程序的特点则在于严格时间要求。英国法官可以向当事人发出"不开庭安排通知书"，如果当事人不提出异议，法官就以书面方式审理。根据《英国民事诉讼规则》的规定，从案件分配到开庭审理的期间不得超过30周，即证据开示4周（从案件分配通知作出之日起计算），交换证人证言10周（起算日同上），交换专家证言14周，法院寄出被审案件日程调查表20周，开庭审理30周。正常情况下庭审必须在一天内结束。为了保障审理过程的快速，在此程序中严格限制当事人协议进行时限的变更，若当事人的协议将影响英国诉讼规则中规定的期间，则被承认与许可。一方面，当事人可能因此而失去提出诉讼请求、对诉讼请求进行

---

① 陈爱武：《论小额诉讼程序的性质——兼评我国民诉法第162条》，载《山东警察学院学报》2013年第3期。

抗辩以及提出证据的机会；另一方面，因此而增加的费用由有过错的一方当事人承担。

当然，快速程序中的证据开示是受到一定限制的，当事人只能就支持自己主张的文书与不利于当事人主张或能够证明对方当事人主张的文书进行开示。但其诉讼费用固定制却是与小额诉讼程序相同，这倒使得律师无法试行计时收费制度。[①] 而我们目前所说的"速裁"，多为司法实践中一些法院对案情比较简单、双方当事人相对容易传唤的案件以简便迅速的方式加以集中处理的种种改革尝试。我国的所谓"速裁程序"只是相关报道对大量案件在短期内得到集中处理解决的现象性描述，如同前文所述是法院内部的一种工作机制，其显然与德国的自由裁量决定程序、英国的快速程序、日本的一次期日审理等均有所不同，它在规范的意义上并未体现出多少能够作为独立程序的特征。具体而言，除了小额诉讼案件和适用普通程序的案件，对于类型和诉讼标的不同的各种案件，原则上都应当允许双方当事人在小额诉讼程序包含的简化范围内对程序作出选择。法院在这种速裁程序的选择上也有相当的主动性，可视受理诉状时初步了解到的案情决定是否为当事人提供选择机会。虽然这种程序一旦适用应当在较短时间内审结，但为了保持一定的灵活度，有关审限还是应当维持在现行立法规定的两个月、特殊情况延长一个月为宜的规定。

尽管小额诉讼程序与速裁机制在表面上有许多相同之处，如要求诉讼程序简便、简化诉讼的启动方式、独任审判，但二者之间也还存在一些不同：如从受案范围看，小额诉讼程序主要适用于小额的债权债务纠纷，但速裁机制的适用并不受此种限制，而是需要依照双方当事人的争议程度来确定，速裁机制可以用来解决财产纠纷，也可以用来解决如离婚纠纷、赡养纠纷等有关身份关系诉讼案件，这就是说，"是否适用速裁，主要看双方当事人之间是否存在实质性争议，若事实清楚、争议不大，无论是财产纠纷还是人身纠纷，都可以适用速裁程序来解决。"[②] 由此可见，速裁与小额诉讼程序有明显的不同，速裁并不限于民事案件的类型、案由或标的额大小，只要当事人争议不大，即便诉讼标的额比较大也不排除适用速裁的可能。

[①] 乔欣、郭纪元：《外国民事诉讼法》，人民法院出版社、中国社会科学出版社2002年版，第32页。

[②] 郭小冬：《民事速裁审理的考察及规制——以三个基层法院的实践为对象》，载《山东青年政治学院学报》2012年第4期。

三、简易程序、小额诉讼程序、速裁与要素式审判的关系

如前所述，我们通常所说的"速裁程序"本身并不是法律上的诉讼程序，其在一定意义上，更多的属于一种工作机制。也就是说，为了解决简易程序案件和小额诉讼案件中的一些约束办案效率的问题，许多法院引入了速裁机制，让一些简易案件或小额案件进入快速处理的通道，使案件在法院停留的时间缩短到极致。这是一种解决案多人少矛盾的工作机制。"所谓的'速裁程序'往往只是相关报道对于大量案件在短期内得到集中处理解决的现象性描述，在规范意义上并未体现出多少能够作为独立程序的特征。"[1] 许多地方所探索的既不属于简易程序，也不符合小额诉讼程序的快捷式、集中式审理模式，亦即所谓"速裁程序"，既无立法依据，又极不规范，而且某种程度上造成了民事一审诉讼程序的混乱。所以建议在未来的法律修改过程中，将简易程序扩容、小额诉讼程序独立规定，简易程序扩容后则不宜再规定其他"速裁程序"，司法实践中也不能再创设类似程序，否则，一是将打乱现有立法架构，二是将导致一审诉讼程序过多、过乱，实无规定之必要。[2] 也有人认为，民事速裁就其性质与本质而言，指的不仅仅是一种单一的程序制度，或者单一的速裁程序机制，而是对于诸多具有相同简易快速特征的程序及其诸多有关速裁机制的总称。[3] 而要素式审判也是在贯彻落实简易程序与小额诉讼程序的过程中，为了提交办案效率而采用的一种工作方法。

从许多法院在探索速裁工作机制中所积累的经验，可以看出因其简易审查和简式裁判不涉及复杂的证据判断与说理论证，其受理、审查、判断与裁判过程会与要素式审判法高度匹配，非常适合按要素式审判法进行技术处理。[4] 要素式审判法其实从某种意义上说就是一种速裁的方法，虽然所谓速裁程序不是法律上独立规范的程序，但其所蕴含的内在的案件要素审查与庭审操作方法，并未突破现行民事诉讼法简易程序规范所及范围。所以，不仅简易程序案件可

---

[1] 王亚新：《民事诉讼法修改中的程序分化》，载《中国法学》2011年第4期。
[2] 王韶华、李军波：《繁简分流改革背景下的民事诉讼程序设置研究》，载《中国应用法学》2021年第4期。
[3] 王晓利《民事速裁程序之完善》，载《法学论坛》2013年第3期。
[4] 吴英姿：《民事速裁程序构建原理——兼及民事案件繁简分流改革的系统推进》，载《当代法学》2021年第4期。

以适用要素式审判法，而且小额诉讼程序的案件也可以适用要素式审判法，而其在具体应用方面又可按照各地法院所探索出来的速裁程序进行操作，二者并不矛盾，而且相得益彰。速裁程序的基本定位可以理解为：在当事人选择的前提下，准用有关小额诉讼程序与简易程序，在适用的案件范围对象上也更加广泛，在程序简化和法定程度上也更加灵活，更具弹性。鉴于我国的小额诉讼程序内嵌于简易程序之中，依附于简易程序而存在，实质上是设立了简易程序中的一些特殊规则。在很多程序上，简易程序与小额诉讼程序的适用标准有所重叠，只是前者不考虑案件标的额，只要"事实清楚、权利义务明确、争议不大"的简单民事案件，均可适用简易程序审理。这就导致了小额诉讼程序与简易程序之间界限并不清晰，而民事诉讼法并没有给小额诉讼程序一套完整的规范，仅规定了适用条件、举证和答辩以及审级效果，并未涉及具体的庭审过程、证据规则、程序转换等。司法实践中诉讼参与人尤其是被告，并不能通过具体的诉讼规则感受到简易程序与小额诉讼程序的差别与效果。也即是说，小额诉讼程序相较于简易程序虽然对提高审判效率有所作用，但其并不明显，法官基本上还是按照简易程序的规定对案件进行审理，二者在裁判的方式或方法上也是高度一致。正因为这样，所以我们认为，无论是在速裁过程中适用简易程序还是小额诉讼程序，都可以在这些程序中采用要素式审判法，而并非只有适用小额诉讼程序的案件才能适用要素式审判法。要素式审判法的重点，就在于对各种案件要素进行审查，实质上也是对案件实体进行的审查，而并不在于这种审查所采用的是何种程序。无论小额诉讼程序、简易诉讼程序甚至普通程序案件，至少在理论上或逻辑上都有可能采用要素式审判法进行审理与裁判。换句话说，速裁机制并不排除要素式审判法的运用，我们甚至主张，所有适合速裁的民商事案件，都应当在简易程序或小额诉讼程序的诉讼制度框架内，尽量适用要素式审判法，以达到和实现快审快结的速裁效果。

第三章　要素式审判法的庭审方式

提到要素式审判法中的庭审方式，我们无法回避其与传统庭审方式的比较，而这种比较又有必要追溯民事庭审方式改革的演变过程。所谓庭审，是指法院在当事人以及其他诉讼参与人的参加下，依照法定的形式和程序，在法庭上对案件进行实体审理的诉讼活动过程。[①] 庭审也是法院独立行使审判权，履行宪法和法律赋予的保护国家、社会、个人合法权益的神圣职责的重要阶段。从定义可以看出庭审的实质，就是一个审理案件的活动过程，具有较强的程式性。因为法庭是法官进行审理和裁判案件从而定分止争的特定场所，而庭审又在整个审判过程中居于核心地位。[②] 在法庭这一特殊的舞台上，法官的庭审技巧高低对于实现审判的公正与效率，维护法庭权威和法律尊严起着至关重要的作用。

随着社会经济的发展，社会矛盾越来越多地涌入人民法院，人民法院人案矛盾也越来越突出，这在很大程度上是社会法治进步的体现，是审判服务于国家建设的功能显现。面对这种日益严峻的审判工作形势与压力，人民法院不得不从提高审判效率入手。而在试图提高审判效率时，最容易被想到的，也最为简捷的路径，就是对庭审方式进行变革。20世纪90年代初，人民法院就开始探索对民事审判方式的改革，其中主要就是对民事庭审方式进行改革，绵延二十多年。其实，正是因为这么多年的庭审方式改革，才使我们积累了许多经验，当然也存在许多值得我们深刻反思和改善的做法。也就是说，庭审改革到了今天，不由得会产生一些新的思考，进而提出一些问题：司法实践中的实际庭审状况究竟如何？法官在庭审过程中应如何对待当事人的举证和质证？庭审究竟应当审理什么？当庭裁判能否成为我们通常的庭审要求？等等。

不可否认，最初民事审判方式的改革明显体现出一种倾向，即改革的主要

[①] 江伟主编：《民事诉讼法》，中国人民大学出版社2000版，第217页。
[②] 庭审也涉及法官的智力、法学知识、专业能力、文字表达能力、社会阅历、组织驾驭能力、逻辑归纳能力、推理能力、语言运用能力、心理调控能力等多种素质与能力，是充分展示法官才华的重要职业技能。

动因，是因为"法院案件多人员少，力量与任务的矛盾日益突出，想借此减轻法官及法院调查取证的工作负担"[1]。实际上，实现诉讼公正更应当是改革所应关注的目标，提高诉讼效率只能是审判方式改革的目的之一。处在社会转型时期的当下中国法院，正经受着案件越来越多、法官工作负担越来越重的严峻考验。"以审判为中心"的诉讼制度改革，必然要体现在"以庭审为中心"中，从而排除流于形式的庭审之痼疾。"以庭审为中心"就是要以调查事实、认定证据为中心，使法官的心证形成于庭上，从而对照法律作出公正的裁判。人民法院在试图提高审判效率的时候，最直接的制度设计就是对民事庭审方式的变革。而提到庭审方式的变革，又不得不将思绪拉回到"上个世纪九十年代，庭审方式改革曾经在强调辩论主义下赢得了全社会的广泛关注"[2]。但也不可否认，经年的庭审改革，既积累了许多经验，也引起了反思。即在证据裁判主义的思维模式下，我们一以贯之的传统庭审过程，尤其是对证据材料的运作处理是否已无懈可击？要素式庭审方式究竟应当秉持何种审理原则？传统的法定庭审顺序能否适应要素式庭审方式的要求等问题，都是非常值得我们重新思考和科学回答的。

第一节 民事庭审方式改革的嬗变

一、庭审方式改革的早期运作

（一）重视举证责任制度改革阶段

由于我国经济体制改革和社会转型等因素的影响，大量的民事纠纷增加，法院的审判负担加重，以往的诉讼模式使得法官力不从心。这是最初刺激人民法院试图通过改革来改变这种状况的原因。20世纪80年代中后期，传统的办案模式还是"当事人动动嘴，法官跑断腿"，所谓的"办案四步骤"简单归纳就是：询问、调查、调解、开庭。这种"大包大揽"的方式导致办案时间长、经

---

[1] 景汉朝、鲁子娟：《经济审判方式改革若干问题研究》，载江平主编：《民事审判方式改革与发展》，中国法制出版社1998年版，第10页。

[2] 贺小荣：《重新定位庭审方式改革的时代意义》，载《人民法院报》2015年5月29日。

费多、精力大，还造成当事人的对立情绪。于是，强调当事人举证，强调举证责任的分配一度成为民事审判方式改革首先需要把握的重点。[①] 这使得在改革之初，全国各级法院都热衷于强调当事人举证责任，其积极意义还是在当时占有主流地位的。举证责任制度的改革不仅起步早，而且持续时间长，直至得到1991年《民事诉讼法》的首肯。1994年10月，最高人民法院有关领导在第三次全国经济审判工作会议上指出，审判方式的改革"要重视开庭审理，强化当事人举证、在全面发挥庭审功能和充分发挥合议庭和独任审判员的作用等关键环节进行探索总结"。由此可见，最初几年的司法实践在举证责任制度方面的贡献还是非常大的，而民事诉讼法的颁布又是对各地改革的一种有力支持。

当然，审判方式改革中过分强调举证责任，也出现了一种自身难以克服的缺憾，即：由于利己主义思想的普遍存在，当事人所举证据往往有所偏颇，只举对自己有利的证据，回避对自己不利的证据。此时，承办案件的法官就必须去调查核实。但如果没有一个审查核实证据的方法与标准，那么法官对于证据的判断就会缺少程序上的保障。这一缺憾也使得庭审质证的形式随之产生了，它要求当事人对对方当事人所举证据材料进行质辩。[②] 当事人要有充分的理由和证据说服法官，才能获得对己有利的裁判结果。

（二）重视认证制度改革阶段

然而，举证、质证又不可避免地成为认证的前提，即认证才是举证、质证的目的。于是认证被提到了一个比较重要的位置，也就是说，伴随着强调认证，审判方式改革进入了一个新的高潮。最高人民法院也提出了全面深化民事审判方式改革的指导思想和工作思路。"强化庭审功能"成为当时一句非常时髦的口号，它要求当事人当庭举证、当庭质证，并要求法官当庭认证。而由其中的当庭举证，又引申出了一个"直接开庭"（有的称"一步到庭"）的概

---

① 滕威:《审判方式改革背景下民事证据制度运用检视》，载《东南法学》2018年秋季卷（总第14辑）。

② 关于质证，司法解释中没有明确。一般认为，其是当事人之间对各自提出的证据以及对法院依职权调查后提出的证据所进行的质辩。但有一种观点认为，法院调查收集的证据如果由双方当事人质证，则有可能就证据的真实性问题，使当事人向法院质疑，从而形成当事人与法院之间的质辩。为了回避这个问题，有学者提出质证应当仅指当事人之间对对方所提供证据的质辩。而对法院调查收集的证据应当允许当事人提出质询，由法院给予答复。参见张卫平：《诉讼架构与程式》，清华大学出版社2000年版，第114页。

念，它要求法官在开庭审理前与不同当事人及其代理人接触，不进行任何庭前调查、询问、取证，并且还探索总结出了直接开庭的案件范围，举证、质证、认证的方式及程序，可以当庭认证的证据类型等许多经验。这一举措，在审判方式改革过程中确实发挥了一定的作用，也在一定程度上缓解了人民法院审判工作的压力，特别是针对简单民事案件，运用"一步到庭"的方式，其省略了庭前准备工作，一般均能顺利审理并作出裁判。但是，"一步到庭"也具有一定的局限性，即对于较为复杂的案件，或者案件虽然简单但当事人运用程序策略拖延诉讼时间的情况，其效率就会显得非常低下，常常要经过两次以上开庭才能查清案情。鉴于"一步到庭"的模式省略了庭前准备，导致其对非简单案件的不适应，继而导致这种"一步到庭"的方式在司法实践中逐渐被搁置或者抛弃。

即便如此，民事庭审方式依然存在诸多不足之处，阻碍着庭审功能的进一步发挥，比如关于认证，长期以来普遍的情况还是法官对当事人所提交的证据材料，其能否作为证据，是否获得采信及理由，均要留待于判决书中的说明而不是在法庭上。司法实践中，能够被当庭认定为定案证据的证据材料的比例是很小的。这一现象的产生，虽然有传统观念因素以及客观环境因素，但主要还是由于当事人不知道法官对自己提交的证据材料的意见，也不能根据法官的意见提交补强证据或者反驳证据，甚至法官也不能当庭判断出当事人当庭提交的证据材料是否已充分满足其证明对象与证明目的的需求，进而导致诉讼的拖延甚至反复诉讼。其实，这里要首先解决一个问题，即在认证的功能中，是否包括对案件事实的认定？我们认为，对证据的采信是一个综合性的、逻辑严密的过程，有时要通过质证、辩论等程序才能确定其效力。认证和案件事实的判断是不可分割的整体。从表面上看，认证只是解决证据的可采性问题，而实际上采纳某一证据或不采纳某一证据以及阐明采纳证据所证明的事实，这一过程就是案件事实的认定过程。在采纳证据的基础上自然是对案件事实的结论意见。从这个意义上讲，认证是一个事实认定的过程，也是查明案件事实的必要手段，故在一般情况下法官都会持谨慎态度，不会轻易进行当庭认证。至于如何认定证据，那是采证规则的内容。

正因为如此，后来的一些改革才将进一步强化审前准备程序作为提高司法效率的路径，提出要在完善庭前与庭审合理分工以及法官与法官助理配置的基础上，强化庭前程序的制度规范与实践操作，特别是对于一些普通的物业纠纷、民间借贷纠纷、金融借款纠纷、劳动合同纠纷以及机动车事故责任纠纷等简易程序案件来说，当庭认证大多是能够做到的，可以达到庭前固定证据、固定争点、减少庭审要素、节约司法资源的目的。

（三）重视裁判权改革阶段

在很长一段时期内，人民法院审理民事案件都实行的是庭长、院长审批制，重大疑难案件提交审判委员会讨论决定，这就是所谓的"审者不判、判者不审"，给审判工作涂上了一层浓重的行政化色彩。所以，审判方式改革必然要淡化司法权的行政化色彩，将审判权逐渐下放（也有人称之为审判权的回归）。当然，审判方式改革是一步一步发展的，而审判权下放也需要遵循自己内在的规律。由于法官并不能保证每一件案子中遇到的每一份证据材料都能获得当庭确认，即使当庭确认了，案件质量能否得到保障等问题一时也难以解决。这样，就要求人民法院必须作出进一步的思考并加以回应，即审判权下放后如何保证案件质量？也就是说，强化庭审功能，必须考虑合议庭、独任法官行使审判权的限度问题，即如何"落实合议庭、独任审判员的裁判权"。1998年6月19日，最高人民法院公布了《关于民事经济审判方式改革问题的若干规定》，对多年来探索的成果作了较为明确的规范。同时，围绕庭审改革而延伸的裁判文书改革也在进行之中，裁判文书成了与庭审方式相配套的一种成果展示形式。在民事审判方式改革过程中，虽然"审判长负责制"受到了普遍认同，但对于独任审判的案件质量如何保障，却成了一个长期实践探索的问题。对审判长负责制进行改革，其赋予审判长相对完整、独立的审判权，包括案件分配权、人员调度管理权、裁判文书签发把关权等，以克服案件办理中的审批环节。

党的十八届三中全会提出，要健全司法权力运行机制。这种司法权力运行机制在法院系统主要是审判权的运行机制。人民法院的主要改革措施就是在整体上推进人员分类管理，将队伍分为法官、司法辅助人员、司法行政人员，并按照独自的序列发展，不能相互交流任职，在此基础上建立科学化、制度化的分类管理体系和模式。这种模式下的审判权运行机制改革，意味着司法体制改革的步伐已经打破了审判权的行政化，使审判权逐渐进入"让审理者裁判，由裁判者负责"的责权利运行机制轨道。

二、我国民事庭审方式改革困境与反思

开庭审理是民事诉讼中最重要的阶段，它决定着案件审理的质量、效率与程序正义等一系列重大问题。近年来法院案件激增，再审案件也随之大量增加，而许多再审案件和信访都来源于庭审过程。因为庭审方式的程序性设计中，通常都是将法庭调查阶段的功能定位为听取当事人陈述和审查核实证据材料，查清案件事实，为下一步进行法庭辩论打下基础，导致法庭辩论的功能被定位为当事人及其诉讼代理人对争议事实和对法律适用进行辩驳和论证，从而达到进一步查清事实、分清是非责任的目的。这显然不符合逻辑，为此产生许多影响案件审理质量与效率的问题，特别是事实不清问题较为严重。这种程序安排，易造成对法庭调查和法庭辩论之间在关系上的认识误区。比如，有的人就认为既然有专门的法庭辩论阶段，法庭调查就不是辩论，最多存在局部的小范围的辩论，而且在实践中也确实经常看到法官打断当事人或代理人的发言和辩论，要求当事人不得在法庭调查阶段作出辩论性的表达。这种观点的存在，必然会严重影响我国庭审中辩论原则的贯彻和案件审理的质量。这会引发法庭调查与法庭辩论理解上的混乱，弱化庭审程序中的言辞辩论，这也割裂了事实与法律问题的关系，导致许多案件在争点模糊的情况下审查了没有必要审查的证据。

在较长一段时期内，我国法院的庭审结构一直存在问题，并且由于法庭调查和法庭辩论二者在实践中的定位不清、质证过程与事实证明分离的原因，致使证据与事实、事实证明与法律适用、案件事实结合法律规范与诉讼请求及抗辩主张这三对关系之间的逻辑关系发生断裂，表现为庭审和裁判更加依赖于法官的经验和直觉，从而降低了庭审质量，同时也无法提升庭审效率。[①] 确实是这样，我们知道，庭审的主要目的在于围绕诉辩主张选择适合的法律关系，适用恰当的法律规范，查明与案件裁判结果有关的事实。法官在庭审中的审理思路一定会在事实与法律之间来回转换或穿梭，而当事人的举证与辩论也一定会顺应这个思路。法庭调查阶段提出的证据材料所指向的待证事实，一般是以要件事实为核心的事实群，而且这些要件事实也是抽象的法律事件所对应的具体案

---

① 参见傅郁林：《判决书说理中的民事裁判逻辑——围绕〈民事诉讼法〉第155条展开》，载《中国应用法学》2022年第1期。

件事实。

所以，法庭调查的对象必然也包括当事人对于案件法律适用的判断，如果严格区分法庭调查与法庭辩论，人为地割裂证据、事实与法律的关联性，易让法官和当事人产生思维间断、记忆模糊，违背审理逻辑。而且实践中，若准确区分调查事实与法律适用问题，是非常需要专业知识和诉讼经验的，诉讼经验欠缺的当事人倾向于事实和法律适用一并陈述，无法按照区别性顺序进行陈述或发言，法官若打断当事人的陈述或发言而要求其区别案件事实与法律适用，必然会影响当事人对案件整体意见表达的逻辑性，还会导致在法庭调查阶段与法庭辩论阶段发言内容的重复，影响庭审的效果与效率。

严格区分法庭调查与法庭辩论两个阶段，往往在法庭调查阶段让当事人提供证据材料，让对方当事人按照所举证据顺序进行轮流质证，这其中难免会包含与案件审理有关的、当事人存在争议的重要的或核心的证据材料，也包含因当事人自认而无须质证或者与争议焦点无关的证据材料。有的证据材料虽与案件事实关系不大，却可能是当事人较为敏感或非常在乎的事实，极易导致庭审"跑偏"，甚至出现庭审中的"顺水淌"现象，浪费时间。由于庭审调查程序中主要是审查证据材料的"三性"，案件的大量时间都被消耗在审查一些诉讼价值不大的证据材料上，导致案件争议要素、审查焦点不突出，从而导致庭审效率不高。法官在庭审中如不能及时纠偏，及时归纳争议焦点，当事人就会以自己的思路陈述或答辩，根据自己猜测的争议焦点进行陈述，唯恐表达不全，内容没有针对性，已不能产生庭审的准确对抗和充分对抗。法官根据当事人的陈述难以掌握争议焦点，便无法进行正确的举证责任分配，可能会使不该承担举证责任的当事人承担了较重的举证责任，导致程序上的不公。[1]

落后的庭审方式是我国法官数量多，庭审效率低，许多法官超负荷工作，审判质量不高的主要原因之一。[2] 目前，我国要提高民事庭审效率与庭审质量，就必须尽可能地克服上述一些弊端。其实，以往的司法解释给出了一些规则，可资利用。例如，1998年《最高人民法院关于民事经济审判方式改革问题的若干规定》有关庭审改革的方向中，就规定"审判长或者独任审判员归纳本案争议焦点或者法庭调查的重点，并征求当事人意见"。2002年4月1日起施行

---

[1] 参见北京市第二中级人民法院课题组：《法庭调查与法庭辩论合并进行庭审方式改革研究》，载最高人民法院研究室编著：《人民法院调查研究》，中国民主法制出版社2021年版。

[2] 章武生：《庭审方式改革的目标与任务》，载《人民法院报》2015年5月29日。

的《最高人民法院关于民事诉讼证据的若干规定》（法释〔2001〕33号，法释〔2008〕18号修改）第三十九条也规定"证据交换应当在审判人员的主持下进行。在证据交换的过程中，审判人员对当事人无异议的事实、证据应当记录在卷；对有异议的证据，按照需要证明的事实分类记录在卷，并记载异议的理由。通过证据交换，确定双方当事人争议的主要问题"。该司法解释在司法实践中并未得到较好的落实，即便是争点确定内容也是通过2012年《民事诉讼法》才得以规定。2019年，最高人民法院公布了《关于民事诉讼证据的若干规定》(2019年修正，以下简称《民事诉讼证据规定》)，但其中的第五十七条保留了上述第三十九条的内容。不过，《民事诉讼法》中的法庭调查顺序、法庭调查与法庭辩论的划分模式，仍然与围绕当事人的争议焦点进行举证、质证和辩论的要求，或多或少存在着程序上的冲突。加上我国《民事诉讼法》及其司法解释当中均未设立强制答辩制度，证据交换虽然在复杂案件中得到了一定的运用，但分类记载确定争点的规定在庭审方式中也很少得到运用。这些原因，导致我国民事庭审方式在很大程度上流于形式且效率不高，且在简易案件中显得尤为突出。

如上所言，证据交换虽然在复杂案件中得到了一定的运用，但分类记载确定争点的规定在庭审方式中却很少得到应用。事实上，如果民事诉讼对当事人双方的争议内容不进行证据交换，或者就双方之争点不提前进行整理和引导，就让当事双方的诉辩攻防直接集中释放于庭审阶段，很容易造成庭审对抗的散漫和无序，并持续到庭后，甚至放大或扩散。而诉讼一旦出现强烈的对抗色彩，诉讼主体将很难再去考虑效率问题，案件便不再适合简易程序或者小额诉讼程序了。所以，应当视个案情况而强调证据交换或庭前准备，这并不是让简易程序复杂化，而是为了理清诉讼要素在形式上的零散与混乱，让案件诉讼要素更加集中和确定，用以限缩庭审对抗的外延。

其实，要素式审判法正好可以克服上述庭审方式中存在的不足，其通过填写《诉讼要素表》的方式，进行证据交换而明确案件要素，重点审查双方当事人存在的异议。这也正是现代庭审理论所倡导的，即法官应先整理争点，包括事实上的、证据上的，也包括法律上的，预防一方当事人搞证据突袭，然后再集中于争点进行调查，并指挥当事人围绕争点进行辩论。也就是说，要素式审判法并未完全取消法庭调查与法庭辩论的界限和功能划分，而仅仅是改变了审判的事实单元。在要素式审判中，每一个有争议的要素均需进行调查或辩论，也可在各要素审判结束后，再进行一次综合的法庭辩论。① 所以，我们应当充分利用现行法律及有关司法解释所给予的规则规范，大胆地进行庭审方式改革，积极地探索要素式庭审方式。

第二节　要素式庭审方式的实践探索

庭审方式改革是带动司法改革的内在引擎。司法权作为一种判断权与裁量权，其判断的对象、程序都应当在法庭上完成和实现，其裁量的理由与结果也应当在法庭上呈现。因此，庭审方式改革必将凸显直接言辞原则与亲历性原则的内在价值，由此引发审判程序、证据制度、法官制度的一系列变革，最终实现"让审理者裁判，由裁判者负责"。而且庭审方式改革是提高公正效率的重要途径。

庭审是解决当事人争议的一种程序安排，如何科学确定诉辩双方争议的焦点，如何围绕争议焦点进行举证、质证和认证，既决定与影响案件的实体处理是否公正，又关系到审判效率能否真正提高。司法实践中，不能正确固定争点的庭审，既让庭审变得冗长，也让案件的基础事实不能得到有效的证明。庭审涉及法官的智力、法学知识、专业能力、语言表达能力、心理调控能力等多种素质和能力，是充分展现法官才华的重要职业技能。同时，庭审更是法官个人长期修习的学术修养和文化、智慧等各方面的综合素养的体现。因此，推进庭审方式改革，重视庭前准备程序的独立价值，提高庭审的质量与效率，是人民法院及其法官责无旁贷的义务，也是解决当下案多人少矛盾的必然选择。② 要素式审判是根据不同类型案件的特点，抽取出该类案件的共同事实要素，简化无争议要素审查程序，重点围绕争议要素进行审理的一种流程化高效审判模式。推行要素式审判主要是为了实现类案审理的流程化，健全"难案精审、简案快审"的分流机制，充分调动当事人参加诉讼，实现审判资源的优化。

近十年来，要素式庭审方式在全国各地的许多法院中都有积极的尝试，很有意义。需要注意的是，许多探索都是在《繁简分流意见》发布前进行，因此相关事项均以此意见为准，以下探索仅供学习、参考。如广西壮族自治区南宁

---

① 汤维建：《如何理解要素式审判法》，载《中国审判》2016年第24期。
② 贺小荣：《重新定位庭审方式改革的时代意义》，载《人民法院报》2015年5月29日。

市的江南区法院早在2013年年底就针对道路交通事故案件开始实行要素式审判。道路交通事故纠纷通常都有相同的案件要素，如事故发生概况、交警部门责任认定结果、当事人车辆购买保险情况、各赔偿义务主体关系、各项费用构成等情况。在立案时就让原告填写《要素式起诉状》，在填写中让原告清楚法院审理所要调查的要素，要求其在剩余的举证期限内梳理和收集相关证据。然后，法院再向被告、第三人送达《要素式起诉状》副本，并附上《要素式应诉状》，告知其需要对原告《要素式起诉状》中的要素逐项作出承认和否认的表示，对于否认的事实，则告知双方需要进一步加以证明。在庭审环节，不再按照法庭调查和法庭辩论阶段进行划分，而是按照案件的相关要素进行审理。这样一种庭审方式，获得了双方当事人及法官的一致好评，他们认为这种方式庭审重点突出、针对性强，可以减少至少一半的时间，也大大缩短了当事人等待裁判结果的时间，节约了司法资源。①

再比如，广东省高级人民法院推行的庭审规范化实施意见中就规定：采用要素式庭审方式的，法官可在庭审时围绕要素进行调查和辩论；当事人已在开庭审理前填写要素表的，法院在审理时对双方无争议的要素，无须进行质证而直接予以确认并记入庭审笔录；对于双方有争议的要素应重点审查。即便双方当事人未在庭审前填写要素表，法院在开庭审理时也可以要素表的基本要素为线索，逐项当庭征求双方当事人的意见，对双方无争议的要素予以确认并记入庭审笔录，重点审查有争议的要素。②

广东省佛山市顺德法院积极探索劳动争议案件的要素式庭审方式，不仅加快了庭审速度，而且节省了许多方面的财力物力，取得了积极成效。通过探索，他们认为，以往庭审要分别让双方当事人各自举证，即使双方没有争议的事实，当事人也会反复赘述和提供证据材料，特别是对于没有法律专业知识的劳动者，往往无法针对法庭归纳的争议焦点进行有效的举证与陈述，从而导致庭审过于冗长，虚耗司法资源。而采用要素式庭审方式后，原本需要两三个小时的庭审只需要半个小时左右，大大提升了效率。

自2015年5月立案登记制改革后，河北、福建、山东、广东、广西等多地

---

① 丘理：《江南区法院要素式审判法应对交通事故案件效果好》，载"南宁法院网讯"，2015年11月30日访问。

② 《广东省高级人民法院关于推行民事裁判文书改革促进办案标准化和庭审规范化的实施意见》（粤高法发〔2013〕12号）中的"具体要求"部分。

部分法院开始尝试运用要素式审判法。如河北省石家庄市中级人民法院在全市推进商事案件审判改革，研究制定了《商事案件审判规则（试行）》，尝试"庭审要素前移，简化审判程序"的"要素式"审判方式。该市的新华法院为破解案多人少司法难题，积极尝试"瘦身"庭审，针对民间借贷、买卖合同等13类常见纠纷案件特点，抽象概括出相对固定的庭审要素，并提炼成审判模板，制作成《起诉（应诉）要素表》，法官在开庭审理时，根据当事人填写的要素表，首先对双方无争议的事实予以归纳，并当庭予以确认，然后明确争议焦点，对双方有争议的事实逐项进行法庭调查，引导当事人举证、质证。采用这种庭审方式，基本能够做到一庭结案。又比如，石家庄市桥西区法院审理的一起追偿权纠纷案件，从开庭到宣判仅用了不到1个小时，而这在以往的传统庭审中是不可能的。大概情况是这样的：2014年3月，原告公司与被告公司签订《委托担保协议书》。被告公司按约支付了担保费，并缴纳保证金80万元。次日，被告公司由原告提供连带责任保证，向邯郸银行开发区支行借款600万元。贷款到期后，被告公司未能全额偿还贷款本息，原告于2015年3月为其代偿本息587万余元。为担保《委托担保协议书》履行，被告公司相关人员还提供了设备、房产等进行反担保。因为代偿的本息无法要回，原告公司提起诉讼，要求被告公司进行偿还并支付违约金等。此案原告的诉讼请求共有九项，双方提交的证据更是达29份之多，内容繁杂凌乱，且双方争议点较多。按照传统的庭审方式，所有证据需要一一在庭审中出示、质证并认定，这个过程耗时会很长，预计整个庭审过程至少要三个小时。但该案仅仅用了半个小时，法官就宣布法庭调查和法庭辩论结束。休庭15分钟后，案件便当庭宣判。如此复杂的案件，从开庭到宣判用时不到1个小时。

  为了提高庭审效率，要素式审判需要把证据交换放在庭审前进行。有了这个基础，庭审时就可根据之前交换过的证据进行归纳，对无争议事实径行认定，再根据被告质证意见归纳争议焦点并进行重点调查。对于事实清楚但法律适用有争议的问题，直接放在法庭辩论中解决。这样一来，原本可能要进行三四个小时的庭审过程，直接缩短到一个小时左右，既直截了当地聚焦争议焦点，又令审判省时高效。[①]

[①] 李苏洋：《"要素式"审判：创新审判模式 提升办案质效》，载"民主与法制网"，2016年1月25日访问。

江苏省高级人民法院也提出要求,让要素式审判法先在民事条线中的劳动争议和交通事故损害赔偿案件中实行。以"要素式庭审"和"要素式文书"为核心,通过改革,着力促进民事类案件审理的流程化、标准化和集约化,提高民事案件审理的效率,并逐步推进实施要素式审判法。该院还发布了《关于在基层法院开展民商事案件速裁工作的意见》,[①]要求对事实清楚、法律关系简单、诉讼标的不大的劳动合同纠纷、物业纠纷、银行卡纠纷、交通事故损害赔偿纠纷、身份关系清楚而仅在给付数额或时间等方面存在争议的赡养费、抚育费、抚养费纠纷等,一律适用速裁程序,其中并不排除适用要素式审判法。这是江苏省高级法院合理配置审判资源、实现民商事案件繁简分流,提高办案效率,便利人民群众诉讼,及时快捷化解社会矛盾的一个举措。

《繁简分流意见》发布之后,要素式审判法的探索步伐更未停滞,依然如火如荼。比如,2017年3月16日,淮安市淮阴区人民法院的法官采用要素式审判法对一起金融借款纠纷进行审理。因庭前让双方当事人填写了《诉讼要素表》,使庭审的节奏较为明快,从宣读法庭纪律到当庭宣判,仅用时10分钟。鹤壁市淇滨区人民法院积极探索与实践要素式审判法,在速裁团队内从诉讼要素比较明显的机动车交通事故案件入手开展要素式庭审。2020年5月12日,该院开庭审理了两起机动车交通事故案件,均采用了要素式庭审方式,从庭审前填写要素表到当庭调解,整个流程仅30分钟即完成,大大缩减了庭审时间。2020年11月,苏州市相城区人民法院审结的一起机动车交通事故责任纠纷案,从立案到结案竟在一天内完成,如此高效的审判便得益于运用了要素式审判法。[②]

对民事诉讼中的系列案件,适用要素式审判法效果会更加明显。比如,贵阳市乌当区人民法院作为繁简分流试点单位,信用卡纠纷由省法院指定该法院集中管辖,2021年10月19日,该院对124件信用卡纠纷案件,采用要素式审判法进行集中开庭审理,庭审过程简洁流畅、透明高效。再比如,2021年11月,芜湖市镜湖区人民法院针对多起消费者、员工诉芜湖市某体育文化有限公司和芜湖市某某健身房中心合同纠纷案,大力开展要素式审判。根据法官阅卷的信息,提前整理并制作极具个性化特征的诉讼要素表,主要列有"持卡人姓名""健身卡种类""缴费时间""缴费金额""缴费方法""是否开卡及开卡时间""是否停

---

① 《江苏省高级人民法院关于在基层法院开展民商事案件速裁工作的意见》(江苏省高级人民法院审判委员会会议纪要〔2016〕9号),于2016年9月6日讨论通过并于2016年9月12日发布。
② 《一天结案 相城要素式审判显成效》,载《江苏法治报》2020年11月27日。

卡及停卡时间"以及"其他需要说明的问题"等要素项。在庭前准备阶段指导当事人填写要素表，提前锁定争议焦点。庭审中将争议要素作为审理重点，对双方当事人无争议的要素直接予以确认，只围绕争议要素进行审理。避免了大量的重复劳动，整个庭审重点突出、节奏明快，法官们在极短的时间内就完成了系列案件的全部庭审。庭审结束后双方当事人都对这样的庭审方式表示赞赏。

纵观以上各地法院的实践与探索，对于要素式庭审方式，较为一致的做法是：开庭审理一般不再按照以往法庭调查与法庭辩论来划分阶段，而是按照案件相关的要素来确定庭审顺序；对于法律关系简单、案件类型明确的案件，法院会针对案件的不同特点，根据法律规范构成要件和当事人的举证责任，制定起诉（应诉）要素表并提前送达当事人；因双方在庭审前均已填好要素表，庭审时对无争议的事项法官将不再主持双方进行举证及辩论，而着重于查清双方有争议的内容。也有法官对要素式庭审方式进行了经验性的归纳总结，认为其一般应当完成以下三个步骤：第一，概括案件要素。应当针对买卖合同、民间借贷、金融借款、物业服务、机动车交通事故责任等类型化纠纷，概括提炼案件事实要素，确定案件审理要点，制作"案件要素表"；第二，确定案件争点。应当在庭审前指导各方当事人填写"案件要素表"，充分履行释明告知义务，引导当事人确认本案的核心要素事实和主要争点；第三，开展要素式审理。开庭时，应当再次归纳和确认本案审理的要素事实和争议焦点，对各方无争议的事实结合相关证据直接确认，对有争议的要素事实逐一进行陈述辩论、举证质证、调查询问，不受法庭调查、法庭辩论等程序限制。①

简化庭审程序，提高庭审效率，是要素式庭审方式的重点和初衷。当然，这种经过简化的庭审程序也要建立在尊重当事人意愿、保障当事人诉讼权利的基础之上。大多数民事案件特别是普通的劳动争议、交通事故等案件，案情原本简单清楚，若按部就班地采用传统庭审方式及裁判文书样式开庭审理和撰写判决书，难以提高效率。对于法律关系明确、案件事实清楚的案件，根据案件具体情况并征得当事人同意，可以将法庭调查和法庭辩论合并进行。实践中，要素式庭审方式大多能赢得代理律师及当事人的一致好评，应当加大力度推广和运用。

---

① 李承运：《正确适用简化机制应当注意的四个问题》，载《人民法院报》2020年4月30日。

第三节　要素式庭审方式应掌握的原则

一般来说，民事庭审的操作要点可归纳为以下五点：一是程序严谨，杜绝疏漏，庭审始终要严格依照程序法的规定进行，保证审判程序的合法性，特别是法律规定的程序不得省略，所有的证据必须当庭开示和质证；二是审理程序和法庭秩序控制得当，包括节奏与气氛的掌握，庭审僵局和突发事件的处理，旁听秩序的维护；三是对程序性问题处理准确、果断，因为程序性问题往往具有不可逆转性，对审判进程有重要影响；四是严守中立，语言文明，表达精练，因为诉讼当事人的心理非常敏感，法官在庭审中的言行必须严守中立，不能因法官小节问题，让当事人对法官的公正产生合理的怀疑；五是了解当事人或律师的诉讼情绪和诉讼能力，因为当事人是诉讼主体，要使不同背景、不同类型的当事人能平稳进入诉讼角色，才能有利于顺利解决纠纷。事实上，要素式庭审是一种比通常情况下的庭审更具针对性，也更加高效、快捷的庭审方式，其不仅借鉴了国外的审前准备程序，而且借鉴了多年来我国本土的司法实践经验，还在一定程度上获得了程序法上的支持。比如，在庭审方式的设计上，要素式庭审方式往往需要双方当事人填写《诉讼要素表》，以缩小争议焦点，缩短开庭时间，提高庭审效率。其实这正是这么多年来一直倡导的"重视庭前准备，注重开庭审理，强化当事人举证，发挥庭审功能"的审判方式改革成果。再就是双方当事人在庭前填写《诉讼要素表》，无形中从传统的分段式审理向集中审理原则靠近了许多。

一、强化庭审功能

强化庭审功能，意味着诉讼阶段应以庭审程序为重心。而所谓庭审的功能，概括起来主要有三个，即查明案件事实、准确适用法律、进行法制宣传。其中通过庭审查明案件事实是庭审最为基本的作用。庭审中，无论各方当事人的主张有多大的差异、情绪有多对立，都需要把话讲在法庭，把理由摆在法庭，把证据呈现在法庭，并通过法官的指挥和指导，从而使各方当事人的诉讼能力尽量达至平衡。而且，法官要根据法律规定，在当事人之间合理分配举证责任，并通过各种严格的庭审规则，尽可能展现案件所需的所有证据材料。法官要在法庭上，充分听取各方当事人的意见，全面客观地审查并判断证据，防止偏听偏信或者先入为主等与职业要求相悖的行为因素影响自己的正确判断，有损公平正义。庭审的另外两个功能即准确适用法律、进行法制宣传，都要依赖于所查明的案件事实才能发挥作用。当然，庭审除了这三个主要功能外，还有一些其他作用也不可小觑，比如当事人地位平等、推动司法公开与司法民主、展示法官中立地位等。

自20世纪90年代初所进行的民事审判方式改革一直强调要强化庭审功能，但当时主要还是停留在形式化的庭审操作阶段，实质意义上的庭审强化并没有真正展开。不过在后来进行的强化庭审功能的改革举措中，便逐步强调庭审的实质化和规范化了，也就是重点在庭审实质化对于司法裁判的决定性作用上，使庭审能够真正在认定事实、调查证据和适用法律等方面起到基础性和决定性作用。当前所强调的以审判为中心的诉讼制度改革，应当突出庭审在纠纷解决中的核心作用，否则以审判为中心的改革目标就会是一句空话。诉讼程序作为程序的一种，和其他程序一样，都有其自身的阶段性和内在的逻辑性。而庭审会集中展示司法程序的核心要素，而且案件审判不仅要快速、及时、省力、节约费用，也要效益最大化、效能最大化。[1]因此，我们首先要克服庭审只是为了维护诉讼阶段的完整性而存在的形式化倾向，应该在庭审制度的功能设计上，保证当事人通过开庭辩论制约法官对事实的认定，法官对案件事实形成的印象和确认也只能在庭审之中或之后，即事实印象通过庭审而形成。"社会冲突的司法救济，决定了诉讼的对抗制性质以及对抗制的对抗本质，同时，民事诉讼以解决私权纠纷为目的，民事纠纷的私权性质决定了当事人自主。"[2]当事人作为彼此冲突的双方，对于自己的诉讼权利享有当然的处分权，法院要保障当事人在庭审过程的对抗中，其权利配置的对等性。《民事诉讼法解释》第二百二十四条、第二百二十五条、第二百二十六条、第二百二十九条分别对人民法院开庭前组织证据交换、召开庭前会议、当事人"禁止反言"作出了规定，赋予了审前准备程序的合法性地位，就是为了强化庭审功能，保障庭审质量，进而保障司法裁判公平公正。虽然要素式庭审方式可能会在形式上有所变化，但在实质性的庭审功能及其价值实现方面不应有所弱化，"要素式庭审能将庭审功能发挥

---

[1] 参见汤维建：《民事庭审程序优质化改革的理论与实践》，载《贵州民族大学学报》2016年第3期。

[2] 徐昕：《当事人权利与法官权力的均衡分配》，载《现代法学》2001年第4期。

至最大,在审判中最大化地了解当事人双方的诉求、事实与理由并能尽快抓住案件争议焦点进行实质性审理。"①所以说,强化庭审功能或者优化庭审功能,同样是要素式审判法所追求的目标。

二、把握好质证、辩论顺序

要素式审判法,归根到底还是要将双方当事人的争议焦点作为庭审的重点。双方在庭前通过《诉讼要素表》的填写,已经能够将案件中出现的争议要素予以展示,法官只要围绕这些有争议的要素进行审查,并通过举证、质证的方式,查明争议的要素事实即可。而对于举证、质证的运作过程,原本并不需要经过法律的强制性规定,但最高人民法院曾对质证的顺序专门作出过规定,即首先由原告出示证据,被告进行质证;被告出示证据,原告进行质证,再由原、被告对第三人出示的证据进行质证。最后由法官出示人民法院调查收集的证据,原、被告和第三人进行质证。这一顺序在审判实践中存在的问题是:质证顺序混乱,原告和被告提出的证据要反复提出,影响了诉讼效率,而且忽视了第三人的诉讼主体地位。最高人民法院在 2001 年出台的《关于民事诉讼证据的若干规定》中对此也作出了调整,其第五十一条(2019 年修正后的第六十二条)规定:"质证按下列顺序进行:(一)原告出示证据,被告、第三人与原告进行质证;(二)被告出示证据,原告、第三人与被告进行质证;(三)第三人出示证据,原告、被告与第三人进行质证。"这个规定比之前的规定有所进步,但由于对质证的时机、方式等没有具体规定,导致实践中仍然存在一些问题。比如,审判实务中,当事人按照先后顺序将证据提供给法庭,到了庭审质证阶段,有些法官直接让对方举出反驳证据,并不给予其对对方所提证据进行质证的机会,也有些法官不允许当事人就证据问题展开辩论,对于证据材料的证明力的分析意见,只能到法庭辩论阶段才能发表。法官要将证据调查阶段与法庭辩论阶段人为地进行隔离,却往往无法划清界限,无法实现在法庭调查阶段应当实现的庭审质证效果。

---

① 黄振东:《要素式审判:类型化案件审理方式的改革路径和模式选择》,载《法律适用》2020 年第 9 期。

三、法庭调查与法庭辩论的合并

严格地划分法庭调查阶段和法庭辩论阶段，其实在实务中较难贯彻，已经造成程序的虚化和逻辑上的混乱。我们认为，由于当事人总是按照一定的顺序向法庭提供自认为是于己有利的证据材料，而且通常也是按照一定的顺序进行质证的，所以，不仅应当允许当事人在法庭上就已提供的证据材料充分发表质证意见，即对证据材料的真实性、合法性与关联性的评价，而且应当允许当事人就本案的全部证据发表总体的质证意见，并可就所有证据材料所证明的事实，进行综合性的质证。只有在法官认为当事人对事实的证明仍有遗漏和未能叙述清楚时，才能中立地进行补充询问。在具体的程序设计方面，要让法庭调查阶段变成当事人双方对案件事实的证明阶段，并且双方当事人都可以就事实问题进行最后陈述。

好在现行民事诉讼法特别是《民事诉讼法解释》已经在现代庭审理论的运用方面迈出了一大步，也使基层人民法院和它派出的法庭实践要素式审判法有了法律依据，如《民事诉讼法解释》中关于人民法院"可以将法庭调查和法庭辩论合并进行"的规定；又如，"法庭审理应当围绕当事人争议的事实、证据和法律适用等焦点问题进行"的规定；再比如，人民法院应当"依照法律规定，运用逻辑推理和日常生活经验法则，对证据有无证明力和证明力大小进行判断，并公开判断的理由和结果"的规定等，都在立法层面开始对现代庭审理论进行运用，作出了较为明确的规定和要求。我们还欣喜地看到，最高人民法院在发布的《繁简分流意见》中，也明确要求推进民事庭审方式的改革，提出："对于适用小额诉讼程序审理的民事案件，可以直接围绕诉讼请求进行庭审，不受法庭调查、法庭辩论等庭审程序限制。对于案件要素与审理要点相对集中的民事案件，可以根据相关要素并结合诉讼请求确定庭审顺序，围绕有争议的要素同步进行法庭调查和法庭辩论。"[①] 显然，这一指导性意见对要素式庭审方式而言，也应当将所谓的法庭调查阶段与法庭辩论阶段合二为一，不作区分，只要是针对有关争议要素的，无论是质证还是辩论，都要让当事人充分表达意见。也不要人为地将当事人的意见区分为质证意见和辩论意见，何况法官的这种当庭区分不仅未必准确，而且有割裂当事人完整意见，限制当事人诉讼权利之虞。

由于在要素式庭审方式中双方当事人庭前已经填写了《诉讼要素表》，故庭

---

① 《繁简分流意见》第十二条。

审中可不再要求双方当事人陈述诉辩意见,即通常的原告宣读起诉状和被告答辩,但原告需明确诉讼请求,被告应针对原告诉讼请求明确作出承认或者否认的表态。然后由法官确定争点或者需要质证的证据范围,并主要以发问的方式引导当事人陈述与质证。须知,《诉讼要素表》在性质上依附于当事人自认规则,诉讼中自认一经作出,即产生两方面的效果:一是对当事人产生拘束力,当事人一方作出承认的声明或表示,另一方当事人无须再举证证明;二是对人民法院产生拘束力,对于当事人自认的事实人民法院原则上应当予以确认,无法定情形不能否定自认的效力。同时,按照司法实务认可的观点,"一方当事人在法庭审理中,或者在起诉状、答辩状、代理词等书面材料中,对于己不利的事实明确表示承认的,另一方当事人无须举证证明。"[①] 在要素式庭审方式中,对双方无争议的要素事实无须在庭上举证、质证。也就是说,当事人一方对对方所填写要素表中的要素予以承认的,即可免除对方当事人的举证责任,庭审也会变得简单得多。法官应当紧扣诉讼要素表中的争点,逐一让当事人发表意见,以避免双方辩论的无休止和无界限。即法官围绕一个争议焦点询问事实或者审核证据材料,如果当事人认为另一方当事人陈述的事实不清,或者对某一证据材料所证明的法律问题认为需要展开阐述时,法官应当允许当事人结合证据材料和事实对法律问题一并进行陈述,并可以相互辩论,就这一焦点充分质证、辩论后,再继续对下一个争议焦点重复上述过程。经过质证、辩论,能当庭认证的即可当庭进行认证以确认案件事实,认证理由应记入庭审笔录,这也是要素式裁判文书无须说理的原因之一。需要注意的是,作为程序保障,法庭调查与法庭辩论的合并只是功能上的结合,而不是省略程序,在上述质证、调查、辩论中法官均应当询问当事人有无补充意见。

最后,可将目前庭审中当事人最后陈述意见的阶段亦合并于调查和辩论阶段,当事人可在该阶段就前一阶段所证明的事实,综合阐述自己对本案的事实认定意见与法律适用意见,也可发表支持诉讼请求或反驳对方诉讼请求的意见,也可以在此阶段表示是否愿意调解或提出调解方案。这是一个总结性的辩论发言,属于对案件的一个总的看法和意见,其当然应包含当事人最后陈述意见的权利行使。

[①] 《民事诉讼法解释》第九十二条第一款。

第四节　中外庭审方式中对争议要素审查方式的比较

对庭审方式中争议要素的审查方式进行比较，目的是寻找不同的争议要素审查方式所具有的价值，以此为我国民事诉讼中的争议要素审查提供合理依据。

通过对两大法系部分国家和地区的一些制度或机制进行考察与分析，我们发现，无论是大陆法系还是英美法系，对民事诉讼中的争议要素整理都非常重视。但是，由于他们将整理过程置于专门的审前程序之中，与审前的其他程序共同担负着审前准备工作，因而很容易与其他审前准备程序相混淆，除非有明确的争点及证据整理程序规定，比如日本的民事审前准备程序，就是指在诉讼系属后至法院正式开庭前所运行的包括交换证据、确定争点等一系列诉讼活动的总和。民事诉讼中，法院对当事人之间有争议的事实展开必要的证据调查，并以判决的形式对该争点作出判断。因此为了更迅速地实现民事裁判，有必要在辩论程序前设置一个程序，以尽早明确诉讼争点，有利于后续证据调查能紧紧围绕该争点。日本民事诉讼法就有这样明确的规定，否则就需要从他们民事诉讼法所设置的一些功能中去了解，只要能发挥明确、固定和缩减争点的，就都属于争议要素审查方式的内容。

一、部分国家和地区对争议要素的审查

我们所言之争议要素审查，应当与域外的争点整理程序相近。在大陆法系国家和地区，法官通常是事实认定和法律适用的主要主体，法官的任务就是将案件事实查清楚。如果说在案件相对简单、数量也不多的时代，大陆法系传统的并行审理主义和证据的随时提出主义还有存在的合理性的话，那么随着社会经济的发展，该观念则逐渐不太适用，大陆法系一些国家和地区纷纷开始了以争点整理为中心的审前程序重构，从并行的审理方式向集中审理过渡。而在英美法系的一些国家和地区中，陪审团对事实的认定也要在不间断的审理期日内完成，所以其采用的就是连续的集中审理方式，进而决定了以双方当事人对抗为基础的争点整理程序，在民事诉讼中顺理成章地存在，且特别强调审前准备程序。所以在英美法系国家和地区，争点整理的功能一直占据着举足轻重的地位，至今都未能改变。

尽管大陆法系与英美法系对于争点整理程序的发展历程和价值取向有所不同，但是争点整理程序的功能与完善却是他们共同的课题，而且争点整理程序的发展与社会经济生活的发展有着必然的联系。在诉讼标的法律性质比较单一、事实关系也不复杂的情况下，无论英美法系通过早期诉答程序整理争点方式，还是德、日等大陆法系国家和地区通过直接开庭的审理方式，都不会导致严重的诉讼不公或拖延问题。自20世纪下半叶以来，各国民事纠纷普遍呈爆炸性增长的趋势，民事纠纷规模扩大、案件复杂程度增加，从而给法院带来了沉重负担，争点整理程序便引起了人们的关注，两大法系面临的具体问题有别但目标却较为一致和坚定，即通过充分而适度的争点整理，使得案件原则上通过一次正式开庭审理即告终结，达到公正、高效解决纠纷的目的。[1]

日本在新修订的民事诉讼法中设置了争点及证据的整理程序，包括预备的口头辩论程序、辩论准备程序和依书面的准备程序。其中，预备的口头辩论程序是于法官指定日期在法庭内进行，该程序是以争点及证据整理为目标的口头辩论，只要是对争点及证据整理有必要的，一般口头辩论程序中的相关规定均适用于该程序；辩论准备程序则需听取当事人意见，并由受诉法院或者受命法官进行主导。该程序明确规定，应在双方当事人均可到场的日期进行，甚至可以允许旁听。在辩论准备程序终结时，应当明确之后的证据调查程序中所要查明的争点，而辩论准备程序终结后，提出新的攻击防御方法的当事人附有说明义务；依书面的准备程序是对于有必要整理争点及证据的案件，有当事人居住较为偏远等特殊情况，法院认为有合理理由，可选择依书面的争点及证据整理程序时，在听取当事人意见的基础上，决定适用依书面的程序准备。这种程序由当事人提交书面准备材料或书证等的复印件，用于整理争点等。作为以书面准备程序的补充，主审法官可以用电话会议等方法与当事人双方协商进行争点整理，该协商结果交由书记员记录在案，当事人亦可据此对书面准备材料进行修正或者另行主张，以此达到实质上的争点整理。由此可见，日本在修订民事诉讼法时，是将争点及证据的整理程序作为核心内容之一，以期在实践中制定一个运行良好且有实效性的制度。后在回顾民事诉讼法修订座谈会上，上述争点整理程序被评价为是一次成功的改革。[2]

---

[1] 参见赵泽君：《民事争点整理程序研究——以我国审前准备程序的现状与改革为背景》，中国检察出版社2010年版，第85~88页。

[2] 李春丹：《日本民事审前程序特点》，载《人民法院报》2020年8月21日。

在德、日等大陆法系国家和地区，由于争点确定得比较好，一个案件每次开庭的时间和累计开庭的时间虽然比我们花费得少，但是庭审质量却比我们要高，上诉和申请再审案件的数量比我们少。这种反差主要就是争点确定价值的体现：争点不明，诉讼就会有很大的盲目性，造成诉讼过程中的事倍功半。明确了争点，当事人才会有针对性地举证和质证，法官也更容易查清案情，才能达到事半功倍的效果。[①] 这也是我们要素式审判程序中需要重视的问题。

集中审理原则的背后，其实是在强调庭前准备。因为如果没有进行必要的庭前准备，不仅会影响庭审的质量，也会影响庭审的效率。放眼世界，审前准备程序已经成为各国普遍规定的一项制度，在法国体现为"事前程序"，在德、日体现为"争点整理程序"，在英、美则主要表现为"证据开示制度"，它因各国模式的不同而各有特色。其中英美型的审前准备程序体现了当事人主义的浓厚色彩，在诉讼中当事人处于主导地位，审前准备是当事人为在开庭审理中作出全面充分的展现而进行的，法官在此阶段只具有监督和管理的职权，不能调查收集证据，无权进行实体性审查，其目的在于防范当事人以突袭的方法取得胜诉判决，使双方始终处于平等对抗地位，同时明断争点，使双方无争议的部分不再进入法庭。相比而言，德日的"争点整理程序"赋予法官较大的权利，职权主义色彩浓厚；而法国的事前程序则体现了当事人主义与职权主义的结合，是保障当事人自由处分权利和法官适当介入管理较好结合的典范。

再看英国，其庭审准备制度在具体的程序操作方面，包括制作、签发传票令状；传票令状的送达；根据不提出防御的意思所作的判决；（不应诉判决）采用被告承认收到送达之后可能适用的几种程序——停止、中止和驳回诉讼，和解、作出《法院规则》14项下的简易解决，办理结账传票，凭自认的事实作出判决，向法院付款，不使用诉讼文件进行审理，进行中间救济，处理第三方被告程序与相互诉讼程序；诉讼文件交换，传票令状和诉讼文件的修改，交换诉讼文件结束；书证材料的发现和查阅，勘验财产，宣誓答复问题笔录，做好诉讼费用担保，申请指示传票等有关立法规定和习惯形成的惯例。从上面的材料看得出，英国民事庭审的准备制度比我们复杂得多，但有几个方面的规定是相同的：比如诉讼文件的送达，告之当事人诉讼权利，认真审核诉讼材料，以及

---

① 章武生：《我国争点确定机制和庭审方式的反思与重构》，载《人民法院报》2016年7月15日。

停止、中止和驳回诉讼等都是相同的,也就是说,中、英的司法程序具有一定的一致性。

而在日本,超过一个小时的庭审也并不多见。那么,我们庭审时间冗长而复杂是否就意味着符合中国传统的一种说法叫"慢工出细活"呢?从实际效果看,结论完全相反。由于我们许多案件没有确定争点或争点确定不当,没有围绕争点进行举证质证和辩论,导致了许多案件在争点模糊的情况下审查了许多没有必要审查的证据。在德、日等大陆法系国家和地区,由于争点确定得比较好,一个案件每次开庭的时间和累计开庭的时间虽然比我们花费得少,但是庭审质量却比我们要高,上诉和申请再审案件的数量比我们少。这种反差主要就是争点确定价值的体现:争点不明,诉讼就会有很大的盲目性,造成诉讼过程中的事倍功半。明确了争点,当事人才会有针对性地举证和质证,法官也更容易查清案情,才能达到事半功倍的效果。①

因此,我国审前准备程序的设计,应当考虑诉讼模式的特点。② 庭审前,当事人应当毫无保留地向对方展示己方拟用于庭审辩论的证据材料,以便于对方做必要的防御准备;同样,对方的反驳性主张与证据也应当在庭审之前向对方展示,以求实现真正的诉讼地位平等。其实,这些程序法上的成功经验,完全可以被要素式庭审方式所借鉴。要素式审判法中要求双方当事人提供所填写的《诉讼要素表》,就是一个可以提高庭审效率的审前准备工作。

二、对争议要素审查方式的比较分析

争点整理程序、强化法官释明义务和证据失权制度并称为集中审理的三大支柱,其中争点整理为核心与关键。有效的争点整理有助于规范审判程序,防止突袭性裁判的发生;可帮助法官梳理案件内容,发现事实,提高审判效率;通过争点整理还可全面了解案情,厘清主次矛盾,抓住案件重点,科学裁判,防止错判、误判及枉法裁判的发生。

目前,司法实践中对于争点整理程序应用较少,这与我国诉讼程序格式化、争点整理程序的阙如有关。民事诉讼法亦未对争点整理流程及诉讼各方的权利

---

① 章武生:《我国争点确定机制和庭审方式的反思与重构》,载《人民法院报》2016年7月15日。
② 金友成主编:《民事诉讼制度改革研究》,中国法制出版社2001年版,第188~189页。

义务、法律后果作出明确界定，加之配套诉讼制度的缺失，导致争点整理程序在民事诉讼中鲜有体系化操作。审判中普遍的做法是在法庭辩论之前，法官归纳争议焦点，双方当事人围绕争议焦点展开辩论。此方式全部依赖于法官的观察、判断和对案件的把握，对于案情复杂、争点较多的案件来讲，对法官的审判能力提出过高要求，却未发挥当事人事先自行整理争点的作用。且该程序置于法庭事实调查之后，法庭辩论之前，亦抹杀了争点整理对于发现事实、查清案情的重要作用。而在争点整理的具体操作过程中，如何在具体和原则之间把握尺度，既不会因过于原则而难以发挥其作用，又不致过于具体而迷失在案件的细枝末节中，也是争点整理较难把握的尺度。从某种程度上讲，现行争点整理程序设置过于原则，需进一步优化，作用亦未充分发挥，尚存在改进空间。[①] 所以，争点整理是民事诉讼中的重要程序事项，应当在现行民事诉讼框架下积极探索并发挥其作用。

通过比较分析，我们也发现，尽管我国民事诉讼中关于审理前的准备也有许多优点，但国外许多制度也确实值得我们借鉴。我国民事诉讼中的证据材料主要应由当事人提供，人民法院只能在当事人提供证据的前提下收集部分必要的证据。所谓"必要证据"，是指当事人提供有困难，人民法院认为审理案件又需要的证据。而英国法律则规定证据由当事人提供，法院主要是发现和查阅双方当事人现在或过去占有、保管的或在他控制范围之内的、与诉讼有关的已经披露出来的书证材料。这种书证材料主要是通过交换书证材料清单和书证材料来实现的。英国的《法院规则》规定，在用传票令状开始的诉讼中，双方应在交换诉讼文件结束之日起14日内交换书证材料清单。中英这种区别有非常重大的意义：中国由于有些证据由法院收集，实际上减轻了当事人收集、获取证据的责任；同时由于法院参与证据收集，能够事先掌握当事人双方手中没有的证据，便于查清案件；况且，这种办法也有助于保护当事人的合法权利。但是这种收集证据的方式容易造成当事人的依赖心理，也容易造成法官先入为主的印象。而英国的这种由法院发现和查阅证据的立法，则把当事人的举证责任加强了，因为当事人提出诉讼主张，就得提供证据；法院不参与证据收集也能站在公正裁判的立场上，对于查清案件事实、适用法律都有好处。当然，这种方式也有一定的弊端，主要是有的证据当事人本身无法收集，而不收集又无法查清

[①] 席建林：《当事人的争点整理及法官的争点确定》，载《人民法院报》2016年7月15日。

案情，比如去银行查阅有关账目，这样就影响了诉讼的正常开展。所以，提供证据本身应当是当事人的事，但是在适当的时候，特别是当事人按有关法律或政策规定无法收集，而又是案情证明必需的、基本的、主要证据的情况下，就应该由法院收集。

又如，在证据材料的查阅方面。我国当事人将证据提供后，主要由法官查阅，一般不由当事人查阅。而英国法官要查阅证据，当事人也要查阅证据，这种查阅是通过双方交换书证材料清单的方式实现的。英国《法院规则》规定：在用传票令状开始的诉讼中，双方应在交换诉讼文件结束之日起十四天内交换书证材料清单；还规定：送达清单的一方应同时向双方送达查阅通知单，指定在七天之内的查阅时间与地点。《法院规则》还规定了制定清单格式和两种附件：第一种附件指出被发现方对出示无异议的书证材料；第二种附件列举被发现方对出示有异议的书证材料。而我国证据材料由法官查阅的好处，就在于法官对双方当事人提供的证据和自己调查到的证据有一个全面的了解，在庭审前已经心中有数，但问题在于双方当事人都不知道对方提供的证据，只有在庭审中才见面，这种制度的透明度就显得不够。英国的证据材料在庭审以前不仅法官可查阅，当事人也可查阅，并且当事人对证据查阅后还可以用附件的形式表示自认或提出异议。这种制度的优点在于：透明度高，当事人双方都了解对方持有证据的情况；同时由于自认部分用不着法庭辩论，可以简化审判内容。所以，中英证据查阅方法各有所长，我们应当吸收英国这种审理前双方交换诉讼文件、查阅证据的方式，因为这样既能使法院提前弄清双方证据真伪争议的症结，也能使双方当事人审前心中有数。[①]

自从审前程序从审判程序中分离出来而成为一个相对独立的程序以来，就各国近年来的发展趋势来看，审前程序并不仅仅发挥着为正式庭审活动而进行必要准备的单一功能，由于将原本在早先的诉讼审理程序中所做的事项提前至审前阶段，从而使审前程序功能日益完善，并且在此程序中为明确事实争点而进行的证据收集、发现与信息的交换，有可能对当事人的诉讼立场和观点带来实质性影响，加之程序规则本身会对当事人的一些不作为行为所产生的制裁性效果，所以使得审前程序自然或不自然地也成为解决纠纷、终结诉讼的一种程

---

① 邹学荣：《中英民事庭审制度之比较研究》，载《四川师范学院学报》2000年第3期。

式与手段。① 我国 2012 年《民事诉讼法》才对争点确定作出规定，尽管法庭调查顺序的规定、法庭调查和法庭辩论两阶段划分的规定，仍然与围绕争点举证、质证和辩论的规定存在一定程度的冲突。我国民事诉讼当事人可以不提交答辩状的规定不仅严重影响争点的整理和证据的固定，而且给来自当事人的诉讼突袭提供了条件。这就给我们带来了司法实践上的启示，即在要素式审判法中，一定要尽可能地让当事人填写《诉讼要素表》，或者召开庭前会议、归纳争议要素或争议焦点，以确定庭审重点，固定相同要素，分离出双方异议的要素进行重点审查，从而简化庭审，提高效率。

最高人民法院在所发布的《繁简分流意见》第九章中，提出了要发挥庭前会议功能，法官或者受法官指导的法官助理可以主持召开庭前会议，解决核对当事人身份、组织交换证据目录、启动非法证据排除等相关程序性事项；对于庭前会议已确认的无争议事实和证据，在庭审中作出说明后，可以简化庭审举证和质证；对于有争议的事实和证据，征求当事人意见后归纳争议焦点。这一指导意见，在本质上与要素式审判法所强调的先行固定相同要素、突出争议要素的庭前准备要求是相吻合的。我国目前正处于民事审判方式改革的关键期，民事争点整理程序作为庭审程序的重要组成部分吸引各方关注。我们应从集中审理角度出发，完善制度规定，尊重当事人权利自治，充分发挥争点整理程序在纠纷解决中的功能作用，让当事人在诉讼程序中体会到法律的公平公正。

三、我国对争议要素的审查方式

根据《民事诉讼法》的规定，其对当事人提出证据材料的时限性和阶段性是持相当宽容态度的。该法第一百四十二条第一款规定："当事人在法庭上可以提出新的证据。"这里的所谓"法庭上"，应当是指审理案件的开庭场所。从语义的逻辑结构看，提出新证据的时间最迟可以到最后一次开庭的法庭辩论终结之时。因此，我们说，最初在《民事诉讼证据规定》中确立的举证时限制度，是考虑提高法院办案效率而作出的一种突破性规定，它要求当事人必须在一定

---

① 毕玉谦：《对我国民事诉讼审前程序与审理程序对接的功能性反思与建构——从比较法的视野看我国〈民事诉讼法〉的修改》，载《比较法研究》2012 年第 5 期。

的时限内提交有关证据材料，否则视为证据失权，法官不得依据无效证据对案件作出裁判。然而，这个曾经令我们欢欣鼓舞的制度，在后来的贯彻落实中却被打了折扣。许多法官在审判实践中，已对民事诉讼当事人的举证时限进行了弱化处理。其中最有说服力的理由就是：当下我国当事人的诉讼能力低下，对举证时限的规定难以接受，往往导致法院在案件实体处理上的不公正。不过，这也仅是一种反映制度不客观的表面现象。

事实上，在民事诉讼法律制度中，我们经常会因为矛盾的存在而面临着价值的选择。比如，当事人自认可以产生法院直接认定事实的结果、民事诉讼实行高度盖然性证明标准的规定等，都是考虑法院诉讼效益和成本负担问题而设计出来的制度，其结果未必不会影响实体公正，但制度的安排实际上就是价值判断的结果，法律会按照宁可牺牲个案的公正，也要保全一个善良的制度去选择。而举证时限制度实际上也面临着这样一种选择。中国的举证时限制度是在矛盾中发展来的：一方面要提高诉讼效率，节约诉讼成本，希望能通过举证时限制度缓解眼下民事案件的压力；另一方面，分段式审理的方式又使举证时限制度受到冲击，严格的举证时限制度又常常引发裁判结果的明显不公正，客观上损害着司法的权威性。这就给我们带来一个举证时限制度价值选择的问题，即如何协调和平衡诉讼效率和裁判的实体公正之间的对抗。

还有一种现象是，在国内某基层法院的审判庭中，一件合同纠纷诉讼案件一审的法庭调查正在进行，双方代理律师为体现自己的"审慎尽职"，都按照"穷极有利证据"原则，事无巨细竭尽所能地提供对己方有利的证据。按照一般程序惯例，法官首先主持审查原告方所提供的36项证据，然后再是被告方所提供的24项证据，前后共60个证据的法庭调查，差不多用掉了整整一天时间。其间，一方当事人的代理律师按照事先编排好的证据顺序逐一介绍己方提供的全部证据，并论证该证据或该组证据能够证明哪些待证事实。此时最常见的情况是能够不断听到另一方当事人的代理律师反复重复一句话，"对该证据的真实性没有异议，关联性有异议，和本案无关"。有时对一些重要的证据，双方律师会发生争执，往往会有律师想在法官对该证据印象比较清晰时，围绕所举证据对整个案件的事实以及法律问题发表自己的意见，以便使法官加深对己方有利的印象；而对方律师自然也毫不示弱地加以反驳，于是唇枪舌剑就此展开，如果法官不加以制止，双方围绕一个证据的辩论可能半小时都难以结束。于是，担心庭审时间失控的法官就会不断制止律师超范围的发言，我们常常能听到法官这样指令:"就该证据的质证到此结束,法律问题和对整个案件的观点到法庭辩论时再讲。"即便是在庭审驾驭能力很强的法官有效组织下,庭审中绝大部分时间还是用在了审查证据的"三性"上,双方当事人进行法庭辩论的时间往往是有限的。如果当事人提出了新证据,可能还需要另定日期开庭质证。所描述的场景对于法官和律师来说可能都不陌生。如果遇到较为复杂的案件,在一个案件中双方当事人提供超过一百个甚至更多证据材料的情况也时有发生,仅仅法庭调查就用去数个工作日的情况并不鲜见。[①]

其实,我国也一直强调庭前准备工作,对争议要素的审查虽然可以作为庭前准备工作的一部分,然而不可否认的是,司法实践中对这项工作重视得很不够。在我国,争议要素的审查方式可以表现为"证据交换",也可以表现为"召开庭前会议"。如前所述,各国民事诉讼都在朝着审前程序独立化方向发展,而我国的证据交换制度也经历了较长一段时期。早在1991年的《民事诉讼法》中就有关于证据交换的规定,但都被融入到庭前准备的事务性工作之中了,证据交换的价值并未得到彰显和推广。1998年《最高人民法院关于民事经济审判方式改革问题的若干规定》、2001年《关于民事诉讼证据的若干规定》以及2012年《民事诉讼法》逐步将争点整理程序纳入证据交换之中,到2015年《民事诉讼法解释》的出台,再到2020年12月对《民事诉讼法解释》的修正,司法实务中探索多年的"庭前会议"均得以确立。2020年,最高人民法院在北京、上海等20个中、基层法院开展繁简分流试点工作,其在《民事诉讼程序繁简分流改革试点实施方案》第十三条中也明确规定,经庭前会议笔录记载的无争议事实和证据,可以不再举证、质证。这虽然为庭前会议的效力和价值指明了方向,但其具体如何实施,法律或司法解释依然阙如,并无较为体系化的指引性规范。

因此,无论是"证据交换"还是"庭前会议",司法实践中其运用率都不是太高,只有一部分案情较为复杂或当事人人数众多的案件才可能会运用。究其原因,一是缺乏体系化、规范化的操作指引,对性质效率、启动程序以及程序衔接均规定不明,证据交换中的核对证据与争点整理程序的规范要求,尚有差距;二是庭前会议中的证据交换与庭审程序的功能不清;三是司法资源配置方

---

① 章武生:《我国争点确定机制和庭审方式的反思与重构》,载《人民法院报》2016年7月15日。

面的影响与制约，因为案多人少的客观压力，虽然法官或法官助理都可以进行证据交换，整理争点，但这种被认为是浪费时间、影响办案效率的做法，不会被优先选择，何况法官助理不能配足已是普遍现象，其能否胜任争议要素审查工作也不无疑问，甚至有的法官助理还兼职书记员工作；四是尚未顺应繁简分流机制改革的方向，无论是复杂民事案件还是简单民事案件，庭前准备工作都是必须要做的，而如果将争议要素审查置于庭前，于复杂案件而言，可避免当事人证据突袭、多次开庭等情况，对于简单案件，庭前争议要素审查也不无必要，如果当事人之间的争议不大，也可提高庭审效率。①

需要说明的是，1991年《民事诉讼法》中的"证据交换"与2015年、2020年的《民事诉讼法解释》中的"庭前会议"，其实是两种不同的庭前准备方式，法院既可以组织庭前证据交换，也可以组织召开庭前会议。只是庭前会议的内容与证据交换的内容相比，前者会更为广泛些，其不仅包括组织证据交换，还可以将明确原告诉请、被告答辩、根据当事人申请调查收集证据、委托鉴定、证据保全、争点归纳甚至庭前调解等都作为庭前会议的内容。当然，即使是单纯的庭前证据交换，也要讲究方式方法，如庭前证据交换的方式、流程以及技巧。

在要素式审判法的基本操作中，即使是简单民事案件，也需要双方当事人在庭前填写《诉讼要素表》。如果当事人不会填写，还要求法官或者法官助理予以指导。那么填写要素表的过程，便相当于争点整理，往往就包含着证据交换，若双方同时在场填写，其形式则类似于庭前会议。这样，便可帮助当事人厘清关键事实和关键要素，让诉讼能力不强的当事人更有效地参与诉讼，从而根据《诉讼要素表》跟进裁判者的思维，去提供有利于己方的证据。②

---

① 涂冉竹：《从失效到实效：繁简分流背景下民事诉讼庭前会议的构建——以"精准分流"为视角》，湖北省法院系统第三十届学术讨论会获奖论文。
② 林遥：《民商事类型化案件要素式审判机制研究——以C市法院民事庭审优质化改革情况为样本分析》，载《法律适用》2018年第15期。

第五节　要素式庭审方式的操作要点

一、庭前准备中争议要素整理方法

正如前文所言，2012 年《民事诉讼法》才正式提及"争议焦点"，其第一百三十三条第四项规定①通过当事人交换证据明确需要开庭审理案件的争议焦点；2015 年最高人民法院出台的《民事诉讼法解释》第二百二十四条②首次提出"庭前会议"，第二百二十五条还将"归纳争议焦点"作为庭前会议的主要内容之一。这里的"归纳争议焦点"，就是我们所言的争议要素整理。

《民事诉讼法》及其司法解释显然扩大了审前准备程序功能，而作为审前准备程序重要内容之一的争议要素整理，必将成为其具体化运用的不可或缺的内容。而不可否认的是，立法者与司法者均意识到了争议焦点对于庭审乃至整个诉讼程序的重要价值，而且有的法院已经在有关庭前会议的规范中完全融入了争点整理的理念。③比如，江苏省高级人民法院要求，法官或者法官助理可以主持召开庭前会议，组织交换证据目录、启动非法证据排除等，对无争议事实在庭前会议中进行确认，待庭审中只作说明即可，对于有争议的事实和证据，征求当事人意见后归纳争议焦点，留待开庭重点审查。不仅如此，庭前会议中，还可以核对当事人身份情况、通过电子显示屏滚动播放法庭纪律、当事人诉讼权利和诉讼义务等，以为庭审节省时间。④再比如，《辽宁省沈阳市中级人民法院关于民事案件庭前会议（争点整理）的操作规程》第 8 条中就规定："庭前会议可以包括以下内容：（一）明确本案的审理方向（诉讼标的）；（二）整理法律争点；（三）整理事实争点；（四）整理证据争点。"因此，所谓证据交换和庭前会议，还只是一种形式上的方式，无论是证据交换还是庭前会议，其实在实务

---

① 现为《民事诉讼法》第一百三十六条第四项。
② 现为《民事诉讼法解释》第二百二十四条。
③ 参见刘韵：《精细化诉讼程序视域下民事诉讼争点整理现状及其发展》，载《法学家》2021 年第 2 期。
④ 参见 2017 年 9 月 5 日《江苏省高级人民法院关于深入推进矛盾纠纷多元化解和案件繁简分流的实施意见（试行）》（苏高发〔2017〕163 号）第 35 条、第 36 条。

中都承担着争议要素整理的实质性任务。

须知，争点整理对于要素式审判法的意义和作用更为重要。第一，对于当事人而言，庭前准备程序中的争点整理能够帮助双方当事人正确认识案情、证据和讼争方向，使其对争议的内容和目的有明确的认知。第二，对于法官而言，审前准备程序中整理的争点能够使其及时、准确地把握案件审理方向和主要案情，减少不必要的询问，有利于集中审理。第三，有助于当事人诉讼知情权的行使。通过法官助理在庭前的归纳、整理，当事人基本清楚了诉讼信息，并可根据所了解到的信息及时举证和提供证据线索，减少证据突袭，为当事人提供公平的程序保障。第四，有助于简案快审的价值目标实现。通过对当事人诉辩主张以及相关事实及其证据的整理，对案件的繁简程度以及可能出现的预期裁判结果能够作出初步的判断，对于相对简单的案件尽量庭前调解，不能调解的案件尽快安排开庭。最后，有助于提高庭审效率。争点的明确与固定，能够使庭审的方向明确具体，法官和当事人均能围绕争点展开诉讼活动。对于当事人无争议的事实和证据材料，可以直接作为认定案件事实的依据，对于有争议的事实和证据材料及时通过庭审质证、认证和辩论予以查明，以提高庭审效率。[①]因此，通过双方当事人各自所填写的诉讼要素表进行争点整理，筛选和确定有无争点及何为争点，为要素式庭审的高质与高效奠定基础。

要素式审判法是将许多事务性的工作前移，即将原来属于庭审中的一些事务移至庭前准备之中，合理分配审前程序与庭审程序的任务。要把原来法官开庭过程中的事务性工作交给法官助理在开庭前解决，最大化地发挥司法辅助人员的作用，不仅指导填写要素表，固定证据，归纳争议焦点，还可以组织庭前质证，制作《庭前会议记录》，不排除该庭前记录中包括庭前调解的内容记录。需要注意的是，在这个环节《诉讼要素表》的填写及其替代解决方法。因《诉讼要素表》的填写是一项专业性较强的诉讼行为，双方当事人并非都能熟练掌握，这往往会成为制约要素式审判法运用的一个瓶颈。法官在指导双方当事人填写要素表的过程中所投入的时间和精力，不仅会使开庭审理流于形式或成为事实上的重复劳动，而且会让人产生要素式审判法徒增工作量的印象，如果真是这样，则要素式审判法就不会得到基层法官的认同。《诉讼要素表》填写的要

[①] 杨凯：《法官助理和书记员职业技能教育培训指南》，北京大学出版社2016年版，第254页。

义，并不在于要有一个形式上的要素表装订入卷，而是在于发现当事人之间的无争议事实和争议焦点，为庭审的高效进行创造条件。在法官助理等辅助人员配置不足抑或无暇于庭前指导当事人填写要素表的情况下，法官完全可以利用庭前的一点时间，向双方当事人进行简单询问，同样可以达到发现争议焦点的目的，从而使要素式庭审得以顺利进行，尤其是针对较为简易的案件，这种方法确实简便易行。[1] 当然，一定要将庭前询问的结果内容在庭审时予以归纳，并记录在庭审笔录中。实际上，要素式审判法得以运用的最理想状态，就是由法官助理指导当事人填写要素表并对其进行归纳，并制作庭前会议笔录。[2] 我们也一直呼吁，要为员额法官配备足额的法官助理，至少应当为从事速裁的法官配足法官助理。否则，这种操作中的机制性障碍，难免会影响要素式审判法的运用效果。

需要特别说明的是，《诉讼要素表》中所列举的案件要素，只是一些通常的要素，原、被告双方所需填写的大多数要素相同，例如对一个保证合同纠纷而言，无论是原告填写还是被告填写，其基本要素都应当包括合同签订的时间、借款人、担保人、借款金额、借款日期以及期限、利率、保证方式、保证期限等，所不同的可能在于原告的诉讼请求与被告的抗辩理由方面。但是，对有的案件而言，可能用不了表中所列举的这么多要素，而有的案件可能所涉及的要素还不在表中，甚至双方当事人之间所存在的争议要素均不在要素表之中。有鉴于此，我们所设计的每张《诉讼要素表》中都有"其他需要说明的问题"一项，就是要允许个案中不属于基本要素的争议要素的存在。按照最高人民法院的要求，当事人在开庭前未填写要素表的，法院在审理时也可以按照要素表的基本要素，逐项当庭征求当事人意见，对双方无争议的要素予以确认并记入笔录；对于有争议的要素应重点审查。诉讼要素与案件事实有时是相互交织或者

---

[1] 滕威：《要素式审判方法之改进及其运用——提升民事庭审与文书制作效率的新思路》，载《人民司法》2019年第10期。

[2] 当然，笔者也了解到一些法院在审判辅助人员的配置方面所作的努力，从而使要素式审判法得以流畅进行。比如，山东省莒南县人民法院在立案大厅、人民法院的便民服务站等，张贴要素表的填写范例，为当事人填写表格提供参考。要素表由原告或其诉讼代理人填写，或者由专业律师、法官、陪审员、书记员等值班服务人员指导填写。该院将具备审判经验但没有进入法官职务序列资格的"法官"转为法官助理，建立由主审法官、陪审员、法官助理、书记员组成的"1+2+2+2"审判组合模式，并对审判团队成员进行合理分工。参见胡发胜主编：《要素式审判权运行机制研究》，山东人民出版社2017年版，第8页。

就是同一的，即诉讼要素往往就镶嵌在事实之中，所以，在实际操作中往往难以将案件的争议要素提取出来单独征求意见，而是直接审查所争议的案件事实而并不会刻意地提取要素，待案件事实查清了，所争议的诉讼要素也就得以确认了。

二、要素式审判法中的庭前会议

庭前会议的目的在于在庭审前进一步固定证据，整理争点，促进和解或庭前调解，辨别案件繁简，为需要开庭的案件做好充分的准备。从外在表现形式上说，庭前会议有两种：第一种是法官助理和书记员所组织的当事人和诉讼代理人，对《诉讼要素表》进行审核并对审前准备程序进行小结，更进一步地准确归纳固定争点，为一次开庭审结打下基础；第二种是合议庭或专业法官会议、法官助理、书记员等在庭前就案件可能涉及的程序和实体方面的问题进行的研究或讨论的会议。我们在这里着重就前一种形式的庭前会议进行阐释。

实务中应当避免两种倾向：一是将争议要素整理过程等同于《诉讼要素表》的填写，以及对《诉讼要素表》中案件要素的简单异同核对，机械指导当事人对要素表的填写，并未认识到《诉讼要素表》仅仅是所要提取的要素的载体，没有真正提取出有价值的要素或者遗漏要素；二是没有对庭前会议与庭审程序各自功能进行明确、具体的细化和区分，仅归纳无争议的要素和有争议的要素而未对证据交换情况进行归纳总结，或者把证据交换等同于质证，表现为越俎代庖。[①] 要素式审判法中的审前准备程序，就是要利用证据交换或庭前会议平台，从事实和证据两方面提取出审理案件所需诸要素，归纳无争议事实和证据以及有争议事实和证据，并找出争议焦点，从而完成对争议要素的整理。所以，要素式审判法通过当事人填写《诉讼要素表》固定无争议的事实，对于双方有争议的事实，应要求双方提供证据材料证明各自的主张以固定双方的证据。当事人填写《诉讼要素表》的过程也是接受法院指导举行庭前会议的过程，所以要素式审判虽然不刻意强调庭前会议形式上的召开，却能潜移默化地完成庭前会

---

① 王谦实：《谈要素式审判权运行背景下庭前会议与庭审程序的分工与结合》，载胡发胜主编：《要素式审判权运行机制研究》，山东人民出版社2017年版，第257页。

议所要达到的目标。①

对于填写了《诉讼要素表》之后而争点尚不能明确，或者不能促成和解或调解，而必须进入庭审程序的案件，法官或者法官助理和书记员才主持召开庭前会议。当召集的双方当事人及其诉讼代理人到场后，要进一步明确固定争议焦点，要通过倾听双方的陈述、辩论以及法官或法官助理的释明指导，发现存在争议焦点并加以固定，然后让当事人及其代理人围绕所固定的争点更有针对性地准备庭审质证和辩论，以防庭审突袭；在庭前会议中，要进一步整理证据材料，包括对证据材料合法性、关联性、客观性的初步审查，对证据材料形式要件的初步审查，对复印件与原件的核对，对有异议和有疑问的证据材料的质疑、审核、鉴定，对证人证言的确认等；在这样一套程序过后，当事人通常都会对诉讼可能的预期结果有了方向性的预测，会判断出自己在诉讼中是否具有败诉风险或者是否能够胜诉，从而可能会转过来追求和解或调解，此时法官或者法官助理应当审时度势地尽量促成当事人通过利益衡量而达成调解协议。当然，对上述一切诉讼活动，都应当如实记入笔录。

庭前会议中有一项内容是证据交换。虽然庭审中也可以进行证据交换，但在庭前会议中进行证据交换会更节省庭审时间，提高庭审效率。庭前证据交换的目的主要在于发现证据、查证事实，所以法官或法官助理在组织进行庭前证据交换的过程中，应当重点注意证据交换的实效性。当然，证据交换的启动应以确有必要为前提，然后基于当事人的申请或者法院主动组织进行证据交换。庭前证据交换可采取以下几种方式：一是简单证据交换，即法院在原告起诉时即收取证据材料，并在向被告送达副本时一并送达该证据材料，同时告知其举证责任、举证期限以及后果，准备开庭；二是邮寄证据交换，即双方进行证据材料互换，法院将一方提交的证据材料邮寄给另一方；三是当面证据交换，即由法官或者法官助理、书记员通知当事人或者诉讼代理人，在某一时间到法院，在法官或者法官助理主持下，让双方商量举证期限和分配举证责任，让双方向法院和对方当事人提交证据材料；四是不唯证据交换，即对一些证据材料相对复杂的，可以组织双方对提交的证据材料进行解释或陈述，了解并归纳争议焦点，分配举证责任，据此了解双方当事人对对方所提供证据材料的初步意见，

---

① 黄振东：《要素式审判：类型化案件审理方式的改革路径和模式选择》，载《法律适用》2020年第9期。

掌握庭审重点，为正式开庭做好准备。尽管有上述几种证据交换方式，但并不影响特殊情况下可多次证据交换。因为在当事人一方提供证据材料后，对方可能需要取得新证据或反证，或者需要延期举证等情况，就会需要进行多次证据交换。不过在这种情况下，一定要提醒当事人在合理期限内提交证据材料，以防当事人故意拖延诉讼，原则上不超过两次证据交换，否则按照超期举证对待和处理。

2020年，最高人民法院在《民事诉讼程序繁简分流改革试点实施方案》中规定：对于庭前已经完成的程序性告知，庭审时可不再重复；对于庭前会议笔录中记载的无争议事实和证据，效力可及于庭审阶段，避免重复认定；开庭前已经通过庭前会议或者其他方式完成当事人身份核实、权利义务告知、庭审纪律宣示的，开庭时可不再重复；对于庭审过程，可以打破固有的庭审阶段，围绕案件要素展开；经庭前会议笔录记载的无争议事实和证据，可以不再举证、质证。可见，要素式审判法中的庭前争议要素整理，必须要通过填写要素表、证据交换、庭前会议等形式完成，而庭前会议并不限于对争议要素的整理，还可以进行庭前和解和庭前调解。

为此，我们对《庭前会议笔录》，拟作如下模板式设计：

庭前会议笔录

时间：

地点：

主持人：

书记员：

（书记员查明当事人身份信息）

原告：

被告：

主持人：根据《中华人民共和国民事诉讼法》第136条以及《最高人民法院关于适用〈中华人民共和国民事诉讼法〉的解释》第224条的规定，今天就原告×××与被告××××纠纷一案召开庭前会议。本案由×××法官承办。本次庭前会议由×××主持，书记员×××负责记录。双方是否听清？

原告：

被告：

主持人：本案立案时要求原告填写诉讼要素表，在向被告方送达起诉状副本、应诉通知书、诉讼要素表等诉讼材料时，也要求被告填写诉讼要素表。根据双方所填写的要素表，现在由双方当事人分别对对方填写的要素表发表意见，主要明确自己认可的和有异议的要素。首先由被告发表意见。

被告：

主持人：原告发表意见。

原告：

（这个过程需要耐心释明，确定无争议要素，并尽量缩小异议要素）

主持人：根据双方当事人各自所填写的要素表以及刚才对对方所填要素表的意见，经核对审查，双方对_____等要素事实没有异议，只对_____等要素事实（证据材料）有异议。（主持人可进一步加以说明和解释，力争归纳准确、完整）下面就有争议的要素进行证据交换，也就是说，各自就自己与对方不同的主张提供证据材料（证据材料较多的，可由主持人指导双方依次或分类提供）。

（双方依次进行举证和质证）

主持人：双方有无新的意见需要补充？

原告：

被告：

主持人：经过刚才的质证，双方对以下事实没有争议，……。但还存在以下争议，……。双方对本人所作的归纳总结，是否听清？有何意见？

原告：

被告：

主持人：根据庭前会议的情况，现在征求一下你们双方意见，是否愿意在本人主持下对本案进行调解？

原告：

被告：

（主持人应根据情况进行处理：调解成功的，提请法官审核把关，并制作调解书由法官签发；调解不成功的，则提请法官择日开庭）

三、要素式庭审中的庭审小结

庭审小结，是法官在开庭审理的各阶段分别对审判活动的主要内容进行归纳、总结、释明、指导的庭审活动，是充分利用司法资源，减少庭审无效环节的好方法，也是在审判方式改革中探索出来的一个经验。最早是在最高人民法院于1998年发布的《关于民事经济审判方式改革问题的若干规定》中出现的类似内容，其中第十四条规定："法庭决定再次开庭的，审判长或者是独任审判员对本次开庭情况应当进行小结，指出庭审已经确认的证据，并指明下次开庭调查的重点。"后来，最高人民法院又在《简易程序规定》第二十五条中规定："庭审结束时，审判人员可以根据案件的审理情况对争议焦点和当事人各方举证、质证和辩论情况进行简要总结，并就是否同意调解征询当事人意见。"当然，两份文件中的措辞分别用了"进行小结"和"简要总结"，前者是庭审还在继续进行中的阶段性小结，而后者是在庭审即将结束时的总体小结，节点不同。

从现有法律规范来看，立法对庭审小结明显缺位，缺少法律规定，也无详尽权威的规范性文件指导，这多少导致法官是否要在庭审中进行小结，具有了选择性和一定的随意性。甚至有些法官还比较排斥庭审小结，认为庭审小结会提早暴露法官的裁判意见，不利于案件的调解，或者认为庭审小结容易让当事人预知案件可能的裁判结果而对法官施加各种压力。实际上，庭审小结是法官综合素质的体现和理性判断的结晶，一个规范的庭审小结对法官要求比较高，不仅要求法官具有深厚的法律知识功底，还要有司法经验的积累，驾驭庭审的能力，准确的语言表达能力。法官敢于就案件事实、证据认定、法律适用等方面进行充分的论证和说理，敢于充分展示证据在心中的内心确信思维过程和理由，敢于公开裁判结论所赖以形成的逻辑判断或自由裁量理由，也是法官司法能力水平的具体体现。

司法实践中，庭审小结一直就是庭审方式改革中的重要内容，许多法院都会在庭审考核中将庭审小结作为法官庭审能力、庭审规范化的基本内容。最高人民法院就曾下发过关于民商事案件的庭审评查指导标准，在其庭审评查表的分项栏目中，要求"庭审小结规范、准确、完整"，并且在满分为100分的占比中，庭审小结占有10分。通常情况下，要在庭审的各个阶段或每次庭审结束时进行庭审小结，并要在庭审完全结束时进行庭审总结。庭审小结或庭审总结通常包括以下几方面的内容，即：当事人的诉辩意见；当事人无争议的事实以及争议焦点；明确分配当事人的举证责任；阐释认证的过程及理由。因此，法官所作的庭审小结，是要对当事人的诉辩作出回答和呼应，是高效查明案件事实，指挥庭审有序进行的一个基础工作，而不仅仅是归纳双方当事人的争议焦点。

值得注意的是，庭审小结虽然是法官作出的，但其内容必须要以当事人在庭审中所提出的主张和证据为依据，并且可以允许当事人提出异议，以此保证法官所作的庭审小结不超出查明案件事实所需。而且庭审小结是法官与当事人围绕案件事实与法律适用进行沟通和交流的一个技术安排，意在通过小结形式进行沟通和交流，尽早在当事人之间达成共识，使庭审能够快速顺畅地进行到底，以提高庭审效率。这样一个价值导向与要素式审判法的目标高度一致，而且要素式审判法应离不开庭审小结。

首先，要素式审判法对庭前准备工作要求相对较高，法官必须要做好庭前准备工作，特别是对当事人无争议的事实与有争议的事实要有所掌握，对庭审可能需要的案件资源信息做到心中有数，这样才可能拟出完备的庭审提纲。而庭审小结也要求法官做好庭前准备，如法官在庭前连案卷都不看便仓促开庭，很容易对案件争议焦点与当事人之间的法律关系拿捏不准，因此一个好的庭审小结必然来源于充分的审前准备。

其次，要素式庭审的简洁与高效，更需要法官通过庭审各阶段的小结来引导庭审，也就是说，要素式审判法更需要利用庭审小结与当事人、具体案件、庭审效率相契合，更加讲求庭审小结的针对性，以免庭审的虚化与漫无边际，从而影响庭审效率。

再次，庭审小结需要与裁判文书制作相对接，特别是庭审后的最后一次庭审小结内容，不应当与裁判文书的内容相冲突，庭审小结中对案件证据或事实的评价，对法律适用的分析等法官思维，最终会体现在书面的裁判文书之中。我们一直主张，"民事简式文书体例设计，一定要与庭审中的无争议事实的认定、有争议事实的认定说理以及裁判理由相结合，这样才能出具不载明详细裁判理由的简式文书。""要素式审判法，就是要通过填写要素表或者由法官庭前整理争议要素，从而在庭审中仅对争议要素重点审查和认定并给出理由，这为简式文书不说理或简要说理奠定了基础。"[①] 这里的"审查和认定并给出理由"，就

[①] 滕威、刘龙：《民事简式文书体例结构的改进与优化——裁判文书"瘦身"的原理及其统一适用》，江苏省法学会民事诉讼法学研究会2021年年会二等奖论文。

需要通过庭审小结的方式进行表达。因此，要素式裁判文书的不说理或少说理，要基于庭审小结或庭审总结中的分析与说理。

当然，庭审小结是法官庭审质量的关键，要防止庭审小结失当现象发生，包括怠于庭审小结、机械或形式化庭审小结、误导当事人的庭审小结、错误的庭审小结等。要避免这些现象的发生，就要树立尊重当事人诉讼权利的理念，赋予当事人当庭异议权。经审查认为异议成立的，应当改变之前的庭审小结内容；认为异议不成立的，可以口头予以驳回并说明理由。如果庭审结束后当事人认为法官的庭审小结有误，或者法官自己发现庭审小结有误的，应当重新开庭予以纠正，并当庭说明情况。上述这些活动都应当记入庭审笔录。

四、要素式庭审的庭审记录

要素式审判法中的要素式庭审方式必然会通过要素式庭审笔录予以反映。《最高人民法院关于人民法院庭审录音录像的若干规定》对庭审记录的改革工作的适用范围、操作规程作了基本要求，以庭审录音录像代替开庭笔录，既是智慧司法的成果，也是提升司法效率的较好举措。不过，虽然这种先进的庭审操作方式能提高司法效率，节省司法资源，但毕竟没有庭审笔录，法官如果都凭自己的记忆对案件进行裁判，难免发生错漏，即使是适用要素式庭审方式的简单民事案件，也难免因没有书面庭审笔录而出现偏差。因此，我们认为，要素式庭审笔录一定要与要素式审判法的基本要求相结合。通常情况下，对于劳动争议案件、机动车事故损害赔偿纠纷案件、民间借贷纠纷案件等简易案件，要通过《诉讼要素表》的填写与归纳梳理，让当事人签字确认。这样，法官在庭审中便会对若干无争议的要素事实径行确认，而庭审记录的主要工作量只落在对争议要素的审查上。具体而言，在要素式庭审中，通过对双方《诉讼要素表》的比对，有争议的要素将会一目了然，这非常有利于庭审的逻辑性与条理性，能有效克服法官的记忆偏差与疏漏。

要素式审判法要求法官对双方当事人有争议的事实，通过庭审举证、质证尽可能地当庭认证，最终当庭裁判。因此，法官需要将当庭认证的内心确信，用语言当庭表达出来，法官也要将对案件的裁判理由当庭阐释出来，这必然导致所谓的要素式庭审方式，实际上是要素式庭审笔录＋庭审的录音录像。庭审前，可将审理要素提前告知当事人；庭审中，法官的审理思路也一以贯之，审判任务由法官一个人承担；庭审后，当事人能够对庭审录音录像的完整性予以确认。较之传统的审判模式，司法过程能得到更为全面、透明的展示，当事人可质疑的内容、对象都将有所缩限，能够有效防止当事人因限于主观误区而怠于举证或因法官心证不明引发当事人的合理怀疑。[1] 当然，即使是法庭硬件水平尚不能满足庭审录音录像，或者法官在主观上不愿意单一地采用庭审录音录像方式而需要书记员跟庭记录的，上述方法也同样能够发挥作用。只要庭审书记员充分地利用好《诉讼要素表》、重视庭前会议记录以及庭审小结，其在要素式庭审方式中的庭审记录工作量，定会明显地减轻。

第六节　要素式庭审提纲及其操作实例

一、要素式庭审提纲

尽管在前文中我们已经有了要素式庭审方式的设计方案，主要是提出了一些基本做法，比如要求法院在开庭审理时应当围绕事实要素推进庭审，通过审查当事人填写的要素表，归纳无争议事实，对无争议事实结合相关证据直接确认；对于有争议事实梳理证据、归纳焦点，确定庭审调查重点，引导当事人举证、质证和辩论；庭审不受法庭调查、法庭辩论等顺序的限制。[2] 但实务中还需要更为具体的可以重复操作的操作规范，最好能有一个通用的要素式庭审提纲。不过需要强调的是，重复最本质的要求是严格的规范，没有规范就不能重复。当然，即便有了一个比较通用的要素式庭审提纲，也仍然需要法官调动当事人的诉讼积极性，在庭审当中随机应变。只有不断精确的重复才能产生熟练，而熟练又是一个职业法官训练有素的标志之一，须知，精湛而熟练的庭审也能够增强当事人对法庭的信任。以下要素式庭审提纲，仅供法官在司法实务中参考。

---

[1] 丁德宏、沈烨：《要素式审判方法在庭审记录改革中的运用》，载《人民法院报》2017年11月29日。

[2] 参见《青岛市中级人民法院关于在民商事案件中实行要素式审判的若干规定（试行）》第七条、《苏州市中级人民法院关于在全市基层法院推行"要素式审判"的实施意见》。

要素式庭审提纲

（宣布法庭纪律、宣布开庭、审查当事人身份情况、宣布案由及审判组织、询问当事人是否申请回避）

法官："本案将适用要素式庭审方式进行审理。所谓要素式庭审，就是根据双方当事人庭前填写的要素表（或庭前向法官所作的陈述），对双方无争议的事实径行确认，不再进行审查。重点对有争议的事实进行审查，双方是否清楚？"

原告：……

被告：……

法官：请原告明确自己的诉讼请求（有无变更）？

原告：……

法官："根据双方当事人庭前填写的要素表（或庭前对案件事实的陈述），双方对以下事实没有争议，本庭将不再审查：……"

"现在双方有争议的事实是：1.……；2.……；双方有无异议？"

原告：……

被告：……

（法官围绕争议焦点，引导当事人举证、质证。……）

法官："根据双方举证、质证，（……阐述认定的事实，简要说明理由）"

法官："原、被告是否还有补充意见？"

原告：……

被告：……

法官：原、被告是否愿意在法庭主持下进行调解？

原告：……

被告：……

（双方达成协议的，制作协议书和调解书；双方不能达成协议的，法官宣布调解未成，择日宣判）

（当庭宣判的）法官："本院经审理查明，本院认为，……。依照……之规定，现在进行宣判！"

书记员：全体起立！

法官：判决如下：一、……；二、……。案件受理费由……负担。有关本案的事实均已记录在案，当事人如有需要，可以申请复制庭审笔录。因本案案情简单，本院将出具不载有详细裁判理由的要素式判决书，将在闭庭后三日内向双方送达。如不服本判决，可在判决书送达之日起十五日内向本院递交上诉状一式三份，上诉于××省××市中级人民法院。双方听清楚了没有？"

原告：……

被告：……

法官："本案判决书将在……日内向双方当事人送达，现在闭庭！"

庭审说明

1. 要素式庭审与普通庭审的主要区别在于，主审法官将根据当事人双方在庭前填写的要素式表格，确定争议要素，主审法官根据争议要素进行审理。

2. 庭审中主审法官根据诉讼要素表，确认双方无争议的事实。

3. 要素式庭审不要求将所有证据材料进行出示，只对双方有争议的事实进行举证、质证，也不区分法庭调查、法庭辩论以及最后陈述阶段，可由当事人一并陈述。

4. 当事人在开庭前未填写要素表的，法院在审理时可以要素表的基本要素为线索，逐项当庭征求双方当事人意见，对双方当事人无争议的要素予以确认并记入法庭笔录；对于双方有争议的要素应重点审查，能当庭认定或确认的，应当庭予以确认并记入笔录。对于无争议要素的证据可以不用质证，证据的展示和质证只需围绕争议要素展开。

二、要素式庭审操作实例

运用要素式庭审方式开庭审理案件，一般都会在庭前要求双方当事人填写《诉讼要素表》，通过庭前准备程序中的争议要素整理，明确争议焦点，为要素式庭审奠定基础，目的是让法官主要围绕有争议的要素进行审查，从而提高庭审效率。为了能获取直观上的认知，我们将通过几个实例（非小额诉讼程序）对要素式庭审的具体操作过程进行演示。

实例一：双方对事实要素无争议情形

原告蒋×洁与被告某市商贸城开发有限公司劳动争议一案，原告的诉讼请求是：要求被告支付拖欠的工资款33855元。

双方根据之前设计的《诉讼要素表》进行填写，其中基本诉讼要素均包括合同约定工资数额及构成、应领工资数额、实领工资数额、欠发工资数额、劳动争议仲裁相关时间、结果等。原告蒋×洁所填写的要素表内容是：入职上班时间2016年9月10日、任公司财务经理时间2020年2月10日、年薪报酬为10万元（每月6000元，年底补差额2.8万元）、拖欠工资为2019年12月份以及补齐差额共33855元。

被告某市商贸城开发有限公司填写的要素表内容，是在"其他需要说明的问题"一栏中填写了"原告主张属实，但目前公司困难，无力支付"。

法官在比对各方填写的《诉讼要素表》后发现，此案的争议焦点就在于被告应当如何支付尚欠的原告工资，比较简单，庭审也不会花很长时间。庭审中，法官在询问当事人是否申请回避以后，便直接进入实质性环节。

法官："本案将运用要素式庭审方式进行审理。所谓要素式庭审方式，就是根据双方当事人庭前所填写的《诉讼要素表》或庭前双方向法官所作的陈述，对双方无争议的事实要素径行确认，不再审查，重点对有争议的要素进行审查。双方是否听清楚？"

当事人均回答"听清楚了"。

法官继续说："根据双方当事人庭前填写的要素表（并召开了庭前会议），经过归纳整理，对以下事实没有争议：原告蒋×洁于2016年9月10日到被告公司工作，2020年2月10日任公司财务经理、约定年薪为10万元（每月6000元，年底补差额2.8万元），现在被告某市商贸城开发有限公司尚欠原告蒋×洁工资为2019年12月份的6000元以及应补齐的差额，一共为33855元。对该无争议的事实本院予以确认。"

法官归纳："原告要求被告立即支付尚欠的工资以及补差，而被告方称暂无力支付。所以，双方现在存在的争议焦点只是被告方怎么支付拖欠的工资款，双方有无异议？"

原、被告："没有异议。"

法官问："双方当事人能否考虑在法庭主持下协商解决纠纷？"

被告某市商贸城开发有限公司回答："目前单位经营困难，确实无力支付。"

见此情形，原告蒋×洁当庭表示："对方一点诚意也没有，我不愿意调解，请法庭依法判决吧。"

法官："既然双方不能协商达成协议，调解不成，现在进行宣判：本院认为，根据庭审中确认的案件事实，原告蒋×洁为被告某市商贸城开发有限公司提供劳动，被告应当按照劳动合同的约定足额、及时支付原告的劳动报酬。依照我国《劳动合同法》第三十条、《民事诉讼法》第一百四十二条①的规定，判决如下：被告某市商贸城开发有限公司于某于判决生效后十日内支付原告蒋×洁工资33855元。如果未按本判决指定期间履行给付义务，应当依照我国《民事诉讼法》第二百五十三条②规定，加倍支付迟延履行期间的债务利息。案件受理费10元，本院免予收取。有关本案的事实均已记录在案，当事人如有需要，可以申请复制庭审笔录。由于本案案情简单，本院将出具不载有详细裁判理由的要素式判决书。判决书将在庭后送达给双方当事人。如不服本判决，可在判决书送达之日起十五日内向本院递交上诉状一式三份，上诉于××省××市中级人民法院。现在闭庭！"

此案庭审用时大约10分钟，当庭结案。

实例二：双方对部分事实要素有争议情形

在陈某芹诉被告陈某月、被告中国人民财产保险公司某分公司的机动车交通事故责任纠纷一案中，原告提供的《诉讼要素表》填写了以下内容：事故发生时间是2018年11月13日20时50分许；地点在母爱路美墅小区南门西侧50米处；肇事车辆为小型轿车；碰撞方式为与推着自行车步行的杨某发生碰撞；碰撞结果为杨某、陈某芹受伤及车辆损坏；交警部门认定结果是陈某月负本起事故的全部责任；医疗费40281.11元；受害人获赔情况是杨某的赔偿事宜已在另案中处理，陈某芹未获赔偿（除了本次医疗费外的其他费用待二次手术后另行主张）。

被告陈某月的《诉讼要素表》填写的内容是：事故发生的经过（与原告填写一致）、交警部门认定结果是陈某月负全部责任、医疗费请法庭审查认定、车辆所有人陈某月、年检有效期至2020年2月、有无购买保险一项填写有、交强险保险公司名称为中国人民财产保险公司某分公司、有无购买商业险填写有、商业保险公司的名称填中国人民财产保险公司某分公司、保险内容填写投保交

---

① 现为《民事诉讼法》第一百四十五条。
② 现为《民事诉讼法》第二百六十四条。

强险和商业三责险 50 万元，不计免赔。

被告中国人民财产保险公司某分公司的《诉讼要素表》填写的内容主要是：对事故发生经过填写"无异议"；对交警部门认定结果无异议；医疗费意见填写对实际发生数额无异议但要求扣除 15% 的非医保用药；陈某月购买了交强险与商业三责险，不计免赔；交强险限额 1 万元已在杨某案件中赔付。

法官看完各方填写的要素表后发现，此案的争议焦点主要是非医保用药是否应当扣除，而对其他事项争议不大。庭审的重点就审查是否存在非医保用药，如果有，数额是多少。法官在询问双方当事人是否申请回避得到回答后，便进入庭审的实质性环节。

法官："本庭将适用要素式庭审方式审理本案。所谓要素式庭审，就是根据双方当事人庭前填写的诉讼要素表、对双方当事人无争议的事实要素进行确认，不再审查。重点对有争议的要素进行审查，双方是否听清楚？"

当事人均回答"听清楚了"。

法官："根据双方当事人庭前填写的《诉讼要素表》（并召开了庭前会议），经过归纳整理，目前双方对以下事实无争议，本庭将不再审查：2018 年 11 月 13 日 20 时 50 分许，被告陈某月驾驶的小型轿车，沿母爱路由东向西行驶至美墅小区南门西侧 50 米处时，与在道路上步行的陈某芹及推自行车步行的杨某发生碰撞，造成原告陈某芹受伤及车辆损失。经交警部门认定，被告陈某月负本起事故的全部责任。小型轿车为被告陈某月所有，其年检的有效期至 2020 年 2 月。该车在被告中国人民财产保险公司某分公司投保交强险及商业三责险 50 万元，投保不计免赔，本起事故发生在保险期内。对上述归纳诉讼要素，双方有无异议？"

原、被告："没有异议。"

法官："本案中双方有争议的事实是：原告的医药费是否存在非医保用药？是否应当扣除 15% 的比例？首先由原告陈某芹提供有关用药情况的证据材料。"

原告陈某芹："我向法庭提供门诊病历、欠费证明、用药清单、出院小结、出院诊断证明书、4 张门诊发票，这些都可以证明我的诉讼请求全部是合理的。"

法官："由被告陈某月对此进行质证。"

被告陈某月："这个我不懂，请法庭核查。"

法官："由被告保险公司进行质证。"

被告保险公司："对原告提交的这些证据的真实性没有异议，但要求扣除非医保用药，按照15%的比例扣除。"

法官："被告保险公司要求按照15%扣除非医保用药，对此是否有证据提供？"

被告保险公司："我们有保险条款的规定啊，庭后可以提供给法庭。"

法官："原告方对此是什么意见？"

原告陈某芹："我认为，保险条款并不能证明所应当扣除的非医保用药。"

法官："被告陈某月对此是什么意见？"

被告陈某月："我根本不知道有什么保险条款可以扣除15%非医保用药，从没听说过。"

法官："关于被告保险公司要求按照15%扣除非医保用药的问题，本庭认为，即使有扣除非医保用药的保险条款约定，在投保人不予认可的情况下，被告保险公司亦未提供证据证明其已就免责条款向投保人履行了明确说明的义务，对被告保险公司的该抗辩意见，本庭不予采纳。各方当事人还有其他补充意见吗？"

齐答："没有。"

法官："双方当事人能否考虑在法庭主持下协商解决纠纷？即是否愿意调解？"

被告陈某月："调解可以，但必须按照我方不承担任何责任进行调解。"

被告保险公司："那就请依法判决吧。"

法官："本案调解不成。因肇事车辆在被告中国人民财产保险公司某分公司投保交强险及商业三者险50万元，投保不计免赔，鉴于交强险限额1万元已经在杨某案件中予以赔付，又因被告陈某月负本起事故的全部责任，故原告陈某芹受伤所花的医疗费，均应在商业三者险赔偿范围内，由被告保险公司予以赔偿。现在宣判：根据我国《侵权责任法》第六条、第十六条、第四十八条，《道路交通安全法》第七十六条第二款，《最高人民法院关于审理道路交通事故损害赔偿案件适用法律若干问题的解释》第十六条，以及我国《民事诉讼法》第一百四十二条之规定，判决如下：被告中国人民财产保险公司淮安分公司在商业三者险范围内赔偿原告陈某芹医疗费40281.11元，于本判决生效后10日内支付。有关本案的事实均已记录在案，当事人如有需要，可以申请复制庭审笔录。由于本案案情简单，本院将出具不载有详细裁判理由的要素式判决书，判决书将在庭后送达给双方。如不服本判决，可在判决书送达之日起十五日内向本院递交上诉状一式三份,上诉于××省××市中级人民法院。现在闭庭!"

这个庭审显然也是较为高效的。

实例三:双方对争议要素涉及法律适用情形

在保证合同纠纷中,关于保证合同的成立是否有瑕疵、合同是否有效往往也会成为案件的争议要素。在本案例中,被告于某在其妻李某不知情的情况下,以李某为借款人,自己为保证人,在一家商业银行借款5万元,并分别签订了借款合同与保证合同各一份,约定借款期限为10个月,借款利率约定为6.35‰,此款被于某用于做生意。借款到期后,被告仅归还1万元本金。后某商业银行起诉。要求被告李某、被告于某偿还尚欠借款本息。

庭审前,原、被告双方均填写了《诉讼要素表》。原告某商业银行就《诉讼要素表》中的以下内容进行了填写:借款时间、借款金额、借款人、担保人、借款时间及期限、利率、已归还数额、尚欠本金与利息;

被告李某是在《诉讼要素表》中"其他需要说明的问题"一栏中填写的,内容为"本人对此笔贷款情况不明";

被告于某所填写的《诉讼要素表》内容包括:借款时间、借款金额、借款人、担保人、借款时间及期限、利率、已归还数额。在"其他需要说明的问题"一栏填写了"此款用于做生意,李某不知情"。

法官在看完各方填写的《诉讼要素表》并进行对照后发现,此案的争议焦点在于借款事实是存在的,意味着原告某商业银行与被告于某对"借款时间、借款金额、借款人、担保人、借款时间及期限、利率、已归还数额"等事实要素是没有争议的。所争议的是此笔贷款究竟谁应当清偿。庭审的重点就在于订立合同的情况,被告李某究竟是否知情,知情了则不能免责,不知情则存在合同当事人意思表示有瑕疵,关乎对合同效力的判断。

庭审中,法官首先声明:"本庭将适用要素式庭审方式审理本案。所谓要素式庭审,就是根据双方当事人庭前填写的诉讼要素表、对双方当事人无争议的事实要素进行确认,不再审查。重点对有争议的要素进行审查,双方是否听清楚?"

当事人均回答"听清楚了"。法官继续说:

"根据双方庭前所填写的《诉讼要素表》(并召开了庭前会议),经过归纳整理,双方对以下事实无争议,本庭将不再审查,即被告于某曾于×年×月×日在某商业银行借款5万元用于做生意。借款期限为10个月,借款利息率为

6.35‰，已归还本金1万元，尚欠本金4万元及相应的利息。对上述归纳，双方有无异议？"

原、被告："没有异议。"

法官："双方有争议的事实是：被告李某是否是借款人？被告于某实际使用借款，是否是担保人？对借款关系主体问题，原告向本庭提供了两份合同，那么首先请原告方陈述一下订立合同的经过情况。"

原告某商业银行："具体订立合同的过程不太清楚，都是我们地方上的信贷员具体操作的。"

被告李某质证说："我从没见过这两份合同，借款合同上的名字也不是我签的，我根本不知道借款这回事。"

被告于某质证说："这两份合同都是我与某商业银行签的，是我偷拿了李某的身份证找信贷员办理的，当时是以李某的名义借款，我来做保证人，5万元也是我用的，这个事情李某确实不知道。"

法官就此征求原告某商业银行意见，某商业银行回答："订立合同的具体经过情况不太清楚，但借款确实是被告于某所用，所以二被告应继续归还尚欠的借款本息。"

至此，案件基本事实已经查清。法官："根据双方当事人所提供的证据材料以及刚才的当庭陈述，被告于某是在被告李某不知情的情况下，将李某作为借款人、于某自己作为担保人与原告某商业银行签订的借款合同与保证合同，本庭对该事实予以认定。原告某商业银行就事实部分还有什么需要补充或有何意见需要发表？"

原告某商业银行："没有补充和需要说的，现在就要二被告尽快归还尚欠的借款本息。"

法官询问："被告李某、于某是否同意归还借款？可在法庭主持下为你们双方进行调解？"

被告李某："此事跟我无关，只要不让我还钱，你们怎么调解我都没意见。"

被告于某："我可以归还，但一次性归还确实有难处，我做不到，请原告方能给我一年时间，保证本息还清。"

被告某商业银行："需要一年的时间，这是绝对不可能的。"

法官："既然双方不能协商达成协议，致调解不成。本院认为，本案中，被告于某以虚假的意思表示，在其妻被告李某不知情的情况下，以李某为借款人、自己为担保人与原告某商业银行签订了借款合同与保证合同，该借款合同和保证合同均应属无效。被告于某将所借款项5万元用于做生意，应当全部返还并赔偿相应的借款利息，被告李某不应承担还款责任。被告于某已经返还的1万元本金，应予扣减。依照我国《民法典》第一百四十六条、第一百五十七条以及第六百八十二条的规定，现判决如下：一、被告于某于判决生效后十日内返还原告本金4万元并赔偿原告的借款利息损失；二、驳回原告要求被告李某偿还借款的诉讼请求。案件受理费由被告于某负担。有关本案的事实均已记录在案，当事人如有需要，可以申请复制庭审笔录。由于本案案情简单，本院将出具不载有详细裁判理由的要素式判决书，判决书将在庭后送达给双方。如不服本判决，可在判决书送达之日起十五日内向本院递交上诉状一式三份，上诉于××省××市中级人民法院。闭庭！"

此案庭审用时大约20分钟，当庭结案。

第四章 要素式裁判文书的理论与实务

第一节 我国民事裁判文书制度改革概览

一、民事裁判文书改革概览

（一）民事裁判文书的"92样式"及其改革要求

1982年《民事诉讼法（试行）》颁布以后，最高人民法院由民庭、经济庭联名制发了70种《民事诉讼文书样式》，要求一审、二审、再审的判决书必须写明判决的理由和适用的法条。到1987年6月底，最高人民法院便成立了法院诉讼文书研究小组，按照当时最高人民法院郑天翔院长提出的"要提高裁判文书质量"的原则，依照法律、参考审判实践经验和司法文书学的研究成果，于同年底，完成了《法院诉讼文书样式（试行）》的征求意见稿，经过广泛征求意见和反复修改，于1992年6月下发了《法院诉讼文书样式（试行）》（以下简称"92样式"）。当时提出了这样一个总的要求：文书的内容要素要齐备，讲理讲法讲证据，增加透明度，写清事实、证据、理由和处理结果之间内在的逻辑关系，使裁判文书具有充分的说服力和权威性。"92样式"自1993年1月1日施行以来，对提高裁判文书质量和办案质量起到了很大的作用。人民法院也据此作出了一批优秀的裁判文书。1993年，最高人民法院下发了52份裁判文书实例选编，对文书的质量提出了更高的要求。

1998年7月，最高人民法院有关领导在全国高级法院院长会议上也从贯彻公开审判制度，保证公正执法的高度，强调了要提高裁判文书的质量，其中一个重要的内容就是要求裁判文书要加强说理。会议强调：大力提高裁判文书制作水平，增强裁判文书的针对性、说理性、逻辑性、法律性。

随着我国政治、经济体制改革的全面深入，我国人民法院也在改革中发展前进。1998年最高人民法院公布并实施了《关于民事经济审判方式改革问题的若干规定》，对庭审方式进行了大胆的改革，强化了庭审的功能。最高人民法院又于1999年公布实施了《人民法院五年改革纲要》，加快了人民法院的改革步伐。2000年6月19日，最高人民法院召开新闻发布会，宣布从2000年开始，将有选择地向社会公布该院审理案件的判决书和裁定书，并要求各级人民法院逐步做到裁判文书向社会全文公布。2000年8月，《最高人民法院关于加强人民法院基层建设的若干意见》（法发〔2000〕17号）强调："提高裁判文书质量，适用普通程序审结案件的裁判文书，应当讲求裁判的论证性、说理性；适用简易程序的或者调解结案的裁判文书，力求简洁、明晰。各高、中级人民法院要对基层人民法院的裁判文书质量进行认真检查。"由此提出了裁判文书应当繁简分流的明确意见。

2003年最高人民法院工作报告中关于法院改革方面要求进一步加大裁判文书改革力度，注重对证据的分析和适用法律的阐述，增强裁判文书的说理性，也发布了关于印发《民事简易程序诉讼文书样式（试行）》的通知。这些加压与激励的做法，起到了激活全国各级人民法院法官制作优秀裁判文书动力的作用。比如，上海市高级人民法院制定了《关于简化适用简易程序审结的民商事案件裁判文书的若干意见》（参见本书附录部分），就充分体现了效率和节约资源的原则。

2005年11月最高人民法院发布《法官行为规范（试行）》，其中第五部分的"文书制作"，就法官制作裁判文书提出了十条基本的和具体的标准；2006年6月27日，最高人民法院发布了《关于加强民事裁判文书制作工作的通知》，就进一步提高民事裁判文书的质量、积极稳妥地增进民事裁判文书改革步伐、加强民事裁判文书的辨法析理作用、规范民事裁判文书的制作，提出了具体要求。该通知中提出要坚持文书的统一性与严肃性的要求，即：（1）对民事裁判文书的基本框架不应随意变动；（2）要强调案件事实的公开性和完整性、证据分析的逻辑性、判案理由的说理性以及文字语言的准确性，突出对重点争议证据的认证说理以及对当事人诉求的辨法析理；（3）要根据案件的具体情况区别对待，做到繁简得当；（4）要增强判案的说理性，努力做到"辨法析理、胜败皆服"。

在判决书的具体要求上，最高人民法院提出：（1）对于难以通过文字表述的内容，可以通过附图、附表等适当方式予以表达；（2）对于涉及个人隐私、商业秘密等不宜直接公开的内容，可以采用附件等形式予以表述，附件只送达当事人，对外不得公开；（3）对程序的表述要力求精要，抓住主要环节，不纠缠于细枝末节、面面俱到；（4）对相关证据的分析和认证要围绕当事人争议的焦点进行，对事实中当事人无争议的部分要直接陈述，防止证据的简单罗列和重复；（5）对于审理案件的重要程序事项和诉讼活动要明确表述，包括原告起诉，重要的诉讼文件和证据提交、转递情况，因管辖异议、中止诉讼、委托鉴定等导致审理时间延长的程序事实，采取诉前或诉中财产保全措施等。

在2007年1月5日第七次全国民事审判工作会议上，最高人民法院有关领导做了《当前民事审判工作中的若干问题》的讲话，指出："统一和完善裁判文书制作样式，最高人民法院已经作为一项重要工作进行了部署，并将按照简繁分流原则，结合新类型案件的需要，及时发布裁判文书样式方面的统一规定。"

人民法院裁判文书制作中存在不少需要改进的地方：裁判文书格式不统一，一些法院的裁判文书偏离了"92样式"的要求，甚至有五花八门的现象；简繁不当，不能适应简易程序速调速判的要求，不符合基层人民法院需要；重证据罗列，轻证据和法理分析，说理不透，逻辑性不强；制作粗糙，文字、标点符号错漏、不规范的现象没有杜绝。针对存在的这些问题，2009年5月25日，最高人民法院发布了《关于进一步提高裁判文书质量的通知》（法〔2009〕177号），希望通过统一裁判文书制作样式和提高裁判文书内容质量这两个途径，认真加以克服和解决。2009年10月26日，最高人民法院又公布了《关于裁判文书引用法律、法规等规范性文件的规定》（法释〔2009〕14号），自2009年11月4日起施行。

2013年12月9日，最高人民法院又发布了《关于人民法院在互联网公布裁判文书的规定》，到2016年6月28日，最高人民法院又发布了《人民法院民事裁判文书制作规范》《民事诉讼文书样式》。至此，我国法院系统基本建立起了民事裁判文书的制作与公开的制度及机制。

提高裁判文书内容质量，关键是提高裁判文书在事实认定和裁判理由两方面内容的质量。好的裁判文书，要能够清楚地反映出案件的审理过程，能够准确归纳好事实的争议焦点，能够正确阐释法律规定的内涵，从而起到定分止争、案结事了的作用。由此可见，"92样式"发布以后，特别是自1998年民事审判方式改革后，人民法院始终在为改革裁判文书的制作进行探索，加强对质证中有争议证据的分析、认证，增强判决的说理性。法官们在"92样式"的基础上，大胆地对裁判文书的写作格式进行了多样化的尝试，民事判决书的制作质量有了很大提高，制作水平有了长足进步，突出表现在民事判决书能够更加详尽地反映整个审判过程，加强了针对当事人讼争事实和适用法律的说理，文字更趋规范。

（二）"92样式"存在的问题

不可否认，有些文书还存在这样那样的问题。最高人民法院也曾将二十多年来裁判文书试用过程中所表现的情况进行了归纳：一是随着诉讼类型的增多，当事人参考使用诉讼文书类型较少，内容简单，不能满足人民群众日益增长的司法需求。二是随着民事审判方式和工作机制改革的推进，各地区、各审级法院对裁判文书制作提出了各种不同的要求，导致裁判文书格式不规范、不统一，要素不完备，质量参差不齐。三是相当一部分以解决权利义务争议为目的的裁判文书缺乏对案件审理、争议焦点、裁判理由的充分说明或论证，没有很好地发挥使当事人"服判息诉"的作用。四是有的裁判文书逻辑、结构不清晰，重复内容多，证据罗列多，法条照搬多，裁判文书冗长。五是一部分裁判文书未能反映审级特点和繁简分流要求，该繁不繁，该简不简，不规范、"一刀切"的现象广泛存在，裁判文书体现司法公正、提高审判效率的功能未能充分发挥。六是修改后的民事诉讼法和相关法律、司法解释增加了新的诉讼制度和案件类型，原有文书样式已经不能满足需要。七是随着全国法院裁判文书公开上网，诉讼参与人、社会公众对裁判文书的质量有更高的期待，更高的要求。[①]

其实，除了存在上述问题外，民事裁判文书还存在一些问题。比如，民事裁判文书基本上还是在沿用"92样式"，其不分简易程序与普通程序，不分法律关系简单与复杂，不仅制作法官觉得烦琐，当事人和社会公众看得也累。具体表现在：一是格式固定化。所有文书的正文都包括首部、事实、理由、裁判依据、裁判主文、尾部，当然，这也是有利有弊，利就在于裁判文书制作的规范化，但弊则在于未分繁简，亦未分案件类型，导致简单案件复杂化，复杂案件简单化，在一定程度上使得有限的审判资源分配不合理。二是针对性不足。"92

[①] 2016年7月5日，最高人民法院召开的新闻发布会上，最高人民法院有关领导对民事诉讼文书样式修订及发布实施情况所作的通报。

样式"所体现的诉讼模式还是职权主义较重。经过二十多年我国审判制度与司法体制的双重改革，诉讼模式早已弱化了职权主义而偏重当事人主义，这就要求裁判者要有针对性地回应当事人或代理律师的诉讼主张。但在"92样式"中，对案件事实的调查和认定多是机械地罗列证据材料，当事人的举证与争议焦点相分离，明显是对抗性不足，这势必会造成裁判文书内部结构或逻辑上的不严谨，淡化了司法实践中每一个案件的个性化特征，导致裁判文书不能有针对性地将争议焦点作为说理的对象。三是内容上有重复。为了使裁判文书的结构完整、内容齐全，原告诉称以及被告辩称的内容往往与后面法院对事实的查明具有文字上的重复，甚至有的属于事实认定的内容，也会被置于裁判说理部分，表现为结构不合理，逻辑不清，阅读起来费劲甚至晦涩难懂。

虽然最高人民法院几次都将裁判文书改革列为重点课题，但民事裁判文书制作并未取得突破性进展，较为典型的就是裁判文书繁简不分、篇幅冗长。改革前，裁判文书的弊端主要表现为内容空洞，制作过于简单，但改革后却普遍存在矫枉过正。为了体现说理，不分案件类型与案件的具体情况，也不分适用程序上的繁简，一律套用现有裁判文书样式，内容庞杂，论述繁复。有的民事裁判文书无论事实有无争议、争议大小、与诉讼请求的关联性，都将涉案的每一个证据罗列，文书内容冗长、松散、论述重复；有的裁判文书内容和证据之间缺乏有机统一；有的裁判文书不注重总结归纳，如记流水账，一些与案件无关紧要的情节都堆砌其中；有的二审文书对事实与理由及法律适用观点在一审判决、上诉及答辩理由、"本院认为"的说理部分多次重复。

（三）2016年《民事诉讼文书样式》

此后，最高人民法院认为，为适应我国民事审判工作面临的新形势、新任务，总结全国四级法院裁判文书有益做法、反映近年来审判方式改革和裁判文书改革经验，必须要根据2012年的《民事诉讼法》及其司法解释对"92样式"进行修改、补充、整合、规范，以更好地保护当事人的诉讼权利，促进司法公正，提高审判效率。2015年2月，在《民事诉讼法解释》起草工作完成以后，与该司法解释起草工作同步进行的《民事诉讼文书样式》修订工作也进入了快车道。最高人民法院立案庭、民一庭、民二庭、民三庭、民四庭、环资庭、审监庭、执行局、研究室、司改办等相关部门根据各自分工，加快了文书样式修订、起草工作。先后五易其稿，共修订、起草诉讼文书样式568个，其中人民法院用文书样式463个，当事人参考文书样式105个。为规范和统一民事裁判文书写作标准，指导法官制作裁判文书，最高人民法院还起草了《人民法院民事裁判文书制作规范》。2016年6月最高人民法院印发了《人民法院民事裁判文书制作规范》和《民事诉讼文书样式》。民事裁判文书是人民法院执行《民事诉讼法》《民事诉讼法解释》，统一法律适用，规范诉讼活动，分配当事人实体权利义务、反映诉讼结果的最重要载体；是法官公正审理案件、查清案件事实、准确适用法律、维护当事人合法权益的最终体现；是展示司法公正、提升司法公信、弘扬法治精神、宣传社会主义核心价值观的重要司法产品。最高人民法院统一制作裁判文书样式，为全国四级法院和广大法官提供一体遵行的标准化文本，既是严格公正司法的必然要求，也是司法活动、司法行为规范化、公开化的最好体现。当事人参考《民事诉讼文书样式》，是当事人在诉讼过程中依法行使或处分民事实体权利、程序权利以及认可、负担或履行民事义务的重要凭证。法院提供给当事人参考诉讼文书样式，帮助当事人解决了制作诉讼文书困难，是司法为民、便民、利民的重要举措，而且通过引导当事人正确选择并适用诉讼过程中所需文书，客观上起到释明作用，有利于规范当事人的诉讼行为，为民事诉讼程序依法、有序、规范进行创造良好条件。①

二、要素式裁判文书的萌芽

（一）对传统民事裁判文书的反思

长期以来，民事裁判文书格式大都源于"92样式"，其随着社会的发展以及《民事诉讼法》的完善，这种习惯性的文书制作套路已经越来越暴露出其低效与落后、缺陷与不足。裁判文书不能只关注自身的逻辑性而忽略百姓的阅读习惯和司法需求，而且不区分案情的"八股文"，也在一定程度上影响了判决的社会认可度和息诉服判率，制约了审判效率的提高。案件审得慢，文书出得慢，当事人看不懂，这也成了当事人不满司法而投诉的一个集中点。

实践中也存在一种现象，即盲目追求对文书的格式化和案件事实与说理的

---

① 2016年7月5日，最高人民法院召开的新闻发布会上，最高人民法院有关领导对民事诉讼文书样式修订及发布实施情况所作的通报。

全面性，而忽视案件难易对裁判文书制作繁与简的要求，存在越写越长，越写越烦琐的倾向。法官对所有裁判文书一律按照固定化格式撰写制作的要求，也是叫苦连天，因为一个简单的民间借贷纠纷案件，往往文书也不少于五六页。所以，实务中由法官提出：虽然"92样式"均由"首部、事实、理由、主文、尾部"五大部分构成，可以统一法院的审判活动，文书分类要素清楚，布局简明，比较规范，但不足之处在于把文书重心放在"经审理查明"的事实和法院认为案件应当如何处理上，职权主义色彩浓厚，不能全面反映庭审的举证、质证、认证过程，割裂了事实与证据、事实与法律适用的有机联系，也抹杀了实际案件千差万别的个性，没有考虑到不同当事人的实际需求，繁简不分，不易推行，并因此出现了许多格式正确却让人读不懂的文书。[①] 因此，要让当事人在每一个司法案件中都能感受到公平与正义，首先就要让每一份裁判文书符合其各自的个性需求。对于案件而言，在确保结果公正的前提下，要实现简案快审、繁（难）案精审，提高审判效率，这才是司法途径解决纠纷的基本规律，而要素式审判法包括要素式裁判文书的制作，正是基于这个思想而产生。[②]

对于要素式裁判文书的制作，全国已有许多法院进行了先行先试，积累了许多经验。首先需要明确的是要素式裁判文书的结构，其设计出来的样式一定要具有科学性而受到绝大多数基层法官认可，只有这样才能具有可复制性，进而具有普适性。事实上，推进裁判文书改革，实行案件繁简分流，是各级法院审判一线法官的共识。民事裁判文书改革，不仅要改变欠缺法律推理的情况，也要改变繁简不分、长篇累牍的现象，要因案制宜，繁简分流简案速决，体现效率，繁案精办，体现公正，从而逐步缓解各级法院日益增长的司法需求与有限的司法资源之间的矛盾。在这样的思想引领下，简式文书包括要素式裁判文书的出现就成了必然之势。

（二）简化裁判文书应考虑的因素

"民事诉讼文书样式本质上不仅仅只是文书写作格式规范的功能，更重要的是规范性的民事诉讼案件程序规制功能，进而可以理解为是民事诉讼案件审理

---

① 费元汉、郭文东：《裁判文书要不要繁简分流？》，载《民主与法制》2015年第26期。
② 孙智慧、郭雷、周淳、胡琴：《优秀民商事裁判文书标准研究》，中国法制出版社2015年版，第95~96页。

思路的规范指引功能，还可以理解为是民事诉讼程序法的法律思维模式构架功能，也可以进一步理解为是裁判说理的说理规则指引功能，这才是民事诉讼文书样式的本质和功能所在。"① 实践中，有些法官缺乏对简式裁判文书的理论基础以及内部逻辑结构的了解，特别是在觉得最高人民法院所发布的简式裁判文书样式不合理而难以适用时，便产生了排斥心理。事实上，简式裁判文书的体例构建，因其强调"简"而简化了事实的认定和说理，因此其体例结构的设计，显然与案件的审理思路、审理方法以及思维模式密切相关。同时，法官传统思维习惯的转变，对简式文书的应用亦有较大影响。因而在简式文书的体例设计中，一定要综合地将简式文书形成之前的审理思路、审理方法以及思维模式贯穿其中。

最高人民法院在《民事诉讼文书样式》中所给出的要素式文书样式，虽然有些烦琐且内在的逻辑性也存在一定的问题，但其整体架构的思路毕竟具有价值，尚可借鉴。司法实践中，许多法院已实现《诉讼要素表》的庭前填写与归纳，而要素式文书又要以要素式庭审作为基础，因此我们认为，现行要素式文书对无争议事实与有争议事实进行分别罗列，即对无争议的要素直接予以认定，而对有争议的要素专门进行认定，总体的设计方向是可行的。比如，在审前准备程序中填写的《诉讼要素表》，已预先保障了当事人对相互间诉请事实和辩驳理由的熟知，且多数情况下相互都持有各自的书状，故对那些能够归纳出固定要素的，简式文书中便无须重复原告诉称和被告辩称内容。又如，对无争议的要素或事实用一句话概括，即使可能需要概括几个无争议要素，仍然可用顿号分开，从而保障其通过一句话表达。而对有争议的案件要素，简要表述双方意见或举证、质证以及法院认证的理由和依据，可替代非简式文书中的"审理查明"部分。再比如，在适用法律作出裁判时不需说理或简要说理，本质上可省略非简式文书中的"本院认为"部分。法官对庭审中所认定的争议要素进行必要的简单说理，也会成为法官的传统文书制作习惯向简式文书过渡的一种缓冲，可在一定程度上提高法官对简式文书的接受度。

由此可见，作为繁简分流机制中的改革成果，我们在设计简式裁判文书时，尤其是要素式裁判文书的样式时，必须要立足大局，通盘考虑。首先，公正与高效是繁简分流的价值判断标准。顺应简易、高效的价值目标取向，在确保公

---

① 杨凯：《论民事诉讼文书样式实例评注研究的引领功用》，载《中国法学》2018年第2期。

正的前提下，对适用简易程序、小额诉讼程序审理的，案件事实清楚，权利义务明确，争议不大的案件，通过简化裁判文书制作的形式与内容，达到提高效率的目的，切实为审判一线的法官减轻负担。对适用普通程序审理的疑难复杂案件，更多地考虑公正的实现，不仅要适用传统的裁判文书样式制作，强化事实论证与裁判说理，还要进一步细化首部案件来源、财产保全、证据保全、当事人变更追加等程序性内容，进一步强化正文的说理论证。国外法院的判决书也有一定的格式，但格式比较简约，要求也不太严格，还有填充式的判决书，不填事实，也不填理由，当事人接到此类判决书后提起上诉的却极少。

其次，应根据不同案件类型的特点，探索裁判文书制作的模板化。不同的当事人、不同的案件类型、不同的诉讼程序，所追求的诉讼价值也是不同的。随着经济水平的发展和法律意识的增强，大量具有相似性的纠纷涌入法院，这些案件的法律关系、基本事实、诉讼请求等基本相同或类似，如民间借贷、买卖合同、追索劳动报酬、物业服务合同、供应水、电、热力纠纷等，这些案件事实简单，责任明确，争议内容具有同质化的特点，法院往往会合并开庭审理。当事人真正的司法需求并不是分清是非、认定责任，或者说是非曲直一目了然，而是希望通过法院的强制力恢复交易关系、实现权益。这类案件的裁判文书不需要长篇大论，法官根据案件的实际情况，逐步探索出此类案件的共同特征，对裁判文书的结构作出相应的增删，将裁判文书的主要内容样式化、模板化，形成相对固定的模式，打印留存在电脑里，可重复使用，随时填入相应内容，从而提高裁判文书制作效率，必要时可以当场制作，当庭宣判，即时送达。不仅提高了裁判文书制作的效率，也节省了审判资源，让法官集中精力制作复杂案件的裁判文书。

最后，简化裁判文书制作的基本要求。繁简分流是民事裁判文书改革的一个明确方向，但要注意简化的裁判文书所应包含的最低限度的内容和案件要素，不能偏离基本的要求规范。一是对不同案件应当采取不同的简化方法，"该繁则繁，当简则简"，要具体问题具体分析，决不能"一刀切"。二是文书首部要简明、规范，不能省略的坚决不能省略。关于事实部分可以简化，对于双方没有争议或者争议不大的案件事实，可以简要概括，或者省略，但要抓住要点，叙清道明，不能遗漏关键、重要的事实情节。三是在理由部分，该说理的要强化说理性，可不说理的应当省略。理由部分是裁判文书的灵魂，也是最难撰写的部分。简化改革后的裁判文书理由不宜过多，要抓住要点说理，恰到好处。对于事实清楚、法律关系简单的案件可以采用要素式裁判文书或令状式裁判文书，从而省略说理，提高审判效率。①

三、最高人民法院在简化裁判文书方面的努力

其实，最高人民法院早在2003年《简易程序规定》中，就提出了适用简易程序审理的民事案件，有下列情形之一的，人民法院在制作裁判文书时，对认定事实或者判决理由部分可以适当简化：（1）当事人达成调解协议并需要制作民事调解书的；（2）一方当事人在诉讼过程中明确表示承认对方全部诉讼请求或者部分诉讼请求的；（3）当事人对案件事实没有争议或者争议不大的；（4）涉及个人隐私或者商业秘密的案件，当事人一方要求简化裁判文书中的相关内容，人民法院认为理由正当的；（5）当事人双方一致同意简化裁判文书的。最高人民法院还通过《民事简易程序诉讼文书样式及适用说明》推行了四种判决书样式，分别是："当事人对案件事实争议较大的"，则与原来的第一审程序民事判决书样式基本一致；"被告对原告主张的事实和请求部分有争议的"，则着重省略了对无争议事实和证据的复述；"当事人对案件事实完全没有争议的"，则完全省略了"经审理查明"部分；"被告承认原告全部诉讼请求的"，则可同时省略"经审理查明"和"本院认为"两个部分。

许多裁判文书都一直处于对标准文书的复制状态，为了突出其清爽性和可读性，我们认为，司法实践中，完全可以设计成要素清晰的文书样板进行填写，从而在记载当事人身份信息后，直接进入事实和裁判主文。② 因为在审前准备程序上，实际操作中填写《诉讼要素表》的行为，已预先保障了当事人对相互间诉请事实和辩驳理由的熟知，且多数情况下相互都持有各自的书状，故判决书无须再重复原告诉称和被告辩称的内容。事实分为三个层次：一是原告的诉讼请求；二是已确认的事实，包括当事人无争议或经过诉讼已消除争议的事实；三是事实争点。理由分为两部分：对已确认事实的效力判断和争点评判，法律观点的表达应简洁。从上述这些规定也可以看出，民事简易程序案件的裁判文

---

① 王喜荣：《民事裁判文书改革的思考》，载《产业与科技论坛》2015年第1期。
② 裁判文书模板化制作是简化文书的有效方式。对民事调解书、准予撤诉的民事裁定书、管辖权异议裁定书等格式基本一致的文书，以及一些常用的程序性文件如转换程序通知书、调解协议等，均拟定可以重复使用的模板，在需要时直接调用并适当更改内容即可。

书，对其类型化与简约化细分本身，就昭示了民事裁判文书不拘一格的多样化倾向和发展趋势，非常值得人民法院特别是基层法院进行尝试并推广。实践中，成都市中级人民法院就曾制定了《裁判文书简化制作办法（试行）》，[①]对民事裁判文书的简化，界定为主要是"要素内容的适当简写或浓缩"，并且仅限于裁判文书中"事实构成和判决理由"两大部分。

2016年6月最高人民法院出台的《民事诉讼文书样式》还对裁判文书的功能和定位予以了明确。认为是人民法院对当事人诉讼请求的回应，对诉讼争议作出判断并对当事人实体权利义务进行分配，为当事人实现其实体利益提供依据，是法官对民事案件审判的最终结论。法官通过在裁判文书中分析说理，向当事人和社会展示裁判结论的合理性、合法性、公正性、终局性。裁判文书不是对诉讼全部活动的完整展现，而是司法过程的提炼和总结，是审判成果的结晶，是司法公正重要的载体和最终体现。其中也明确了裁判文书繁简分流的标准，即根据案件不同类型和不同审级要求实行裁判文书繁简分流，提高审判效率，及时保证当事人权利的实现，降低当事人维权成本。根据案件不同类型，分别制定了普通程序、简易程序、小额诉讼程序的裁判文书样式；对于适用简易程序和小额诉讼程序的案件，设计了要素式、令状式和表格式的简单裁判文书样式，以便减轻办案法官制作裁判文书的工作量，缓解案多人少的压力。[②]

最高人民法院在《繁简分流意见》第十五条中明确要求推行裁判文书的繁简分流，又提出根据法院审级、案件类型、庭审情况等对裁判文书的体例结构及说理进行繁简分流。要求复杂案件的裁判文书应当围绕争议焦点进行有针对性的说理；新类型、具有指导意义的简单案件，也要加强说理；其他简单案件可以使用令状式、要素式、表格式等简式裁判文书，简化说理。当庭宣判的案件，裁判文书可以适当简化。当庭即时履行的民事案件，经征得各方当事人同意，可以在法庭笔录中记录相关情况后不再出具裁判文书。而且，最高人民法院为解决传统裁判文书的冗长烦琐与不切实际，于2018年在《释法说理意见》第三、九条中再次重申应根据不同审级和案件类型，实现裁判文书繁简分流。对事实清楚、权利义务关系明确、当事人争议不大的一审民商事案件，可使用

[①] 载成都市中级人民法院研究室编：《成都市中级人民法院"一五改革"期间改革制度汇编》(2005年11月)。

[②] 2016年7月5日，最高人民法院召开的新闻发布会上，最高人民法院有关领导对民事诉讼文书样式修订及发布实施情况所作的通报内容。

简化裁判文书，通过填充要素、简化格式，提高裁判效率。提倡根据案件不同情况进行繁简适度说理，简案略说，繁案精说，对于适用民事简易程序、小额诉讼程序审理的案件，可简化释法说理。可见，最高人民法院所采取的是区别对待和适可而止原则，其已授权法官根据案件的难易程度、讼争事实的不同，在民事裁判文书中进行繁简的适度说理。总而言之，针对《民事诉讼文书样式》以及《繁简分流意见》，要积极坚持以审判为中心，从优化司法资源配置、提高审判质效出发，推进民事案件繁简分流，以满足当事人的司法需求，尽可能地以较小的司法成本取得最大的法律效果，实现公正与效率更高层次的平衡。

第二节　要素式裁判文书对传统裁判文书的冲击

一、两大法系对民事裁判文书的不同要求

各国裁判文书的构成要素虽然大致相同，但两大法系在具体构成要素上却存在差异。一是大陆法系国家和地区一般通过法律明文规定裁判文书的构成要素。而英美法系国家和地区对裁判文书的具体构成要素一般没有明确的法律规定，其中很多事属于法官自由裁量的范畴，所以英美法系国家和地区裁判文书的格式并不是十分统一。二是在裁判文书的结构上，大陆法系国家和地区裁判文书十分明确，第一项是什么，第二项是什么，非常清楚明晰。但英美法系国家和地区裁判文书却并不是很明确。如有些裁判文书中，事实认定、法律适用、裁判理由有时混同在一起，没有区分开来；还有些裁判文书中根本就没有单独的裁判文书，而是与审判记录混同在一起。这也反映了两大法系对裁判文书的不同观点，大陆法系更注重裁判文书的"量"，而英美法系更注重裁判文书的"质"。此外，两大法系内部裁判文书结构也并非完全一致，如法国裁判文书一般采用"事实——适用法律——结论"的叙述结构，而德国裁判文书则采用"判决主文——法律依据——判决理由"的叙述结构。[①]

总之，当今世界上无论是大陆法系国家和地区还是英美法系国家和地区，

---

① 刘昂等：《优秀裁判文书标准及实现》，中国法制出版社2015年版，第76页。

都非常重视判决书的制作，都认为判决书应该是一篇使人看了就清清楚楚的，认可其公正性的论证文。更多人已经感觉到，法律的威严和神圣不仅仅体现于法典是否完备和严谨上，更重要的还体现于具体的操作之中。中国以法律为适用法，而法学理论只作为先导或对既存法律条文的评判。法官一般不依学理解释来处理案件。因为大多数民事冲突都能被制定法所适用，故通常对法官要求标准较低。法官只能将事实和条文机械地对照适用，即可得出准确的裁判结果。但令人困惑的是，往往不同的法官依据同样的事实，会作出不同的裁判结果，而对同一裁判结果，不同的法官所依据的法律理由又往往有所不同。这一方面是法典的概括性和局限性所致，另一方面与法官对法律的认知程度和操作水平的差异有关。正因如此，在裁判理由上，我们才更应该注意借鉴和吸收中外历史上优秀的法律文化成果，以使我国的民事裁判体现司法公正，具有鲜明的中国司法特色。

二、要素式裁判文书对裁判理由的省略

（一）两大法系国家和地区对裁判文书说理的灵活与缓和

大陆法系国家和地区要求裁判文书说理，并不是绝对要求所有裁判文书均应长篇大论，从而达到说理详细充分透彻。比如，德国法官被要求"应当以令人能够理解的、与案件紧密相连的方式说明在裁判理由范围中所使用的论据，以避免出现毫无用处的空话"，裁判理由的论证并不要求机械地、同等地、彻底地证明所有一切理由的正当性，仅当一方当事人在诉讼中以具体的理由明确地对法律理论原理质疑时，才有必要重新详细说明其理由，因此"绝对可以以切实可行的方式简短地概括裁判理由"[①]。而英美法系国家和地区在强调裁判文书需要充分说理的同时，也并不是搞"一刀切"的做法，也有例外的机制和程序规范。比如，英国民事司法制度为促进纠纷的迅速、简易解决，设置了多种无须经开庭审理而径行处理纠纷的审前处理机制，包括和解、第 30 章要约和第 36 章付款、缺席判决、简易程序、撤诉、基于自认的判决等，在审前阶段根据当

---

① ［德］米夏埃尔等编：《德国民事诉讼法学文萃》，赵秀举译，中国政法大学出版社 2005 年版，第 486～487 页。

事人的申请动议，法官直接对案件作出裁决。

在我国，裁判文书的制作含有许多细化要素，比如事实分为当事人争议事实与法院查明事实，前者用"原告诉称""被告辩称"与"第三人述称"的表达方式，后者则用"经审理查明"进行开端表述，在理由部分则用"本院认为"作为开端，写完理由再得出结论，以"判决（裁定）如下"写出主文，并且还规定了每部分必备的要素与注意事项。按照这样的要求所撰写出来的裁判文书，往往长篇大论，重复较多，说理论证还未必充分与严谨。这些机制对民事诉讼的有效运行至关重要，并切实可行地促进了程序经济和诉讼效率。在案件繁简分流的区分标准中，当事人争议的大小和社会关注度的高低等，都是司法裁判社会效果所格外强调的，其与案件法律关系是否复杂、当事人权利义务关系是否明确以及 案件事实清楚、证据确实充分的法律效果同等重要。即使在繁简分流中提出了"简化说理"，也还是要有说理，并非不说理。而我国最高人民法院在司法改革方案中"使用简化的裁判文书，通过填充要素、简化格式，提高裁判效率"，实际上是对司法现实中裁判文书"模板化"的承认和巩固。有学者担心这会使中国司法裁判说理趋向于法国式的"公文化裁判"，若缺乏配套制度，中国司法裁判的公文化很容易变为一个"去说理化"的过程。[①] 我们赞同这样一种观点，不管是裁判文书的简化说理还是不说理，都可以参考法国司法的制度设置，引入类似"案情总结"（Conclusion）和"裁判日志"（Rapport）的内部文件制度，在裁判文书的说理之外，鼓励法官将案件的思考过程记录下来，但是不对外公布（类似于审理小结或审理报告）。这不仅是对法官裁判说理的应有约束，而且有助于法院内部的知识积累和共识凝聚。由此可见，对裁判文书的说理进行繁简分流，已成为两大法系通行的做法。

（二）要素式裁判文书省略说理的必要性

裁判文书的制作一直是司法改革内容的一个重要组成部分，理论界及实务界也一直为探索民事裁判文书改革的思路而苦思冥想。但是以往十多年的理论与实践的探索，几乎一致的观点都是向着强化裁判文书说理。但是，要素式裁判文书所要做的，恰恰是要求裁判文书的无须说理。这二者之间便存在着要素式裁判文书与传统裁判文书的区分。那么究竟应当如何把握，什么样的裁判文

---

① 参见凌斌：《法官如何说理：中国经验与普遍原理》，载《中国法学》2015年第5期。

书是必须要说理的，而什么样的文书说理是可以被简化掉的，便成了司法改革中提升司法公信力的一个重要课题。

传统裁判文书要求区分原告诉称与被告辩称，并且根据法庭调查与法庭辩论两个阶段进行谋篇布局，撰写裁判文书。而要素式审判法则要求庭审应围绕案件争议要素进行调查与辩论，不再单独区分法庭调查阶段与法庭辩论阶段，对于证据材料的展示也是围绕有争议的要素而展开的，对于无争议的案件要素的证据只作说明，无须质证。并且，要素式裁判文书还要与案件《诉讼要素表》以及要素式庭审模式相结合，这样才能真正体现出要素式裁判文书在制作上的高效与简便。要素式裁判文书在实践中的普遍写法，都是不再固守传统裁判文书的样式，也不再要求裁判理由的充分。比如，《陕西省高级人民法院关于简化一审民商事案件裁判文书的规定（试行）》中就规定，要素式裁判文书是对能够概括出固定要素的案件，在制作裁判文书时不再阐述"原告诉称""被告辩称""经审理查明"和"本院认为"的相关内容，而是围绕案件特定要素，陈述当事人意见、相关证据、法院认定的理由、依据及裁判结果，主要适用于能够提炼出基本要素的类型化案件。那么，这样制作出来的裁判文书，是否符合法律逻辑和实践规范的要求呢？

最高人民法院于2016年6月出台的《民事诉讼文书样式》，依然对裁判文书的说理提出了具体的要求：一是根据不同审级功能确定裁判文书说理重点；二是说理应当做到繁简得当，加强对复杂、疑难、新型、典型、有争议、有示范价值等案件的说理，简化简易、小额、无争议案件裁判文书的制作；三是应当紧扣案件事实和法律争议，对证据采信理由、案件事实认定理由以及解释法律根据和案件事实具有法律上逻辑关系的理由等予以充分论述。[①] 如此强调和讲求裁判说理，显然与简易案件所需要的要素式裁判文书相去甚远。其实，这里存在着一种误解。最高人民法院早在2015年《人民法院第四个五年改革纲要》中就明确指出："一切证据必须经过庭审质证后才能作为裁判的依据，当事人双方争议较大的重要证据都必须在裁判文书中阐明采纳与否的理由。""加强对当事人争议较大、法律关系复杂、社会关注度较高的一审案件，以及所有的二审案件、再审案件、审判委员会讨论决定案件裁判文书的说理性。"并且还指

---

① 2016年7月5日，最高人民法院召开的新闻发布会上，最高人民法院有关领导对《民事诉讼文书样式》修订及发布实施情况所作的通报内容。

出："完善裁判文书说理的刚性约束机制和激励机制，建立裁判文书说理的评价体系，将裁判文书的说理水平作为法官业绩评价和晋级、选升的重要因素。"要"重视律师辩护代理意见，对于律师依法提出的辩护代理意见未予采纳的，应当在裁判文书中说明理由"。但是，为了解决传统裁判文书的冗长烦琐与不切实际，最高人民法院在这个意见中也提出，应当"根据不同审级和案件类型，实现裁判文书繁简分流"。"对事实清楚、权利义务关系明确、当事人争议不大的一审民商事案件和事实清楚、证据确实充分、被告人认罪的一审轻微刑事案件，使用简化的裁判文书，通过填充要素、简化格式，提高裁判效率。"

正因为要素式裁判文书不再套用"原告诉称、被告辩称、经审理查明、本院认为"的传统样式，故其一定会以一种新的面貌出现。而这个所谓的新面貌，既要出新，又不能完全脱离传统裁判文书的基本结构性要素。因此，要素式裁判文书一定是在原有的规范性裁判文书样式基础上的一种简化形式。裁判文书对必要的案件事实要素不能省略，但对有的要素则可以根据案情予以变通。由此可见，民事裁判文书的改革，不仅要改变说理不充分的情况，也要克服繁简不分的现象。最高人民法院的改革意见是二者兼顾，分而治之，即实行民事案件在处理上的繁简分流。案件繁简分流机制下裁判文书释法说理的"繁简双轨制"，正是当前提高审判效率、与时俱进的一个必要举措，民事裁判文书的简化，是繁简分流的题中应有之义，当然应当是被该意见所肯定并加以鼓励的。"诉讼程序的繁简分流自然会要求裁判文书简式、要式并存，说理繁简有别，这既符合司法审判规律，也符合成本—效率规律。"[①] 可以说，从最高人民法院多年来审判方式改革或司法改革所要求的强化裁判说理，到现在要素式审判法对裁判说理的省略，其内在的逻辑关系并不矛盾。案件的繁简分流是要素式审判法的实践基础，也是"简案快审、繁（难）案精审"的必然要求。因此，貌似要素式裁判文书对传统裁判文书形成了冲击，而实际上却是并行不悖的互补关系，二者不可偏废，共同实现着公正、高效解决纠纷的司法目的。

（三）要素式裁判文书省略说理的可行性

要素式裁判文书对说理的省略，是裁判文书在民事案件繁简分流过程中应

[①] 李少平：《新时代裁判文书释法说理改革的功能定位及重点聚焦》，载《人民法院报》2018年6月12日。

当考虑的因素。《释法说理意见》阶段性地完成了 2015 年《人民法院第四个五年改革纲要》中设置的裁判文书改革目标，专门强调"裁判文书释法说理的目的是通过阐明裁判结论的形成过程和正当理由，提高裁判的可接受性，实现法律效果和社会效果的有机统一"，并认为"要释明法理，说明裁判所依据的法律规范以及适用的法律规范的理由"。事实上，司法裁判的说理内容不仅包括对事实的认定说理、对法律适用的说理，有时还会包括对诉讼参加人诉讼行为的评价以及如何正确引用法律规范等。就民事诉讼案件而言，《释法说理意见》第八条和第九条以开放式列举的方式，分别指明了应当强化和简化说理的典型案件类型。其中应当强化说理的案件包括：疑难、复杂案件；诉讼各方争议较大的案件；社会关注度较高、影响较大的案件；新类型或者可能成为指导性案例的案件；抗诉案件；二审改判或发回重审的案件；再审案件。应当简化说理的案件则包括：适用民事简易程序、小额诉讼程序的案件；适用民事特别程序、督促程序及公示催告程序审理的案件；适用普通程序审理但诉讼各方争议不大的案件。

此外，2021 年最高人民法院印发的《〈关于深入推进社会主义核心价值观融入裁判文书释法说理的指导意见〉的通知》（以下简称《社会主义核心价值观释法说理意见》）（法〔2021〕21 号）第四条也以不完全列举的方式，初步划定了应当强化运用社会主义核心价值观释法说理的裁判文书范围，即"涉及国家利益、重大公共利益，社会广泛关注的案件；涉及疫情防控、抢险救灾、英烈保护、见义勇为、正当防卫、紧急避险、助人为乐等，可能引发社会道德评价的案件；涉及老年人、妇女、儿童、残疾人等弱势群体以及特殊群体保护，诉讼各方存在较大争议且可能引发社会广泛关注的案件；涉及公序良俗、风俗习惯、权利平等、民族宗教等，诉讼各方存在较大争议且可能引起社会广泛关注的案件；涉及新情况、新问题，需要对法律规定、司法政策等进行深入阐释，引领社会风尚、树立价值导向的案件……"，这类案件需要强化说理。而《最高人民法院民事诉讼程序繁简分流改革试点实施办法》第十四条规定："适用简易程序审理的案件，人民法院可以采取下列方式简化裁判文书：（一）对于能够概括出案件固定要素的，可以根据案件要素载明原告、被告意见、证据和法院认定理由、依据及裁判结果；（二）对于一方当事人明确表示承认对方全部或者主要诉讼请求的、当事人对案件事实没有争议或者争议不大的，裁判文书可以只包含当事人基本信息、诉讼请求、答辩意见、主要事实、简要裁判理由、裁判依据和裁判主文。"这是延续了2003年《简易程序规定》第三十二条第一款所许可的文书简化做法,即除去涉及调解的内容,其适用范围主要包括以下内容:一是一方当事人在诉讼明确表示承认对方全部诉讼请求或者部分诉讼请求的案件;二是当事人对案件事实没有争议或者争议不大的案件;三是当事人双方一致同意简化裁判文书的案件;四是在涉及个人隐私或者商业秘密的案件中,当事人一方要求简化裁判文书的相关内容,人民法院认为理由正当的情形。

但问题是,《民事诉讼法解释》第二百七十条中并没有将上述"当事人对案件事实没有争议或者争议不大的"作为可以省略的情形。[①]而且按照最高人民法院的解释,除了该第二百七十条列举的四种情形外,"其他情况下,即使适用简易程序审理的案件也不能随意简化裁判文书的内容。尤其要注意2003年关于简易程序的司法解释第三十二条已将'当事人对案件事实没有争议或者争议不大的'情形删除。也就是说,这种情况下,对于案件事实和理由部分仍然要详尽说明。"[②]但我们还发现,前述"繁简分流改革试点实施办法"第十四条却又将此情形列入其中,使得这种情形再次进入改革试点的范围。不仅如此,2003年《简易程序规定》第三十二条的内容,在经过2020年的修正后并无变化,仍将"当事人对案件事实没有争议或者争议不大的"情形包括在可以省略的情形之中。我们认为,对于符合"当事人对案件事实没有争议或者争议不大的"情形的简易案件,完全可以适用要素式裁判文书样式,在制作过程中根据案件需要简要说理或者不说理。

需要强调的是,即使适用要素式裁判文书也并不意味着可以完全抛弃《社会主义核心价值观释法说理意见》的要求,对属于划定范围内的民事案件,即使运用要素式审判法而不在文书上对社会主义核心价值观进行释法说理,也应当在庭审过程中或宣判过程中适时地将社会主义核心价值观融入裁判说理,而且要将说理的过程记入庭审笔录。

[①] 《民事诉讼法解释》第二百七十条规定:"适用简易程序的案件,有下列情形之一的,人民法院在制作判决书、裁定书、调解书时,对认定事实或者裁判理由部分可以简化:(一)当事人达成调解协议并需要制作民事调解书的;(二)一方当事人明确表示承认对方全部或者部分诉讼请求的;(三)涉及商业秘密、个人隐私的案件,当事人一方要求简化裁判文书内容,人民法院认为理由正当的;(四)当事人双方同意简化的。"

[②] 参见最高人民法院修改后民事诉讼法贯彻实施工作领导小组编著:《最高人民法院民事诉讼法司法解释理解与适用》,人民法院出版社2015年版,第704页。

第三节　要素式裁判文书的实践探索[①]

一、要素式裁判文书的诞生与发展

当前，人民法院的审判工作所面临的巨大压力，主要来自于社会矛盾多发而引起的诉讼案件激增，求助于多元化纠纷解决机制，虽然不失为好的举措，但存在等待社会资源回应的问题，何况当下人民群众对司法的需求、对司法的依赖与信任也是其他解纷机制所难以替代的，因而提高审判效率自然就成了解决案多人少矛盾的路径选择。其中，要素式审判模式正是引领审判权运行机制改革的一个好办法。要素式审判法不仅是建立在对民事诉讼的历史与现实的考察之上的考量结果，也是多年来民事诉讼从职权主义到当事人主义的改革成果的体现。

要素式审判法中的要素，并不是指裁判文书结构中的要素，而是指案件事实的要素。当事人所填写的案件《诉讼要素表》应归属于当事人陈述范畴。该表系一方当事人填写的关于己方的内容，相当于"当事人自认"。因此，当事人在案件《诉讼要素表》中填写的各个事实要素经审查后，可以作为认定案件事实的基本信息运用。

要素式裁判文书是应对传统审判方式的一种改良措施，其对庭审的要求就是围绕要素进行调查和辩论，不再单独分开法庭调查与法庭辩论阶段，而且对于证据材料的展示与质证也是围绕争议要素展开，对于先前所填写的要素表中双方无争议事实毋庸质证。因此在制作要素式裁判文书时，无须再陈述当事人的诉称、辩称、查明的事实以及法院认为部分，而是围绕争议的要素陈述原、被告意见，以及证据、法院认证的简单理由和依据。要素式文书对于无争议要素或事实用一句话概括，不再分开陈述原告、被告和法院三方意见。要素式裁判文书改革，就是改变过往不分案由、不分繁简的裁判文书格式，实行繁简分

[①] 最高人民法院分别于 2016 年 6 月、2016 年 9 月出台了《民事诉讼文书样式》及《繁简分流意见》，此前全国各地对要素式审判法的地方性探索经验，应以上述两个文件的规定为依据，本节就要素式审判法的地方性探索经验介绍，仅供在司法实践中参考学习。

流,对案件简单、争议不大、适用简易程序进行审理的案件进行裁判文书"瘦身"。要素式裁判文书要结合要素表、要素式庭审,才能体现要素式文书制作上的简便。

要素式裁判文书是借鉴了要素式公证文书的实践经验及社会效果,对较长时间以来形成的传统裁判文书进行的一项重大改革。它通过全国多地法院的实践探索,慢慢具有了一定的影响并逐渐得以推广。2013年广州市某基层法院首次采用要素式裁判文书,对一宗离婚案件作出了判决,法官根据庭审笔录固定下来的八项诉讼要素制作了两页A4纸的裁判文书,判决准予原、被告离婚,同时根据婚生子女生活状况、双方工作情况、居住情况,判决婚生子女由女方抚养,男方每月支付500元抚养费至孩子成年。后来广州市中级人民法院于2013年8月专门出台了推行要素式裁判文书的实施意见。当年,广东省高级人民法院也出台了关于推进民事裁判文书改革的实施意见。[①] 有鉴于此,要素式审判法在全国各地得以推广,上海、浙江、陕西、山东、河北、江苏等地法院纷纷跟进,大胆进行探索与实践,如上海市高级人民法院2013年出台的《关于简化适用简易程序审结的民商事案件裁判文书的若干意见》;浙江省高级人民法院2014年颁布的《关于民商事案件简式裁判文书制作指引》;陕西省高级人民法院2015年出台的《深入推进裁判文书繁简分流工作实施方案》;河北省石家庄市中级人民法院2015年制定的《商事案件审判规则(试行)》。2016年,最高人民法院出台了《繁简分流意见》以及《民事诉讼文书样式》,明确对要素式裁判文书作出了系统的规定,于是要素式审判法在全国各地更受到许多地方法院的关注,有关贯彻落实要素式审判法的规范性文件也纷纷出台,如江苏省南京市中级人民法院于2017年12月印发了《关于推进机动车交通事故责任纠纷案件要素式审判的指导意见》;江苏省高级人民法院于2018年1月出台了《金融借款合同纠纷案件要素式审判工作指引》;北京市高级人民法院于2018年8月出台了《北京法院速裁案件要素式审判若干规定(试行)》;山东省高级人民法院于2019年9月发出了《关于印发要素式审判方式指引(试行)的通知》;新疆维吾尔自治区昌吉回族自治州中级人民法院于2020年4月出台了《昌吉回族自治州基层人民法院简式裁判文书制作指引》;江苏省苏州市中级人民法院2020年8月下发《关于在全市基层法院推行"要素式审判"的实施办法(试

---

① 孙智慧等:《优秀民商事裁判文书标准研究》,中国法制出版社2015年版,第90页。

行）》。这些规范当中，当然也包括对要素式裁判文书的制作指导。顺着这样一种思路，近年来，许多法院都在要素式审判法方面进行了大胆的探索与运用，取得了一定的效果。

二、要素式裁判文书的广东经验

广东省深圳市中级人民法院作为改革的试验田与龙头，在开展理论研究的同时，借鉴他山之石，考察我国香港特别行政区、新加坡等相关做法，吸取了香港实行裁判文书繁简分流、文书样式多样化、针对案件特点和当事人的诉讼能力，选择通俗易懂或者规范严谨的不同说理方式等经验，吸取了新加坡试行文书的繁简分流、夹叙夹议阐释争议焦点、通过插入尾注、表格等丰富形式阐明案件的做法，于2013年4月出台了《深圳市中级人民法院关于一审民事裁判文书简化改革的若干规定（试行）》，并于2014年5月在罗湖、宝安、福田三个基层法院试点，后于同年7月在全市铺开实施。其针对不同类型案件，设计了令状式、要素式、表格式三种简易文书样式，并分别明确了适用的条件和范围。

（一）令状式裁判文书

所谓令状式裁判文书，是一种只包含诉讼参与人称谓和法院裁判文书主文，不记载当事人诉辩主张和裁判理由的法律文书。其相当于传统裁判文书的判决主文，设计此种裁判文书样式的目的主要在于配合小额速裁案件的审理，让当事人及时拿到裁判文书，让案件审理真正能够快起来。使用令状式裁判文书要求法官当庭认定案件事实、当庭陈述判决理由、当庭宣判、当庭出具裁判文书。令状式裁判文书其实是简式文书中最简略的样式，其不仅省略了对无争议要素的认定，而且省略了对有争议要素的认定，也省略了裁判理由，而直接给出法律依据和裁判主文。比如，审判实践中的金融借款纠纷案件，因金融机构对当事人的身份核实、当事人签字以及借款合同的主要条款等已较为规范与完备，且借款方对金融机构起诉的事实一般也无争议，大多在清偿能力方面提出抗辩。此类纠纷可通过要素式庭审方式，在庭审中对被告欠付的本息数额进行当庭确认，调解不成即当庭宣判，直接以令状式文书作出裁判。

（二）要素式裁判文书

要素式裁判文书，是对于那些能够归纳出固定要素的案件，在撰写裁判文书时不再按照传统的裁判文书格式分开原告诉称、被告辩称、本院查明和本院认为，而是围绕具体的案件要素，陈述原被告意见及证据和法院认定的理由及依据的裁判文书。适用要素式裁判文书，要求当事人首先填写相关要素表，法院围绕双方填写的要素进行开庭审理，重点调查双方争议的要素，在撰写裁判文书时对于双方一致认可的要素简单写明即可，对于双方争议的要素，要写明双方的诉辩意见及证据和法院认定的事实、理由和依据。这种文书的特点是简单、明了、易懂，而且采用夹叙夹议的写作模式，相对于传统裁判文书的"先叙述，后议论"模式是一种变革。[①] 珠海市两级法院对劳动争议、交通事故以及婚姻家庭案件等一些特定类型的民商事案件，也尝试采取了要素式审判法。

广东省高级人民法院自 2013 年起就开始尝试要素式裁判文书，出台了《关于推行民事裁判文书改革，促进办案标准化和庭审规范化的实施意见》(粤高法发〔2013〕12 号)，提出了要素式裁判文书改革，主要针对适用简易程序审理的案情简单、争议不大的部分类型案件，主推要素式与令状式两类裁判文书。这两者的区别是：令状式裁判文书去除了传统文书的原告诉称、被告辩称和法院认为等部分，仅包含当事人基本情况、法院查明事实和法院裁判主文。就如同一个裁判结果的证明文书，让当事人迅速见到并领到裁决结果；要素式裁判文书既能保证不遗漏诉讼请求，又能帮助当事人双方迅速厘清争议部分，方便查询到法院对争议部分的认定，使当事人对裁决结果更加信服。按照该院副院长谭玲在接受《法制日报》记者采访时的说法，这种探索并不是单纯以"文书简化"为目的，而是以公正与高效为原则，按照"小额案件快速审、简单案件简易审、复杂案件精细审"的要求，力求通过推行要素式（也包括令状式）裁判文书，实现裁判文书的繁简分流，促进类型化民事案件办案标准化和规范化。要素式裁判文书是广东省高级人民法院在裁判文书改革中重点推出的文书样式，是针对能够提炼出基本要素的类型化案件特制的，比如劳动争议、交通事故、房屋买卖合同纠纷等。法官会根据案件特点制作要素表，庭前指导当事人填写，即使是"新手"法官，也能抓住庭审要点，完整无缺地查明案件事实，同时也

---

① 《深圳：冲破民商事裁判文书制作瓶颈》，载《人民法院报》2012 年 11 月 27 日。

可以避免传统庭审大撒网式的调查。

2013年8月，广州市中级人民法院印发了《关于推行要素式民事裁判文书的实施意见》的通知，其中规定：

（1）要素式民事裁判文书是指对于能够概括出固定要素的案件，在撰写裁判文书时不再分开陈述当事人诉辩意见、"本院查明"和"本院认为"部分，而是围绕争议的特定要素，陈述当事人诉辩意见、相关证据以及法院认定的理由和依据的法律文书。

（2）以下类型案件可以选择适用要素式裁判文书：①劳动争议案件；②交通事故案件；③延期交房、延期办证案件；④抚养费、赡养费、履行离婚协议等婚姻家事案件；⑤其他适宜以要素式裁判文书裁决的民事案件。其具体要求是：①市中院根据类型化案件的特点，制定了劳动争议案件、民间借贷合同纠纷案件、房屋买卖合同纠纷、租赁合同纠纷案件的要素式裁判文书范本，各基层法院和市中院各有关部门可以参照使用；②要素式裁判文书要与要素表、要素式庭审结合。对于基层法院选择适用要素式文书的案件，立案部门在立案时应向原告送达《原告诉讼要素表》，并指导原告填写。在向被告、第三人送达起诉状副本时一并送达《原告诉讼要素表》副本，并要求被告和第三人填写《被告（第三人）应诉要素表》，于答辩期满前提交。

（3）要素式裁判文书要求庭审时围绕要素进行调查和辩论，不再单独分开传统裁判文书所对应的法庭调查和法庭辩论两个环节。当事人已在开庭审理前填写要素表的，法院在审理时对双方无争议的要素予以确认并计入庭审笔录；对于双方有争议的要素应重点审查。对于无争议要素的证据可以不用质证，证据的展示和质证只需围绕争议要素展开。当事人在开庭前未填写要素表的，法院在审理时可以要素表的基本要素为线索，逐项当庭征求双方当事人意见，对双方无争议的要素予以确认并计入庭审笔录；对于双方有争议的要素应重点审查。

其实，在要素式审判法中，最重要的一个环节当属裁判文书的"要素化"。广东省深圳市启动审判改革以来，对判决书"要素化"格外重视。2015年8月20日，深圳市龙岗区法院横岗法庭作出了深圳第一份要素式判决书。在向原、被告下发判决书时，原、被告双方均对这份要素式判决书称赞不绝，认为新式判决书简洁明了，省时高效。对此，还曾有专门的报道：2015年5月7日，某案件的被告深圳市勤某缘鞋业有限公司将工厂搬离深圳市，原告郭某峰等九人遂申请劳动仲裁，要求被告支付解除劳动关系的经济补偿金、年休假工资等。仲裁裁决结果为：驳回原告大部分仲裁请求。原告等人不服仲裁裁决，便向深圳市龙岗区人民法院提起诉讼。同年8月17日，龙岗区人民法院横岗法庭首次采用要素式庭审，开庭审理了该批9宗系列案件。开庭前，承办该案的法官指导原、被告双方填写了劳动案件要素表。原本预计9宗案件庭审时间需要一整天，但由于庭审方式的简化，仅仅用了不到半天时间就全部审结。庭审后，原、被告双方的代理律师均表示是第一次接触此类庭审方式，并对新型庭审方式予以高度评价。被告代理律师还笑称：" 要素式庭审方式真好，连答辩状都省了。前天我还因为准备答辩状而熬夜，现在看来，花在这些事项上的时间以后可以省去了。"原告王先生则表示，这种庭审简洁明了，对双方都认可的部分不需要再重复，对相同的要素进行合并，非常快捷。庭审结束后，法官也采用了要素式裁判文书格式制作判决书，庭审后三个工作日内即已全部完成。承办法官告诉记者，大多数案件特别是普通的劳动争议、交通事故等案件，案情原本简单清楚，若按部就班地采用传统庭审方式及裁判文书格式审理和判决，难以提高效率。[1]

三、对推行的要素式裁判文书样式的评价

按照"92样式"规范化的要求需载明下列事项：案由；诉讼请求；争议的事实与理由；判决认定的事实、理由和适用的法律依据；裁判结果和诉讼费用的负担；上诉的期间和上诉的法院；审判人员、书记员署名；加盖人民法院印章，并且还对上述事项进行了细化。比如，事实部分就分为当事人争议事实与法院查明事实，前者用"原告诉称""被告辩称"与"第三人述称"的表达方式，后者则用"经审理查明"进行开端表述，而在理由部分则用"本院认为"作为开端，写完理由再得出结论，以"判决（裁定）如下"写出主文，并且还规定了每部分必备的要素与注意事项。如此统一安排，显得不切实际。因为其不分案件类型，一律由首部、主文、尾部组成，即便是简单的无争议案件，也要从诉称、辩称到各方的举证、质证、认证等进行轮番论述，同一个事实往往也要

---

[1] 李苏洋：《"要素式"审判：创新审判模式 提升办案质效》，载民主与法制网，2016年1月25日访问。

在文书中从不同角度提到几次，而真正需要说理的却因争议不大而较为简单，导致重复冗长，"头重脚轻"。

2016 年 7 月，最高人民法院在全国多地法院实践经验的基础上，出台了《民事诉讼文书样式》，其中在"简易程序中的小额诉讼"中，给出了"简易程序和小额诉讼程序要素式判决用"的文书样式，并且以劳动争议为例。[①] 并且在样式后面的"说明"中还给出了定义，"要素式裁判文书是指对于那些能够归纳出固定要素的案件，在撰写裁判文书时，不再按照传统的裁判文书格式分开原告诉称、被告辩称、本院查明和本院认为，而是围绕着争议的特定要素，陈述原、被告诉辩意见、相关证据以及法院认定的理由和依据的法律文书。"其实，追溯要素式审判法的发展，要素式文书应当是最能代表简式文书的，也是最符合法官传统的办案思路的。但《民事诉讼文书样式》中所给出的要素式文书体例中，在撰写案件由来和审理经过之后，直接将审理过程中的要素表嵌入其中作为"本案查明的事实如下"的内容，并将原告的诉讼请求也作为查明的要素之一，就显得与审判思维不太符合且体例也较为烦琐。

另外，要素式审判法中最重要的是对双方有争议的要素进行认定，而该文书样式中却只确认哪些要素是争议要素，而缺乏对争议要素的最终认定结论，这会让法官无所适从。具体而言，在现在推行的要素式裁判文书样式中，并没有当事人陈述诉、辩意见的安排，其样式本身与所给出的定义不对应；样式中有"本案查明的事实如下"，但通常情况下对查明的事实，人们都习惯于通过逻辑上的连贯性叙述，而不是"一个要素一行"地进行罗列，更何况这种用阿拉伯数字所进行的分散性罗列，也未必能与原、被告所填写的要素表相对应；该样式将有争议要素的举证质证、认证及理由，嵌入在若干案件要素之中，在谋篇布局上稍显不足；该样式的后段，还有"以上事实中，双方有争议的事项为第 × 项、第 × 项，其他事项双方无争议"，通篇看下来，这句话显得没有存在的必要，而且貌似与上文内容之间具有逻辑上的重复或不自洽。[②] 河南省焦作市中级人民法院的调研成果也显示，在简式裁判文书样式中，要素式裁判文书的适用数量不多，适用率不高。由于要素式裁判文书的形式创新效果较为显著，

---

① 这个样式与之前广东省高级人民法院、浙江省高级人民法院及陕西省高级人民法院等出台的要素式裁判文书样式并无较大区别。
② 滕威：《要素式审判方法之改进及其运用——提升民事庭审与文书制作效率的新思路》，载《人民司法》2019 年第 10 期。

各地高院开始着重推广要素式裁判文书。相应地,焦作市中级法院的裁判文书简化探索也是以要素式为主,但课题组经过分析发现,基层法院的法官普遍不愿意采用要素式裁判文书。其主要原因在于:一是要素式格式文书最佳适用场景是手写而非打印。要素式裁判文书是对特定案由的裁判文书尽可能罗列出统一的要素,然后根据个案情况对统一模板的不同要素,进行再加工再取舍。从效率角度来看,此种文书最佳场景应当是手写场景,甚至可以将盖好院印的文书模板统一放置于审判庭,当场填写后当场分发送达。如果运用在打印场景中,则统一模板在制定时因为要尽可能完备,会导致模板中罗列的要素过多,从而导致后期进行取舍时的工作量骤增,反而不利于提高效率。二是要素式格式文书配套措施推行难度大、增加审判负担。从实践来看,焦作市位于中部地区、内陆省份,当事人整体法律意识一般,在没有律师代理的情况下,立案环节指导当事人填写要素表难度较大,多数当事人甚至无法准确理解诉讼要素的专有名词。从调研结果来看,如果不考虑地域民情,单纯为了采用要素式裁判文书而推广要素表或者要素式审判,可能会增加一线审判工作负担。[1] 由于当下推行的要素式裁判文书样式存在上述不足,所以在实践中难以获得许多基层法官的认同与运用,应当进行适当修改与完善。

第四节　要素式裁判文书制作概要

一般情况下,裁判文书的结构或样式,是指裁判文书的固定格式要求,其构成裁判文书的基本写作框架,而且要求制作者以规范而稳定的形式将其表现出来。裁判文书一般由标题、正文、落款三部分组成。其中,正文包括首部、事实、理由、裁判依据、裁判主文、尾部。首部包括诉讼参加人及其基本情况、案件由来和审理经过等;事实包括当事人的诉讼请求、事实和理由,人民法院认定的证据及事实;理由是根据认定的案件事实和法律依据,对当事人的诉讼请求是否成立进行分析评述,阐明理由;裁判依据是根据人民法院作出裁判所依据的实体法和程序法条文;裁判主文是人民法院对案件实体、程序问题作出

---

[1] 河南省焦作市中级人民法院课题组:《推动裁判文书简化改革 提升简案快审工作效率——河南焦作中院关于民事简易裁判文书适用情况的调研报告》,载《人民法院报》2020年11月19日。

的明确、具体、完整的处理决定；尾部包括诉讼费用的负担和告知事项。但根据繁简分流改革的要求，对于简易案件可"使用简化的裁判文书，通过填充要素、简化格式，提高裁判效率"，提倡运用简式裁判文书，包括要素式裁判文书、令状式裁判文书，甚至还有的地方推出表格式裁判文书。其中要素式裁判文书主要供基层人民法院适用小额诉讼程序开庭审理民事案件终结后采用。简易程序的案件也可以适用要素式裁判文书，只是在结尾部分应当向当事人交代上诉权利、上诉期限及上诉法院等。[1]合理简化小额诉讼案件和简易程序案件裁判文书，是优化司法资源配置，提升审判质效的重要方面。

司法实践中，简化裁判文书应注意三个方面：第一，注意可适用简化文书的条件。小额诉讼案件和简易程序案件裁判文书并没有要求一律简化，而是应当视案件具体情况而定，可以简化的文书一般适用于"一方当事人明确表示承认对方全部或者主要诉讼请求，或当事人对案件事实没有争议或者争议不大"的案件，对案件争点焦点较多、证据较为繁杂、有必要作出充分说理的案件即不宜简化裁判文书。第二，注意文书简化的内容和方式。裁判文书简化重点在于当事人诉辩称、事实认定和裁判理由三方面，即：当事人诉辩称主要记载诉讼请求、答辩意见及简要理由；事实认定主要记载法院对当事人产生争议的事实和证据认定情况；裁判理由主要针对事实和法律争点进行简要释法说理，并明确适用的法条依据。第三，注意适用小额诉讼程序案件的特殊简化规则。即适用小额诉讼程序案件的裁判文书，甚至可以不载明裁判理由，但不载明理由的需满足两个条件：（1）案件事实清楚、权利义务关系明确、法律适用清晰，实践中一般体现为承认对方诉讼请求、对关键事实没有争议，以及有明确法条与之对应。（2）不载明理由的前提是人民法院已对案件作出了当庭裁判，裁判理由在宣判过程中已作说明，并经庭审录音录像或者庭审笔录作完整记录。小额诉讼案件对裁判理由的简化，并非实质上的省略，而是变通了说理的载体和方式。需要强调的是，裁判文书的简化不能减掉案件必要信息，包括当事人基本情况、审判组织、适用程序、诉讼费负担、救济方式等，这些内容不得省略。

要素式裁判文书总体上的制作要求是，对于能够概括出固定要素的案件，

---

[1] 参见最高人民法院《人民法院民事裁判文书制作规范》的"基本要素"部分，载最高人民法院修改后民事诉讼法贯彻实施工作领导小组编：《民事诉讼文书样式》，人民法院出版社2016年版，第2页。

在撰写裁判文书时不再分开陈述当事人诉辩意见、本院查明、本院认为部分，而是围绕争议的特定要素，陈述当事人的诉辩称意见、相关证据以及法院认定的理由和依据的法律文书。要素式裁判文书要求庭审时围绕要素进行调查和辩论，不再单独分开传统裁判文书所对应的法庭调查和法庭辩论两个环节。而且要素式文书对于无争议的要素（事实）用一句话概括，不再分开陈述原告、被告和法院三方意见。在具体写作方法上，要素式文书采用"夹叙夹议"的写作方法。同时，最高人民法院在要素式裁判文书的"说明"中提出，其他要素式文书可以参照所提供的文书样式进行撰写，但在审判实践中，各基层人民法院也可以根据案件具体情况作出适当调整。[①]鉴于要素式裁判文书最具简式裁判文书特征，也最具代表性，故以下着重介绍要素式裁判文书部分格式要素的撰写和制作。

一、要素式裁判文书的首部制作

要素式裁判文书的首部应当按照最高人民法院公布的《人民法院民事裁判文书制作规范》的要求撰写，不可省略。作为裁判文书的起始部分，格式要求是非常严格的，通常不准许自由发挥。其基本内容在于表述本案与其他案件的区别，这起案件是一起什么样的案件，用什么程序，什么组织等来裁判。首部主要是传递案件的基本信息，包括诉讼参加人及其基本情况、案件由来、审判组织和审理过程。就其体裁而言，应属于说明文。在制作要素式裁判文书时，除了要严格遵守最高人民法院《人民法院民事裁判文书制作规范》中的首部要求外，还应注意以下几点：

（一）当事人基本情况

1. 当事人

应注意当事人的基本情况包括称谓的准确和规范。当事人是自然人的，应写明其姓名、性别、出生年月日、民族、职业或者工作单位、身份证号码、住址。其中住址应写其户籍所在地。经常居住地与户籍所在地不一致的，写经

---

① 最高人民法院修改后民事诉讼法贯彻实施工作领导小组编：《民事诉讼文书样式》，人民法院出版社2016年版，第350页。

常居住地。连续两个当事人的住所相同，也应分别表述，不使用"住址同上"的表述。

非自然人的当事人名称，应注意依照营业执照和公章来确定，不得随意增减和替换文字。尤其要注意避免错用同音字，以免造成主体的不确定性。应注明组织机构代码。

法定代表人、负责人的称谓应规范：法定代表人的姓名应以身份证或营业执照上的为准。介绍法定代表人的身份时，应写明任职单位，如法定代表人张某某，董事长，而不写"该公司"。应注意避免对法人以外的其他非法人组织不加区别地称之为法定代表人。如对银行分行和支行的行长、律师事务所的主任应称负责人或代表人，金融资产管理公司的称为负责人。

2. 委托诉讼代理人

对委托诉讼代理人应注意其人数与实际出庭参加诉讼的人数一致，对未出庭的人员也要介绍。因为其不仅办理了授权手续，而且其可能在庭外参与一些具体的诉讼活动如调查取证等。对委托诉讼代理人的称呼是依据法定代理、委托代理和指定代理三种方式相区别而确定的，实践中不宜用"诉讼代理人"进行表述。对委托诉讼代理人的代理权限，应在委托诉讼代理人之后注明是"特别授权代理"或是"一般授权代理"。也可在句尾加写一句：代理权限：特别授权。在只有委托诉讼代理人出庭且是调解结案的案件中，调解书尤其要写明代理权限。

对当事人的称谓要统一，不能时而原告，时而反诉被告，时而××公司，而且我们不主张用诉讼地位来代称当事人的名称，特别是在有几个原告或几个被告的情况下更有指代明确的必要。

（二）住所地

当事人的住所地表述应规范：不能漏写当事人的住所地；当事人的住所地在行政区域上要对应，当事人一方是外省的，对本省的当事人住所地应冠以省名，切忌一方当事人写××省××市××路××号；另一方则写××市××路××号。如此表达，除了地位上的对等性外，还有文字上的对称美。

（三）名称简称

裁判文书为了表述简练和简洁，常常需要对单位名称、事物名称进行简化。但现实中简称不规范的情况较为普遍。对单位名称的简化看起来十分简单，实际上用好简称也是一门学问，也有原则和方法值得探索。一般情况下，应当注意以下几个具体事项：

1. 简称要简，不能简称之后仍然很长。如曾经有一份文书，对单位名称简化后还有十三个字。

2. 简称要适当。并不是所有名称较长的都要简称，这应根据其在文书中的使用频率来确定，如在文书中使用次数不多，则不必简称。如民事裁定书，大多用全称即可。

3. 简称要贴切。当事人名称的简称要准确，既要简洁又要反映其单位性质并避免歧义。称呼与该单位名称最为近似，使人能容易感觉到是其简称。据说在一份判决书中，将国土资源局简称为国资局，就易使人与国有资产管理局相混淆。

4. 简称应对称。如原告、被告名称简称后字数要尽量一样，这样可以增加阅读上的节奏感和行文上的对称美。

5. 简称安排要适时。这是指简称，一般在裁判文书"当事人身份栏"和判决主文栏中忌用。在当事人身份一栏使用会使司法文书不庄重，在判决主文栏使用则使判决不严肃。正确的做法是在案件来源和审理经过部分开始使用，并括号注明"以下至判决主文前简称为××"，这样可体现判决的庄重、严肃性。加上"至判决主文前"是为了避免在"以下简称"的范围上出现逻辑上的错误。

6. 简称应避免粗俗和诙谐，注意表达效果。比如，曾有人将湖南怀化轮胎厂简称为"怀胎厂"、将上海市吊车厂简称为"上上吊厂"、将铁路公安机关简称为"铁公机"，诸如此类，均属简称不规范。

7. 简称要固定、单一。一旦确定简称，就必须使用简称，不能简而不用，不能对一个单位使用几个简称。另外，在诉讼当事人名称的简称上，对同一地域或管辖范围内的单位，应尽量避免一些近似名称的简化统一。如国土资源管理局与国有资产管理局，都有可能被简称为国资局，但在一般情况下，应将前者简称为"国土局"。

（四）称谓排序

在首部写作中要注意当事人的排序问题。应按内外、主次、正副关系确定先后；如被告为二人以上，应按法律关系和民事责任确定诉讼称谓顺序，如被告分别为主债务人、保证人和侵权人（虚假验资、投资不到位、未清算），应依序排列，如果原告起诉排序不当，在裁判文书中可予调整。当事人委托二名诉讼代理人，其中一名是本单位职员，另一名是律师或外单位人员的，本单位人员应排序在前；两名委托代理人为同一单位或同一律师事务所的，对两人的姓名和身份应分行写，不要放在同一行，如"张三、李四，某某律师事务所律师"，这样是不规范的；两名委托诉讼代理人均为律师，特别授权的应写在前面；若代理权限一致，则出庭的应写在前面。法官的称谓排序应按审判长、审判员和代理审判员排序；有两名审判员时，主审法官排在第二名，在文书署名时也应保持这种顺序。

（五）诉讼过程

现代司法体制要求裁判规则、程序和运作过程的高度透明化，裁判的公开性要求把审判行为、过程和结果在裁判文书中全部展示出来，同时也能体现庭审方式改革的成果，包括当事人举证、质证情况，法庭的认证过程，庭前交换证据的结果及法官在庭审中归纳当事人认可的事实和争议的焦点。要避免出现具体的诉讼行为未写明具体的时间，对起诉、立案、中止、证据交换、开庭时间不作交代或只介绍开庭等个别事项等现象。写明诉讼行为时间的意义，不仅在于保证当事人全面和直观地了解案件审理的全过程，体现公开性，还有利于案件分析和法院对案件的审判质效管理。如起诉时间涉及诉讼时效的计算；受理的时间可以判断该案是否超审限，进而判断办案效率；写证据交换时间可以使人了解本案是否适用了证据规则所确定的30日举证期限，对确定新证据有意义，证据是否存在时限瑕疵。

当然，首部还要交代审判组织，要素式裁判文书中应当尽量避免机械套用裁判文书格式，从而误将独任制写成合议制，或将合议制写成独任制，这种情况会被认为适用程序错误，甚至在上诉后有被发回重审的危险，所以，审判组织一定要交代清楚。出庭参加诉讼的人员应具体写清人员姓名，不应当笼统地用"双方当事人均到庭参加诉讼"进行表述。案件审理过程中的其他诉讼活动，也应在案件审理过程中载明，如诉讼保全、司法鉴定、延长审限等亦应予以介绍。

二、要素式裁判文书的案情概要制作

（一）要素式裁判文书案情概要制作的原则要求

案情概要属于要素式裁判文书的正文部分，也是要素式裁判文书制作的核心部分。这里会涉及与庭审的配合问题，也就是说，有的要素事实在法庭上一旦固定并被认定，就会通过庭审笔录予以记载，这也是裁判文书能够略式的原因之一。正如《广东省高级人民法院关于推行民事裁判文书改革促进办案标准化和庭审规范化的实施意见》（粤高法发〔2013〕12号）中所要求的，当事人已在开庭审理前填写要素表的，法院在审理时对双方无争议的要素予以确认并计入庭审笔录；对于双方有争议的要素应重点审查。对于无争议要素的证据可以不用质证，证据的展示和质证只需围绕争议要素展开。当事人在开庭前未填写要素表的，法院在审理时可以要素表的基本要素为线索，逐项当庭征求双方当事人意见，对双方无争议的要素予以确认并计入庭审笔录；对于双方有争议的要素应重点审查。

按照《民事诉讼文书样式》中对要素式裁判文书的"说明"第5点要求，要素式文书对于无争议的要素（事实）用一句话概括，不再分开陈述原告、被告和法院三方意见。也就是说，要素式裁判文书不再单独陈述原、被告诉辩意见，本院查明事实和本院认为部分，而是紧紧围绕双方当事人所争议的要素，陈述原、被告意见及证据和法院认定的事实理由（当然，接下来作出的裁判，可能会需要列出所依据的法律条文）。由此可见，要素式裁判文书的简略，实际上是以庭审笔录的记载为补充、为基础的。正因如此，要素式裁判文书中，对于无争议的事实才可以简略概述，即对一方陈述的事实，另一方表示认可的，可不再重复。其可以表述为"双方对……等要素没有异议"或者"被告对原告主张的……等要素事实表示认可"；对于对方部分认可的，也应实事求是地将异议的要素表述出来。当然，对有争议的案件要素，可以夹叙夹议；简单事实也可在庭审中予以确认并记入笔录，在文书中可不再说理。多个法律事实的叙述要主次得当。比如，叙述一买卖合同的内容，一般情况下要涉及时间、地点、标的物的自然特色、名称、规格、数量、单价、质量、交付时间、地点、交付方式、验收方法、付款日期、违约责任等诸多要素内容。假如本案争议是逾期付款，案情叙述只需着重介绍与付款期限相关的约定和履行情况就可以了，而对另外的多个法律事实的叙述还要层次分明，所争议的主要法律事实和与之相关的法律事实应有先后排序。再比如，涉及主体更名、合并、分立和债权债务的承继与转移等事实，就应叙述于后。

这里，需要强调几个规则：一是对前后内容矛盾的案件事实的描述，要按照从新的原则确定。有的当事人在开庭时对案件事实的陈述与之前所填写的《诉讼要素表》的内容不一致，就应当以庭审陈述为准；原告的诉状内容与开庭陈述不一致的，也应当以开庭陈述为准。二是对当事人在诉讼中一开始承认某种事实，后来发现对自己不利而反悔改口的事实，就未必遵循从新原则，而需分析当事人后陈述的内容是否有证据证明，如果没有则应当以反悔前所承认的事实为准。

根据上述要素式裁判文书对案情概要的原则性要求，我们认为其文书制作可采"诉讼要素列举样式"和"诉讼要素归纳样式"两种具体的制作形式。

（二）诉讼要素列举样式

要素式裁判文书，就是要将原来文书样式中的查明事实部分的案件要素予以提炼，而省略掉系统的、连贯的案件要素以外的成分，甚至看上去只是一种要素的列举。事实上，根据全国各地的实践探索，也多采列举诉讼要素的方式。例如，最高人民法院所设计的各类劳动争议案件的要素式文书样式，就是采用要素列举的方式，所涉及的案件要素不下三十个，但并不是每个案件都用得上这些要素。比如，各类劳动争议案件的诉讼要素可列举为如下三十三项，连同原告的诉讼请求要素为三十四项：

一、入职时间：_____年_____月_____日。

二、签订书面劳动合同时间：_____年_____月_____日（未签的写"未签订"，如有签订多份的，请逐份载明）。

三、合同期满时间：_____年_____月_____日。

四、劳动者工作岗位：_____。（如合同约定与实际工作岗位不一致的，分别列出合同约定岗位和实际工作岗位）

五、合同约定的工时制度、每月工资数及工资构成：_____。

原告主张及证据：_____。

被告抗辩意见及证据：_____。

法院认定及理由：_____。

六、劳动者实际实行的工时制度、领取的每月工资数及工资构成：_____。

　　七、参加社会保险的时间和险种：_____；申请社会保险待遇：_____。

　　八、发生工伤时间：____年____月____日；死亡时间：____年____月____日；工伤认定情况：_____。

　　九、住院起止时间：____年____月____日至____年____月____日。

　　十、工伤各项费用：医疗费数额：_____；假肢安装费数额：_____；伙食补助费数额：_____；交通费数额：_____；丧葬费：_____。（可视实际情况增加）

　　十一、伤残等级鉴定时间：____年____月____日；鉴定结果：_____。

　　十二、受伤后至劳动能力鉴定前工资发放情况：_____。

　　十三、广州市上年度职工月平均工资：_____；同期最低工资标准：_____。

　　十四、用人单位需支付的保险待遇种类及金额：_____。

　　十五、加班时间：正常工作日加班时间_____小时、法定休息日加班时间_____小时、法定节假日加班时间_____小时。

　　十六、加班工资计算基数：_____。

　　十七、应发工资金额：_____，计算期间：_____，工资构成_____，加班工资的计算方法_____。

　　十八、实发工资金额：_____，计算期间：_____，工资构成_____，加班工资的计算方法_____。

　　十九、欠发工资及加班工资数额：_____。

　　二十、解除或终止劳动关系前十二个月劳动者的月平均工资数额：_____。

　　二十一、劳动者的工作年限：_____。

　　二十二、解除或终止劳动关系的原因：_____。

　　二十三、解除或终止劳动关系的时间：____年____月____日。

　　二十四、解除或终止劳动关系经济补偿金或赔偿金数额：_____。

二十五、应休年休假：_____日，实休年休假：_____日。

二十六、扣除加班工资后的本人工资数额：_____。

二十七、未休年休假工资：_____。

二十八、未签订书面劳动合同的二倍工资：_____。

二十九、双方发生劳动争议的时间：_____年_____月_____日。

三十、申请仲裁时间：_____年_____月_____日。

三十一、仲裁请求：_____。

三十二、仲裁结果：_____。

三十三、需要说明的其他事项：_____。（包括先予执行、诉讼保全、鉴定等需要说明的问题）

三十四、原告的诉讼请求：_____。

　　上述通用版的劳动争议纠纷，共列举了三十四个诉讼要素，按照要素内容的来源主要可分为四类：第一类是直接通过调查可以确定内容的，此类共有二十三项，包括第一项至十三项、第十五项、第十八项、第二十二项、第二十三项、第二十五项、第二十九项至第三十二项、第三十四项；第二类是既需要调查又需要计算的，此类共有四项，包括第十六项、第十七项、第二十项、第二十一项；第三类是直接可以通过计算得出的，此类共有六项，为第十四项、第十九项、第二十四项、第二十六项、第二十七项、第二十八项。这类项目通常对应着当事人的诉讼请求，这些项目均可从前文所查明的诉讼要素中计算得出。如第十九项（欠发工资及加班工资数额）其实就是第十七项（应发工资金额）减去第十八项（实发工资金额）的结果；第四类，第三十三项（需要说明的其他事项）属弹性设置，对于凡是认为需要写明的内容都可以写在该项当中。对于此项内容较多的，可分为几项或几段来写。

　　这只是劳动争议纠纷案件一种通用的案情概要制作，运用时还可以根据个案的不同情况进行诉讼要素的增减。因为各种不同的劳动争议纠纷本身并不都需要上述前三十三项的诉讼要素，个案中都有自己所需要的特定要素，故在制作案情概要时，应根据个案中的事实与法律上的争议，进行案件要素的筛选。比如，广州市中级人民法院所设计的针对劳动者工伤保险待遇纠纷的要素式裁判文书可资参考，其案件的诉讼要素则为：

一、入职时间：_____；

二、工资标准：_____；

三、工伤保险办理情况：_____；

四、受伤时间：_____；

五、住院起止时间：_____；

六、拖欠医疗费数额：_____；

七、尚需假肢安装费用：_____，原告主张及证据：_____，被告答辩意见及证据：_____，法院认定及理由：_____；

八、工伤认定情况_____；

九、伤残等级鉴定时间_____；

十、伤残等级_____；

十一、受伤后至劳动能力鉴定前工资发放数额_____；

十二、双方解除或终止劳动关系时间及原因_____；

十三、广州市上年度职工月平均工资_____；

十四、用人单位需支付的工伤待遇名称及数额_____；

十五、仲裁请求_____；

十六、仲裁结果_____；

十七、需说明的其他事项_____；

十八、原告诉讼请求_____；

显然，根据劳动者工伤保险纠纷案件的特点，只需列举上述十八项案件要素即可，而且这仍然不影响根据个案情况进行要素的适当增减。以此类推，其他民事纠纷也可以在提取案件要素的情况下，进行案情概要的撰写。比如，"房屋买卖合同纠纷案"文书样式中，其案情概要就可根据此类案件的个案情况提炼出基本的、能够满足此类案件裁判的案件要素：

双方有争议的事项为下列第×项、第×项，其他事项双方无争议。

一、房屋买卖合同的签订时间：_____；

二、房屋地点：_____；

三、合同约定房屋面积：_____；

四、房屋实际交付面积：_____；

五、合同约定的面积误差处理方式：_____；

六、房屋总价款：_____；

七、合同约定交房（办理房屋权属证书）时间：_____；

八、实际交楼房（办理房屋权属证书）时间：_____，原告主张及证据_____，被告答辩意见及证据_____，法院认定及理由：_____；

九、合同约定的计付延期交楼（办证）违约金的起始日期：_____；

十、合同约定的计付延期交楼（办证）违约金的截止日期：_____；

十一、计付延期交楼（办证）违约金的天数：_____［被告尚未履行交楼（办证）义务的，计至起诉之日止］；

十二、合同约定的延期交楼（办证）违约金标准：_____；

十三、延期交楼（办证）违约金数额：_____；

十四、合同约定的免责事由：_____；

十五、需要说明的其他事项：_____。

虽然对要素式裁判文书中有争议的事实，可参照某一项的写法，但被参照的写法中也会有一定的复杂性，往往并不是一两句话就能够表达出来的。对此，一方面要依赖庭审中的质证与认证，另一方面要学会高度概括。其实这背后是需要一定的举证、质证和认证知识与司法经验的。对有争议证据的类别与证明对象，常见的情形是：原告为支持自己诉讼主张向法院提交了哪些证据材料。比如，借款合同对账凭证、催交贷款通知书、债权转让协议、债权转让通知、催收债务的函等。这在双方对证据材料无争议的情况下是可行的，但若双方存在诉讼时效争议，则应将催收贷款通知书、催收债务的函的形成时间、催收送达主体、通知书的主要内容列举出来；若需要对证据材料进行排序，则排序的方式一般为两种：一是按证据形成的时间；二是按所证明事实的内容进行分类。其中，最烦琐和最难归纳叙述的是质证意见和认证意见。《民事诉讼解释》第一百零三条明确规定，"未经当事人质证的证据，不得作为认定案件事实的根据。"因此，对当事人有争议证据的质证意见，应当在要素式裁判文书中简要地有所反映，若在庭审笔录中有所反映，也可不在文书中予以反映。

值得注意的是，当遇到当事人人数众多、证据材料多、争议比较大的案件的时候，所举证据达几十份，各方当事人对证据都一一发表意见时，则不宜采用诉讼要素列举式裁判文书样式。因为按照民事裁判文书的写作要求，这种情况下须对这些证据材料进行分析与认证，且采信或不予采信都要说明理由，若仍然采用要素式裁判文书，其显然无法驾驭。另外，还要注意，不要将当事人的诉称事实当作案件事实来写，文书中所查明的事实，只能是与民事法律关系相关联的、诉讼前的事实。

（三）诉讼要素归纳样式

通常情况下，以简易程序审理的案件，其作出裁判的"大前提"所内含的法理或事理往往具有"不证自明"的公理性质。而其"小前提"则是通过诉讼程序有效衔接后所作出的事实认定。这种裁判应当与庭审中的法官心证公开、裁判理由公开相衔接，包括认定事实和有限的裁判说理。在这种审理模式下，才可能产生简式文书。具体而言，简式文书一定要与庭审中对无争议事实的认定，对争议事实的认定说理以及裁判说理相结合，在此基础上，才可以出具不载明详细裁判理由的简式文书。当事人如有需要，可复制庭审笔录。

要素式审判法要求在庭审时，对无争议的案件要素只作说明并加以确认即可，庭审的重点在于围绕案件争议要素进行调查与辩论，不再单独区分调查阶段与辩论阶段，相应证据材料的展示也围绕有争议的要素展开。在审前准备程序上，实际操作中所填写的《诉讼要素表》，已预先保障了当事人对相互间诉请事实和辩驳理由的熟知，且多数情况下相互都持有各自的书状，故对那些能够归纳出固定要素的，裁判文书中便无须重复原告诉称和被告辩称内容。因此，要素式裁判文书的结构安排，必须要回应要素式庭审方式并与其相结合。具体而言，要素式裁判文书就是要围绕具体的案件要素，对其中无争议的案件要素事实用一句话概括，而对有争议的案件要素，简要表述双方意见或举证、质证以及法院认证的理由和依据，排除使用阿拉伯数字对案件要素进行列举。只有这样，才能真正体现要素式裁判文书在制作上的简化与高效，而且这样架构出来的裁判文书/样式，才更具普适性与可复制性，才可能受到绝大多数基层法官的认可。当然，这样的体例设计，虽然与诉讼要素列举样式在本质上没有不同，但在视觉上却反差较大，操作起来也更为简便，且绝大多数简易案件皆可适用，具有一定的普适性，亦可成为大多数要素式裁判文书的统一样式。

司法实践中，有人认为这样设计出来的要素式文书样式，可能会与令状式裁判文书样式有所雷同。其实，考察多地法院对令状式裁判文书的运用发现，其都是指只包含诉讼参与人称谓和法院裁判文书主文，不记载当事人诉辩主张和裁判理由的法律文书。如《广东省高级人民法院关于推行民事裁判文书改革促进办案标准化和庭审规范化的实施意见》(粤高法发〔2013〕12号)、《陕西省高级人民法院关于简化一审民商事案件裁判文书的规定（试行）》(陕高法〔2015〕170号)以及《浙江省高级人民法院关于民商事案件简式裁判文书制作指引》等文件中，均有内容大体一致的有关令状式裁判文书的定义。由此可见，相对而言，令状式裁判文书的内容要比要素式裁判文书更为简略，其主要内容只相当于传统裁判文书的判决主文。而要素式裁判文书，至少具有对当事人双方无争议案件事实的简要表述，也有对双方有争议之案件事实的认定或简要说理，它是长期以来格式化裁判文书的一种简化形式。与令状式裁判文书相比，其不仅符合诉讼法理，而且更符合裁判文书构成要素的基本要求，更易为当事人及其代理律师所认同。对此，我们将在后文专门阐释要素式裁判文书与令状式裁判文书的区别。

为突出要素式裁判文书的简略性和可复制性，实践中可考虑对同类型案件的裁判文书，设计出案件要素较为齐全和清晰的样板进行填写，从而在记载当事人身份信息后，通过归纳当事人所填写的诉讼要素表以及法院认定的案件事实，直接对案情中的各要素事实进行认定，包括无争议的，也包括有争议的。

现以一起机动车交通事故责任纠纷案的案情概要制作为例：

双方当事人对交通事故发生的时间为××年×月×日×时×分、事故发生的地点、车损情况以及原告所受轻微伤、交警部门对事故的认定以及××车辆的投保情况等要素事实均无异议，而且本院已当庭对原告的医疗费××元、住院伙食补助费××元、护理费××元、交通费××元等予以确认。

双方有争议的事实为：1.原告的误工损失标准及其误工天数；2.原告的车辆损失价值。

本院结合庭审中原、被告双方的举证与质证，对上述争议事实认定如下：1.关于误工费标准及误工天数。原告供职于某公司，日工资200元，并提供了停发工资60天的证据予以证明，故本院认定其误工费为12000元；2.关于车辆损失。原告主张自己的车损为1800元并提供了维修费发票，结合道路交通事故认定书载明的车辆受损情况，本院确认该1800元属于原告实际发生的损失。

对案情概要所采用的诉讼要素归纳式，实际上就是区分有争议的诉讼要素和无争议的诉讼要素两个层次，在此基础上所进行的归纳，其逻辑框架为：双方当事人对＿＿＿、＿＿＿、＿＿＿等要素事实无争议，本院予以确认。双方只对＿＿＿、＿＿＿等要素事实有争议，经当庭举证、质证，＿＿＿（写明认定的要素事实及简要理由）。

（四）要素式裁判文书案情概要制作的注意事项

无论采取哪种要素式裁判文书样式，对有争议的证据材料，法院一定要表明采信或不采信的理由，哪怕是简单说理，也不能避而不谈，也不能以"均认为不属实"一笔带过。认证叙述应根据当事人质证后的焦点来展开，主要是针对与法院认定意见不一致的一方当事人的观点，以论证方式阐释法院的认定理由。如一方当事人以书证是复印件为由提出证据形式效力问题，但本案有其他证据可以证明与复印件的书证内容相吻合的，法院则据此阐释对该证据采信的理由。

其实，要素式审判法所对应的要素式裁判文书，理论上都应当是在程序上相对简易或简单的民商事纠纷案件。要素表中哪些要素必须具备，哪些可以省略，一份要素表中应该具有多少个要素，才能涵盖审理案件要素需要的全部内容，都是不固定的，每个法官也会有不同的理解，不同法院同类案件的要素表也会有所不同，无疑会限制要素式庭审的运用及出具要素式裁判文书的范围。比如，争议事实比较复杂、法律关系比较复杂的案件，要通过当事人填写要素表查清事实，明确争议焦点并有效举证，往往较难操作。《诉讼要素表》的内容一般较为简单且不确定，确实难以适应复杂案件的审理与裁决。[①]总而言之，要素式裁判文书的案情概要部分，其实就是裁判可资利用的案件诉讼要素的集合，其来源基础就是当事人双方在庭前填写的案件诉讼要素表，以及庭审中法官对案件的诉讼要素进行审查核实后的认定，再经过滤所进行的提炼与归纳，最终得出裁判结果所依据的案件事实。

三、要素式裁判文书的裁判依据与裁判主文制作

要素式裁判文书的裁判依据与裁判主文的制作规范，主要体现在法律条文的引用与裁判主文的表述这两个方面。

[①] 参见孙智慧等：《优秀民商事裁判文书标准研究》，中国法制出版社2015年版，第93页。

（一）法律条文的引用

引用法律、法规、司法解释时，应当严格适用《最高人民法院关于裁判文书引用法律、法规等规范性文件的规定》。首先，引用多个文件的，应分清级别效力。应先引用等级、效力高的法，再引用等级、效力低的法；（同一等级的）先引用特别法，再引用普通法；在同时需要引用实体法与程序法的情况下，先引用实体法，再引用程序法。关于实体法与程序法的关系问题，司法实践中有两种不同的观点和做法，即认为应先引用程序法后引用实体法，其理由是裁判文书应交代诉讼过程，再介绍实体处理。在不好引用的情况下，不引用并不是问题，但可引用而不引用则成问题。比如，缺席判决的案件，要引用《民事诉讼法》有关缺席判决的法条；涉及举证责任分配和举证不能后果的，则要引用我国《民事诉讼法》第六十七条。过去最高人民法院的司法解释等是不能在司法文书中援引的，但根据1997年6月23日《最高人民法院关于司法解释工作的若干问题》的规定，司法解释与有关法律规定应一并作为人民法院判决或者裁定的依据，至此，最高人民法院的司法解释也应当在裁判文书中援引。

其次，法律条文的引用要齐全。法律条文的引用要条、款、项、目齐全，适用到哪一层次的规定，就应具体写到哪一层次，避免笼统地只引用××条，更不能笼统地说"根据《中华人民共和国民法典》的相关规定"，也不要引用一般性条款，只有在无特别条款规定的情况下，才可能引用到一般性条款或原则条款。法律条文的引用要齐全，并不是要求对同一法律事实的判断和处理所引用的法律规范都要面面俱到，而是要求应有针对性地对某种法律事实作出评判。若这一情况在特别法中已有明文规定，则只需引用特别法，而不需引用普通法。如《农村土地承包法》和《民法典》，对农村土地承包法中有明文规定的，援引农村土地承包法即可，而无须引用民法典的有关规定。这里要注意的是，所强调的是对同一法律事实的评判。若不是对同一法律事实的，则应根据不同的事实和情节分别引用。如果《民法典》合同编中的条款是对合同效力而言，而《民法典》总则编的条款却是针对民事责任而言的，则应分别援引。

最后，值得注意的是，在裁判文书上引用的只有国家颁布的法律、行政法规和司法解释，其他政府规章、旨在保护本地区经济发展的地方性法规等，不应在裁判文书中体现和引用。这是为了统一执法标准的一个具体要求，决不能作出与国家法律，乃至我国参加的国际公约、条约有矛盾的判决。判决时实体法、程序法都要注意引用，并且要按照实体法的从大到小、从法律到行政法规再到司法解释的顺序。因此，引用法律条文要正确，这是裁判文书的重要一环。

（二）裁判主文的表述

裁判主文即为裁判的结果，它是对案件实体争议所作出的处理决定，其根据诉讼请求的不同采取不同的表述方式。首先，裁判主文的表述要全面、具体、准确。所谓全面即事项要完整，对履行义务的时间、方式等不能有所遗漏。文字内容只能作单一解释或确定性的解释，不得产生歧义或模棱两可。判决不应漏项，即裁判主文的内容应与当事人的诉讼请求相一致。当事人有几项诉讼请求，对这几项诉讼请求就都要作出支持或不支持的表态，不予支持的要在判决结果中写明驳回该项诉讼请求，不可置之不理。如当事人一方要求对方承担诉讼费用和诉讼期间的差旅费用，文书应予表态，至少应叙明"驳回其他诉讼请求"[①]。有人主张判项应具有独立性和单一性，即一个判项只确定一项权利或义务。比如，明确给付本金、利息和给付期限的判决，宜作三个判项来判决。具体来说判决清偿100万元本金、25万元利息、十日内履行完毕的判项，即：一、×××向×××清偿借款本金100万元；二、×××按照中国人民银行所规定的同期同种类的贷款逾期罚息的利率标准向×××支付×年×月×日至×年×月×日期间利息25万元；三、前二项给付金额125万元，限×××在本判决发生法律效力后次日起十日内履行完毕。若判决主文采用一个判项，如"被告向原告清偿贷款本金100万元、利息25万元合计125万元，限在本判决发生法律效力后十日内履行完毕"。假如案件上诉，而原计算的利息可能会因标准和期间问题需要改判，此时二审法院便会撤销原判的全部内容。而若将本金、利息和履行期限分开判，二审法院则只改判利息，维持本金。这也有了全部改判和部分改判的区别，并且判项的条理性更加清晰。应当说这种表述内容明确、文义清晰，但也有值得探讨之处。实务界就有人认为，并不是判项越多越好，也并非判项越多越判决清楚、无争议。在许多情况下判项应当是可以合并的。例如，判决某当事人归还本金、利息和罚息，本可以在一个判项中解决，有的法院却用了2个判项

[①] 在有关判项漏项问题上，若法院就原告的诉讼请求金额部分支持的，那么对未支持的另一部分，是否要写明"驳回其他诉讼请求"？这涉及诉讼请求与诉讼请求额的概念和关系问题，涉及诉讼请求狭义概念与广义概念问题，有的法院要求下一个判项，但我们认为作为同一个诉讼请求，支持了部分诉讼金额，则意味着否定了另一部分诉讼金额，无须再作一个判项。

解决；在驳回原告、被告诉讼请求时，可以合并在1个判项中驳回各方当事人其他诉讼请求，而有的法院用2个判项分别驳回原、被告的诉讼请求，造成判项烦琐。还有人认为，通常情况下，每个当事人完全可以判决1个判项，即使有多笔债务，也完全可以在认定与法律适用之论证部分，均一笔一笔地论证清楚，在判决时只用1个判项就可以解决问题；对于担保人同样使用这种方法，只是应当进一步注明担保人承担的是何年何月何日之合同项下，多少金额的担保责任。不用面面俱到，只要在文字上解释清楚，各个判项同样能够起到应有的作用和产生必要的法律效力。我们认为，上述两种观点并非相互对立而不可调和，法官可以根据具体的案件进行合理把控，尽可能地避免上述两种观点上的极端现象。

其次，判决主文的内容应具有确定性。履行金钱给付义务的，要明确到元、角、分，而不是告知计算原则、方法和期限。在最高人民法院的裁判文书中，有时也会采用这种表述方式，称从某年某月某日至实际支付日按国家规定的利率标准计算利息，这种方式实际是给当事人出计算式，将判决结果的答案交给当事人去做，这并不符合判决主文明确的基本要求。而且，到了执行阶段，双方又可能发生计算上的分歧。另外，判决事项延伸到执行阶段，也容易造成审判权与执行权的冲突。例如，至判决确定之日利息应为2万元，判决逾期后若义务方不履行按照法律规定是可以加倍计算逾期利息的，此处若不明确，而是判决到实际支付日，则假设是2.5万元，那么究竟是按2万元来加倍计算，还是按2.5万元来加倍计息，这两种计算结果是不一致的。因此，我们主张，判决一定期限内履行给付内容和其他义务的，一定要明确具体期限和履行程度。履行期限要有终止时间，履行程度一定要用完结、完毕或付清这类词语表述，绝不能给人以两种以上的解释空间。

再次，判决主文应有可执行性。即判决内容不仅要能够具体实施，并便于强制性执行；如果不能强制执行，则应有可执行的补救措施。如判决一方办理房产证的事项；判决主管单位负责清算的事项等，这些行为应判决其一定的履行期限，逾期则应有一项可供直接执行的补救条款。如果不能强制实施，则要思考判决作出是否存在法律适用方面的问题，比如夫妻间某些义务的履行是不适宜强制措施的。对于被告采取抗辩方式提出的具有抵销性质的"诉讼请求"，或者说未提反诉的请求，不宜用判决主文驳回，而应在理由部分说明。

最后还需注意，合同的效力是否要成为每个案件的判项，要依当事人争议而定，如果双方的争议涉及合同效力，判项则一定要作表态；如果未涉及则可以不写。但如果原告诉请的依据是以合同无效作为基础的，且被告又坚持合同有效，判决结果的第一项应写明对该合同效力的确认或否认，如"××与××签订的××合同有效（无效）"。主文的表述方法，一定要注意用语的准确和精练，并注意前后照应。如合同有效则写偿还本金和利息，若合同无效则只能写返还本金和赔偿损失，而其损失按利息计算。

四、要素式裁判文书的尾部制作

裁判文书的尾部会有诉讼费用的确定与负担。诉讼费用要明确分担，案件受理费、实际支出费、鉴定费、证人费等各项费用应按类别分开说明。而且，除小额诉讼程序审理的案件实行一审终审外，其他裁判文书应当对上诉费的缴纳有所交代，即判决书在交代上诉期间、上诉状份数和上诉法院之后，应当用括号注明上诉费收款单位、开户银行、账号等。对一审不予受理、驳回起诉、管辖权异议的裁定，其尾部表述的上诉期为十日，这应当与一审判决的上诉期为十五日有所区别，不能混淆。

五、要素式裁判文书与令状式裁判文书的异同

要素式裁判文书不再拖沓冗长、千案一面，而是呈现如下特征：一是不再固守法院传统"四段论"以及文书样式；二是对无争议要素在审查后直接确认，更为概括、精练；对有争议要素则集中陈述多方意见，更为条理清晰、争点突出；三是传统民商事裁判文书采用先叙述、后议论的写作方法，而要素式文书则采用分要素"夹叙夹议"写作方法；四是要求动态展现要素式庭审的过程，突出原告与被告围绕争议要素开展的调查和辩论，在文书中不再割裂调查、辩论两个环节。[1] 同时，适用要素式庭审方式的案件也不必然适用要素式文书，比如对于普通程序独任审理的一些案件，可能会因其案情稍复杂而不太适合运用要素式裁判文书。司法实践中，有人认为要素式裁判文书与令状式裁判文书样式有所雷同，只是在表现形式上略有差异。其实，从各地法院对令状式裁判文书的实践看，两

---

[1] 胡志光等：《繁简分流在裁判文书和庭审方式改革中的体现》，载《法制日报》2016年11月23日。

种样式都是长期以来格式化裁判文书的简化形式,无须适用逻辑公式一样的裁判法律和规则说理。

有法官认为令状式裁判文书是指只包含诉讼当事人基本情况、原告诉讼请求、案件基本事实和法院裁判主文,不详细记载被告抗辩主张和裁判理由的法律文书,并且认为适用令状式裁判文书应当经过原、被告双方确认同意。[①] 我们认为,令状式裁判文书应当包含诉讼当事人的基本情况、原告诉讼请求、裁判依据以及裁判主文,但没有必要记载被告抗辩主张、案件基本事实和具体裁判理由,也无须当事人同意。《民事诉讼法解释》第二百七十条规定,当事人双方同意简化文书的,只是适用简式裁判文书的情形之一,而并不是必要条件。而且所有简式文书的制作都应结合庭审中对证据的分析认定或对案件事实的认定以及裁判说理(原则上当庭宣判),在此前提下才能决定适用何种简式文书。而要素式裁判文书如前文所引,是指"对于那些能够归纳出固定要素的案件,在撰写裁判文书时,不再按照传统的裁判文书格式分开原告诉称、被告辩称、本院查明和本院认为,而是围绕争议的特定要素,结合原、被告辩意见、相关证据以及法院认定的理由和依据的法律文书"。[②] 相比之下,虽然要素式裁判文书与令状式裁判文书均不记载当事人诉辩和作出裁判的详细理由,也均包含诉讼参与人与裁判文书的主文,但二者仍有所区别。具体而言,即令状式裁判文书虽然也要求必须明确原告诉讼请求,但其只需简单归纳案情甚至简单案情亦可省略,即可直接依法作出裁判主文。而对要素式裁判文书,虽然与令状式裁判文书一样不再单独陈述原、被告的诉辩意见,但其还是要围绕当事人有无争议的事实简要表达,对无争议的要素事实用一句话概括,而对有争议的要素事实分别进行认定,并且不排除对该事实认定的简要说理;当然,对有争议的要素事实,在表达方式上可采用"夹叙夹议"的方法,就所争议的诸要素事实一并作出认定;在法律适用上亦可不说理或简要说理。可见,这两种简式文书的差别,主要在于对文书结构要素的省略程度,令状式裁判文书相较于要素式裁判文书,其形式更为简略,本质上就是要素式裁判文书的再简形式或者极简形式。当然,无论是要素式裁判文书还是令状式裁判文书,只要是在文书上不说

---

① 罗灿:《司法改革背景下裁判文书说理繁简分流研究》,法律出版社2018年版,第47~48页。

② 最高人民法院修改后民事诉讼法贯彻实施工作领导小组编:《民事诉讼文书样式》,人民法院出版社2016年版,第350页。

理的或简要说理的，原则上都应当注重庭审中的裁判说理，不管是事实认定还是法律适用，但令状式文书对庭审记录的要求应比要素式庭审的要求更严格，适用令状式裁判文书的，应当将在文书中所省略的事实认定过程、裁判理由及其法律依据，当庭予以充分阐释并记录于庭审笔录之中。

作为简式裁判文书，要素式裁判文书与令状式裁判文书也必然存在自身的一些问题，比如关于文书样式的适用范围问题，令状式文书是否只限于小额诉讼程序的案件，实务中也有扩大到简易程序的，而要素式裁判文书也不限于小额程序和简易程序的，甚至有向普通程序甚至二审程序扩展的趋势。我们认为，要素式裁判文书相比于令状式裁判文书，更符合诉讼法理，也更接近民事裁判文书逻辑架构的基本要求，应为简式裁判文书的通常样式。而令状式裁判文书，虽然可不限于小额诉讼程序甚至普通程序的案件，却可在批量的类案中尽量多加运用，比如拖欠水电费、供暖费、物业费纠纷案件、延期交房、延期办证纠纷案件，信用卡透支纠纷案件等。

第五节　要素式民事裁判文书制作模板及其范例

一、样式一制作模板及其范例

（一）样式一制作模板

_____ 人民法院
民事判决书

（××××）……民初……号

原告：×××，……

……

被告：×××，……

……

（以上写明当事人和其他诉讼参加人的姓名或者名称等基本信息）

原告_____ 与被告_____ ××××纠纷一案，本院于＿＿＿＿年＿＿＿＿月＿＿＿＿日受理后，依法适用简易程序（小额诉讼程序），公开/不公开开庭进行审理。原告＿＿＿＿＿＿及其委托代理人＿＿＿＿＿＿＿、被告＿＿＿＿＿＿及其委托代理人＿＿＿＿＿＿＿出庭参加诉讼（被告＿＿＿＿＿＿＿＿经本院传票传唤，无正当理由未参加诉讼，也未提交答辩状）。本案现已审理终结。

原告的具体诉讼请求为：＿＿＿＿＿＿＿＿＿＿＿＿＿＿＿＿＿

双方对下列要素事实没有争议：1.＿＿＿＿＿＿＿＿＿＿＿＿＿＿＿

2.＿＿＿＿＿＿＿＿＿＿＿＿＿＿＿

3.＿＿＿＿＿＿＿＿＿＿＿＿＿＿＿

……

双方有争议的要素事实：1.＿＿＿＿＿＿＿＿＿＿＿＿＿＿＿＿

2.＿＿＿＿＿＿＿＿＿＿＿＿＿＿＿

3.＿＿＿＿＿＿＿＿＿＿＿＿＿＿＿

……

本院结合庭审的举证、质证，对上述争议的事实要素认定为：＿＿＿＿＿＿。

本院认为，（需要说理的简要阐释裁判理由）

综上，依照＿＿＿＿＿＿＿＿＿＿＿＿＿＿＿＿＿＿＿＿＿＿的规定，判决如下：

一、＿＿＿＿＿＿＿＿＿＿＿＿＿＿＿＿＿

二、＿＿＿＿＿＿＿＿＿＿＿＿＿＿＿＿＿

如果未按本判决指定的期间履行给付金钱义务，应当依照《中华人民共和国民事诉讼法》第××条规定，加倍支付迟延履行期间的债务利息（没有给付金钱义务的，不写）。

案件受理费……元，由……负担（写明当事人姓名或者名称、负担金额）。

本判决为终审判决。（小额诉讼程序）

如不服本判决，可在判决书送达之日起十五日内向本院递交上诉状，并按对方当事人的人数提交副本，上诉于××省××市中级人民法院。

审　判　员　×××

××××年××月××日

法官助理　×××

书　记　员　×××

〔样式一说明〕

1. 本样式供基层人民法院适用简易程序或小额诉讼程序开庭审理民事案件终结后，采用要素式判决用。

2. 本样式要与要素表、要素式庭审结合。要素式文书要求当事人庭前填写要素表。要素表既是对当事人的诉讼指引和服务，也是对法官的一种指引和约束。

对于基层法院选择适用要素式文书的案件，立案部门在立案时应向原告送达原告诉讼要素表，并指导原告填写。在向被告、第三人送达起诉状副本时一并送达原告诉讼要素表副本，并要求被告和第三人填写被告（第三人）应诉要素表，于答辩期满前提交。法院不得以当事人未填写案件的要素表为由不予立案。

当事人在开庭前未填写要素表的，法院在审理时可以要素表的基本要素为线索，逐项当庭征求双方当事人意见，对双方无争议的要素予以确认并记入法庭笔录；对于双方有争议的要素应重点审查。对于无争议要素的证据可以不用质证，证据的展示和质证只需围绕争议要素展开。

3. 本样式要求庭审时围绕要素进行调查和辩论，不再单独分开传统裁判文书所对应的法庭调查和法庭辩论两个环节。

4. 本样式对于无争议要素（事实）用一句话概括，不再分开陈述原告、被告和法院三方意见。在具体写作方法上，要素式文书采用"夹叙夹议"的写作方法。

5. 各类案件的要素式裁判文书均可参照本文书样式进行撰写，各基层人民法院在审判实践中也可以根据案件具体情况作出适当调整。

6. 简易程序适用本样式的，结尾部分应写明："如不服本判决，可以在判决书送达之日起十五日内，向本院递交上诉状，并按对方当事人或者代表人的人数提出副本，上诉于××××人民法院。"

（二）样式一制作范例

1. 原告×××物业管理有限公司与被告王××、尹××物业服务合同纠纷

××市××区人民法院
民事判决书

（20××）××××民初××号

原告：×××物业管理有限公司，住所地××省××市××区××街××号。

法定代表人：刘××，该公司总经理。

委托诉讼代理人：赵×，该公司员工。

被告：王××，男，汉族，×××年×月×日出生，居民身份证号码××××，住××市××区×××路××号。

被告：尹××，系王××之妻，汉族，×××年×月×日出生，居民身份证号码××××，住××市××区×××路××号。

原告×××物业管理有限公司（以下简称物业公司）与被告王××、被告尹××物业服务合同纠纷一案，本院依法适用简易程序，于××××年×月×日公开开庭进行了审理。原告物业公司的委托诉讼代理人赵×，被告王××、被告尹××到庭参加诉讼。本案现已审理终结。

原告×××物业管理有限公司向本院提出诉讼请求：1. 请求法院依法判决二被告支付物业服务费4550.4元及滞纳金285元，共计4835.4元；2. 由被告承担本案诉讼费用。

双方当事人对以下要素事实没有争议：

1. 物业服务的小区位置和名称：××市××区五月花小区；

2. 物业公司与建设单位签订的前期物业服务合同时间：2016年××月××日；

3. 提供物业服务期限：2016年××月××日到2026年××月××日；

4. 物业费缴纳标准：每月2元/平方米；

5. 二被告欠缴物业费的期间：2018年1月1日至2019年12月31日；

6. 二被告住房的基本情况：房产位置在五月花小区××幢××室、住宅用房、面积94.8平方米；

7. 每月应交物业费189.6元；

8. 二被告尚欠物业服务费4550.4元。

双方有争议的要素事实：

1. 物业公司提供的服务是否达到每月2元每平方米的服务标准；

2. 被告主张因住宅墙体裂缝而由开发商赔偿的2000元，已在物业账上，是否应从欠缴的物业费中扣除。

本院结合庭审的举证、质证，对上述争议的要素认定为：1. 对服务质量是否存在缺陷或瑕疵的判断，不应以被告的感受为标准，除非原告物业公司不履行物业服务合同或者履行有重大瑕疵，否则作为业主的被告不得拒绝交付物业服务费；物业公司在服务过程中确实存在未及时与被告沟通导致被告不满而产生纠纷的情形，故对其滞纳金主张不予支持；

2.因墙体裂缝而由开发商赔偿的2000元已支付于物业公司，二被告自愿用于折抵服务费，应无不可；

综上，依照《最高人民法院〈关于审理物业服务合同纠纷案件具体应用法律若干问题的解释〉》第××条、《物业管理条例》第××条、……《中华人民共和国民事诉讼法》第××条规定，判决如下：

一、被告王××、被告尹××于本判决生效之日起十日内向原告×××物业管理有限公司支付物业服务费2550.4元；

二、驳回原告×××物业管理有限公司的其他诉讼请求。

如果未按本判决指定的期间履行给付金钱义务，应当依照《中华人民共和国民事诉讼法》第××条规定，加倍支付迟延履行期间的债务利息。

案件受理费50元，减半收取25元由被告王××、被告尹××负担。

如不服本判决，可在判决书送达之日起十五日内向本院递交上诉状，并按对方当事人的人数提交副本，上诉于××省××市中级人民法院。

审　判　员　×××
××××年××月××日
法官助理　×××
书　记　员　×××

2.原告×××钢铁有限公司与程××劳动争议纠纷案

××市××区人民法院
民事判决书

（20××）××××民初××号

原告：×××钢铁有限公司，住所地××市××区××路×××号。

法定代表人：罗××，该公司董事长。

委托诉讼代理人：方×，×××律师事务所律师。

被告：程××，男，汉族，×××年×月×日出生，居民身份证号码

××××，住××市××区×××镇××村××组××号。

委托诉讼代理人：李××，×××律师事务所律师。

原告×××钢铁有限公司（以下简称钢铁公司）与被告程××劳动争议纠纷一案，本院依法适用简易程序，于××××年×月×日公开开庭进行了审理。原告钢铁公司的委托诉讼代理人方×，被告程××及其委托代理人李××到庭参加诉讼。本案现已审理终结。

原告×××钢铁公司向本院提出诉讼请求：请求确认原告钢铁公司无须向被告支付解除合同赔偿金63959.28元。

双方当事人对以下要素事实没有争议：

1. 入职时间：2011年6月3日；

2. 工作岗位：公司保安；

3. 劳动合同签订情况：已签订劳动合同，最后一期为2018年7月1日至2020年7月1日；

4. 工资待遇：计时工资，基本工资＋加班费＋生产奖金；

5. 离职前12个月的平均工资：双方确认程××离职前12个月的起点为2018年12月至2019年11月；对于年终奖双方均确认为1620元；

6. 解除劳动合同的时间：2019年11月29日；

7. 申请仲裁时间：2019年12月17日；

8. 申请仲裁请求：被申请人钢铁公司支付违法解除劳动合同赔偿金68847.73元，并支付代通知金1720元；

9. 仲裁结果：被申请人钢铁公司于仲裁裁决生效之日起五日内向申请人程××支付违法解除劳动合同赔偿金63959.28元，驳回其他仲裁请求；

双方有争议的要素事实：

1. 程××离职前12个月的平均工资的计算依据：究竟以工资发放条上所显示的实发工资为准，还是以工资条上所显示的应发工资加年终奖为准；

2. 解除劳动合同原因：究竟是程××参与赌博被公安机关查处，有违《公司员工手册》而被公司开除，还是属于一般的玩扑克并非赌博，公司并无证据证明程××参与赌博而违法解除劳动合同；

本院结合庭审的举证、质证，对上述争议的要素认定为：

1. 劳动者离职前的工资应包括工资、奖金、津贴和补贴等货币性收入，故本院采纳程××辩称意见；

2.原告钢铁公司作为用人单位应当对解除劳动合同的正当性与合理性承担举证责任，所提供的被公安机关处罚名单系复印件而无原件可供核对，本院向当地公安派出所查询亦未发现程××被查处的相关信息，故原告钢铁公司属于违法解除劳动合同，应当支付解除劳动合同赔偿金63959.28元（3045.68×10.5×2）。

综上，依照《中华人民共和国劳动法合同法》第××条、……《中华人民共和国民事诉讼法》第××条规定，判决如下：

一、驳回原告×××钢铁有限公司的诉讼请求；

二、原告×××钢铁有限公司应于本判决生效之日起五日内向被告程××支付解除劳动合同赔偿金63959.28元。

如果未按本判决指定的期间履行给付金钱义务，应当依照《中华人民共和国民事诉讼法》第××条规定，加倍支付迟延履行期间的债务利息。

案件受理费5元，由原告负担。

如不服本判决，可在判决书送达之日起十五日内向本院递交上诉状，并按对方当事人的人数提交副本，上诉于××省××市中级人民法院。

审　判　员　×××

××××年××月××日

法　官　助　理　×××

书　记　员　×××

二、样式二制作模板及其范例

（一）样式二制作模板

_____区人民法院

民事判决书

（20××）××民初××号

原告：×××，……

……

被告：×××，……

……

（以上写明当事人和其他诉讼参加人的姓名或者名称等基本信息）

原告_____与被告_____××××纠纷一案，本院于_____年___月____日受理后，依法适用简易程序（小额诉讼程序）公开/不公开开庭进行审理。原告_____及其委托代理人_____、被告_____及其委托代理人_____出庭参加诉讼（被告_____经本院传票传唤，无正当理由未参加诉讼，也未提交答辩状）。本案现已审理终结。

原告的具体诉讼请求为：_____。

双方当事人对_____、_____、_____等要素事实无争议，本院予以确认。

双方只对_____、_____等要素事实有争议，经当庭举证、质证，_____（写明认定事实及简要理由）。

依照_____的规定，判决如下：

一、_____

二、_____

如果未按本判决指定的期间履行给付金钱义务，应当依照《中华人民共和国民事诉讼法》第二百五十七条规定，加倍支付迟延履行期间的债务利息（没有给付金钱义务的，不写）。

案件受理费……元，由……负担（写明当事人姓名或者名称、负担金额）。

本判决为终审判决。（小额诉讼程序）

如不服本判决，可在判决书送达之日起十五日内向本院递交上诉状，并按对方当事人的人数提交副本，上诉于××省××市中级人民法院。

审　判　员　×××

××××年××月××日

法官助理　×××

书　记　员　×××

〔样式二说明〕

1. 本样式供基层人民法院适用简易程序或小额诉讼程序开庭审理的民事案件终结后采用要素式判决文书用。

2. 本样式应与诉讼要素表、要素式庭审相结合。要素式文书要求当事人庭前填写要素表。要素表既是对当事人的诉讼指引和服务，也是对法官的一种指引和约束。

对于基层法院选择适用要素式文书的案件，立案部门在立案时应向原告送达原告诉讼要素表，并指导原告填写。在向被告、第三人送达起诉状副本时一并送达原告诉讼要素表副本，并要求被告和第三人填写被告（第三人）应诉要素表，于答辩期满前提交。法院不得以当事人未填写案件要素表为由不予立案。

当事人在开庭前未填写要素表的，法院在审理时可以要素表的基本要素为线索，逐项当庭征求双方当事人意见，对双方无争议的要素予以确认并记入法庭笔录；对于双方有争议的要素应重点审查。对于无争议要素的证据可以不用质证，证据的展示和质证只需围绕争议要素展开。

3. 本样式要求庭审时围绕要素进行调查和辩论，不再单独分开传统裁判文书所对应的法庭调查和法庭辩论两个环节。

4. 本样式对于无争议要素（事实）用一句话概括，不再分开陈述原告、被告和法院三方意见。在具体写作方法上，要素式文书采用"夹叙夹议"的写作方法。

5. 各类案件的要素式裁判文书均可参照本文书样式进行撰写，各基层人民法院在审判实践中也可以根据案件具体情况作出适当调整。

（二）样式二制作范例：

1. 李××与××科技有限公司劳动争议纠纷案（小额诉讼案件）

××市××区人民法院
民事判决书

（20××）××××民初××号

原告：李××，男，汉族，×××年×月×日出生，居民身份证号码

××××，住××市××区×××路××号。

委托诉讼代理人：丁××。

被告：××科技有限公司。

委托诉讼代理人：祖××，该公司员工。

原告李××诉被告××科技有限公司（以下简称科技公司）劳动争议纠纷一案，本院于2016年×月×日立案受理后，依法适用小额诉讼程序公开开庭进行了审理。原告李××及其委托诉讼代理人丁××，被告科技公司委托诉讼代理人祖××到庭参加诉讼。本案现已审理终结。

原告的诉讼请求为：要求被告科技公司支付2015年12月份工资500元及解除劳动合同经济补偿金1700元。

双方当事人对原告李××入职时间为2015年8月5日、劳动合同签订时间为2015年8月5日、合同期限自2015年8月5日起至2016年8月4日止、提起仲裁时间为2015年12月10日、仲裁结果为不予受理、月平均工资为3400元、解除劳动关系时间为2015年12月7日、解除劳动关系原因为拖欠工资及少缴社会保险等事实均无争议。

双方争议的要素事实为被告科技公司欠付原告李××的工资款以及应当支付的经济补偿金的具体数额。

本院结合庭审中原、被告的举证、质证，对上述争议要素事实认定为：被告欠付的工资款为500元，应当支付的经济补偿金为1700元。

依照《中华人民共和国劳动合同法》第××条、……以及《中华人民共和国民事诉讼法》第××条之规定，判决如下：

被告××科技有限公司于本判决生效后十日内向原告支付李××2015年12月工资500元、解除劳动合同经济补偿金1700元计2200元。

如未按本判决指定的期间履行给付金钱义务，应当依照《中华人民共和国民事诉讼法》第××条的规定，加倍支付迟延履行期间的债务利息。

案件受理费10元，免予收取。

本判决为终审判决。

审 判 员 ×××
二〇××年××月××日
法 官 助 理 ×××
书 记 员 ×××

2. 殷××诉姜××等机动车交通事故责任纠纷案

××市××区人民法院
民事判决书

（20××）××××民初××号

原告：殷××，男，汉族，×××年×月×日出生，居民身份证号码××××，住××市××区×××路××号。

委托诉讼代理人：陆××，××市×××法律工作者。

被告：姜××。

被告：中国人民财产保险股份有限公司××市分公司。

负责人：王××，该公司总经理。

委托诉讼代理人：王×，该公司职员。

原告殷××与被告姜××、中国人民财产保险股份有限公司××市分公司（以下简称保险公司）机动车交通事故责任纠纷一案，本院于20××年12月××日立案受理后，依法适用简易程序，公开开庭进行了审理。原告殷××及其委托代理人陆××、被告保险公司的委托代理人王×到庭参加诉讼，被告姜××经传票传唤无正当理由未到庭参加诉讼。本案现已审理终结。

原告的诉讼请求为：要求二被告赔偿各项损失50134.71元。

双方当事人对交通事故发生的时间为20××年××月××日××时××分，事故发生的地点、车损及原告受轻微伤、交警部门的事故认定（即被告姜××负事故全部责任）以及××轿车投保情况等要素事实均无异议。本院已当庭对原告的住院伙食补助费为340元、护理费为8560元、交通费为200元等损失予以确认。

双方争议的要素事实为：1.原告支出的医疗费；2.误工费；3.财产损失。

本院结合庭审中原、被告双方的举证与质证，对上述争议要素事实认定如下：1.关于医疗费。因原告所提供的医疗费发票、费用清单以及出院记录等具有真实性，且并无明显不合理的治疗和用药情形，故认定为24284.71元；2.关于误工费。原告主张其供职于××建筑装潢工程有限公司，并提供工资及生活费发放表、停发工资证明等予以证明。原告虽超过法定退休年龄但并未完全丧失劳动能力,实际仍在从事劳动,故对其主张的误工费应予认定。根据出院医嘱载明的"卧床休息三个月",原告暂主张误工期限为住院期间及出院后3个月,按每日110元计算,计11770元,对此本院予以认定,且该主张未超过工资发放表的工价计算标准,本院予以支持。3.关于财产损失。原告主张车损500元,并提供电动车维修费发票予以证实,结合道路交通事故认定书载明的车辆受损的事实,亦予以认定。综上,原告殷××的各项损失合计为45654.71元。

原告因交通事故受伤、财产受损,依法有权获得赔偿。被告中国人民财产保险股份有限公司××公司应在交强险限额内承担33310元的赔偿责任,超出交强险限额的部分12344.71元,由被告姜××承担全部赔偿责任,该部分损失在商业三者险限额内,应由被告保险公司依据第三者责任商业保险合同承担责任。事故发生后被告姜××垫付了医疗费24170.71元、护理费2000元,并给付原告2000元,合计28170.71元,由被告保险公司直接给付被告姜××(姜××银行账户开户行:中国建设银行,卡号:62270013107003××6)。

依据《中华人民共和国××××法》第××条第×款、……,《中华人民共和国道路交通安全法》第××条第×款第×项,《最高人民法院关于审理道路交通事故损害赔偿案件适用法律若干问题的解释》第××条,《最高人民法院关于审理人身损害赔偿案件适用法律若干问题的解释》第××条第×款,……《中华人民共和国民事诉讼法》第××条规定,判决如下:

一、被告中国人民财产保险股份有限公司××市分公司于本判决生效之日起十日内给付原告殷××赔偿款17484元(该款项直接汇至原告殷××的银行账户,开户行:中国建设银行,卡号:62170013100000××4)。

二、驳回原告殷××的其余诉讼请求。

如未按本判决指定的期间履行给付金钱义务,应当按照《中华人民共和国民事诉讼法》第××条之规定,加倍支付迟延履行期间的债务利息。

本案受理费201元(已减半收取)由原告殷××负担21元,被告姜××负担80元,被告中国人民财产保险股份有限公司××分公司负担100元。

如不服本判决,可在判决书送达之日起十五日内,向本院递交上诉状,并按对方当事人的人数提出副本,上诉于××省××市中级人民法院,同时按照《诉讼费用交纳办法》的有关规定,向该院预交上诉案件受理费402元。

审 判 员 ×××

二〇××年××月××日
法官助理　×××
书　记　员　×××

3. ××商业银行股份有限公司与刘××金融借款合同纠纷案

××市××区人民法院
民事判决书

（20××）××××民初××号

原告：××商业银行股份有限公司。
法定代表人：徐××，该公司董事长。
委托诉讼代理人：马××，该公司客服经理。
被告刘××，男，汉族，×××年×月×日出生，居民身份证号码××××，住××市××区×××路××号。
委托诉讼代理人：张××，×××律师事务所律师。

原告××商业银行股份有限公司（以下简称商业银行）与被告刘××金融借款合同纠纷一案，本院于××年×月×日立案受理后，依法适用简易程序于20××年×月×日公开开庭进行了审理。原告商业银行委托诉讼代理人马××，被告刘××委托诉讼代理人张××到庭参加了诉讼。本案现已审理终结。

原告商业银行的诉讼请求为：要求被告刘××清偿贷款本金5万元及其相应的利息。

双方当事人对借款合同签订时间为××××年×月×日、借款金额为5万元、贷款月利率为9.735‰、借款期限自20××年×月×日起至20××年×月×日止、逾期利率上浮50%、被告曾经归还过1719元以及贷款到期后原告曾主张过该债权等要素事实无争议。

双方只对还款的金额及方式存在争议。被告辩称已归还贷款本金5万元，且利息已付给原告支公司的××主任。原告商业银行对此并不认可，被告刘××未能提供相应证据证明，故被告刘××应承担举证不能的后果。本院采纳原告商业银行陈述的事实。

依照《中华人民共和国××法》第××条第××款、……《中华人民共和国民事诉讼法》第××条之规定，判决如下：

被告刘××于判决生效后十日内归还原告××商业银行股份有限公司贷款本金 5 万元及其约定利息×元，逾期利息则按月利率 9.735‰ 上浮 50% 计算至实际给付之日（再从中扣除已付的 1719 元）。

如果被告未按照本判决指定的期间履行给付金钱的义务，应当依照《中华人民共和国民事诉讼法》第××条的规定加倍支付延迟履行期间的债务利息。

案件受理费 1050 元，减半收取 525 元，由被告刘××负担。

如不服本判决，可在判决书送达之日起十五日内向本院递交上诉状及副本一式五份，上诉于××省××市中级人民法院。同时，根据《诉讼费交纳办法》的规定，向该院预交上诉案件受理费 1050 元（收款人：××市财政局。开户行：中国农业银行××市分行××支行。账号：34××× 54）。

审 判 员 ×××

二〇××年××月××日

法 官 助 理 ×××

书 记 员 ×××

第五章　要素式审判法的重点提示与未来展望

第一节　要素式审判法的重点提示

一、要素式审判法能优化与审判机制的衔接

在推广要素式审判法时，我们通常都强调其能够高效实现"简案快审"的解纷目的，但要素式审判法生存的基础仍然是诉讼理论和司法实践，特别需要与实务进行对接。

（一）优化与审判流程的衔接

1.在各个程序中均可适用

速裁程序不是法律上的诉讼程序，更多的是一种工作机制。"繁简分流"后，要让小额案件、简易案件在法院停留的时间尽量缩短，这也是缓解人案矛盾的工作机制。要素式审判法正是"简案快审""简出效率"的一种审判机制和方法。换言之，无论是理论上还是逻辑上，要素式审判法都可在各个诉讼程序中进行运用，甚至有向行政诉讼案件扩展的趋势，更可能作为审判方法改革的新方向。

2.在保障当事人诉权的基础上提升效率

《民事诉讼法》规定，被告自收到诉状副本起的答辩期为十五天，最高人民法院2017年5月8日发布的《关于民商事案件繁简分流和调解速裁操作规程（试行）》第23条规定，"人民法院采取速裁方式审理民商事案件，一般应当在十日内审结，最长不超过十五日。"《民事诉讼法解释》第二百七十五条对小额诉讼案件的举证期限作了进一步的规定。对于当事人均表示不需要举证期限和

答辩期间的,人民法院可立即开庭审理。上述规定一定程度上适应了"简案快审",在简易程序中适用要素式审判法时,可在征得当事人同意的基础上,参照小额诉讼案件确定答辩期限。

3. 与二审程序的衔接

从理论上说,要素式审判直接切入争议焦点,能帮助二审法官迅速找到争议焦点和审理的重点要素;然而事实上,部分二审法官对要素式审判较为排斥。二审法官如果无法从判决书中获得足够的一审裁判信息,就不得不通过进一步查阅要素表和庭审记录来了解一审裁判过程,这样的调查无疑会增加二审法官的工作量,除非二审法官有足够的耐心,一审笔录的记载足够翔实。事实上在审判实践中,经过繁简分流后的小额诉讼案件实行的是一审终审,总体速裁案件上诉率仅2%,并未明显增加二审法官的工作量。不仅如此,有了诉讼要素表,二审法官能够更为全面、准确、直观地获知案件争议焦点及一审法官裁判思路,从而减少了工作量,提高了效率。[①] 因此,我们希望要素式审判法也能为二审法官所知晓并熟练掌握。

(二)与法官助理制度的衔接

随着法官员额制改革的完成,司法责任制便成为司法改革的重点,其中员额法官与法官助理的职能划分与责任分担问题受到普遍关注。按照当前职能划分的基本原则,法官助理通过庭前会议组织当事人进行举证、质证,查明案件基本事实,组织当事人调解,化解当事人矛盾,是法官助理工作的中心任务,也是法官助理与员额法官工作衔接的核心程序。要素式审判法可以在司法综合配套体制改革后的一些具体环节,如法官与辅助人员的分工问题上,有更优的衔接方案。在法官员额制改革的方案中,为并轨而对未入额的法官设置了五年的过渡期,同时指出"未入额法官可以在员额法官指导下办理经过繁简分流的简易案件"。为此,一些审判压力较大的基层法院便将未入额的审判员、助理审判员、法官助理全部编入速裁审判团队,限定办理简易案件。然而,随着改革的深入开展,这一模式也暴露出了一些风险。为落实司法责任制,最高人民法院又于2017年3月明确要求"守住未入额法官不得独立办案红线",故法官助

---

① 丁德宏等:《要素式审判方法在庭审记录改革中的运用》,载《人民法院报》2017年11月29日。

理如何参与到要素式审判法之中便成为一个新的课题。

我们认为，要素式审判法能较好地与当前法官助理制度相衔接。一是通过要素式审判法的运用处理好简易类案，做到类案同判，统一裁判尺度，以提高法官助理的司法能力；二是法官助理可以通过庭前采集要素、庭前证据交换以及撰写文书等，积极参与到"简案速裁快审"活动中；三是《诉讼要素表》能最大限度地防止法官助理在采集案件要素时的疏漏或遗漏所导致的重复开庭，《诉讼要素表》的背后所承载的规则，可给予法官助理依法调解的底气，也能让调解不成后的庭审法官在庭审时做到心中有数；四是可解决法官助理草拟文书的亲历性、准确性问题——法官助理可以在采集诉讼要素的同时了解当事人关心的争点，做到在草拟文书时的准确无误。总而言之，要素式审判法可将法官助理的司法能力和司法水平提升到能够解决简易纠纷的水平，为未来进入法官序列打下坚实的基础。

具体做法上，法官助理可以通过仔细审阅原告诉状以及初步提交的相关证据之后，针对诉请内容向被告方了解意见或答辩内容，指导双方当事人填写《诉讼要素表》，初步确定争执焦点和案由，告知当事人围绕自己的诉辩主张收集证据。必要时组织当事人进行证据交换并制作笔录。然后，归纳整理争议焦点，为后面的庭审能够围绕准确的案件争议焦点进行集中审理打下基础，避免庭审的低效，尽可能做到"一次庭审结案并当庭宣判"。

二、类案要素的提取及其空缺填补

司法实践中，有的法院将庭前程序大大简化，当事人仅需庭前填写《诉讼要素表》，便可直接固定双方的诉辩主张、案件事实以及相关证据，从而用单纯的"要素填写"代替"庭前会议"；有些法院在立案时即由司法辅助人员指导当事人填写《诉讼要素表》和提交证据材料，但也有的法院所提供的《诉讼要素表》是需要当事人从网上下载自行打印填写或者通过网上立案时自行在线填写，这种情况对当事人的文化素质和法律素养要求较高。虽说根据系统自动提示进行填写确实节省法院人力，但个案中的很多问题很难通过统一的提示进行填写。因此，司法实践中仅有某些类型案件的当事人或者代理律师能够较好地填写《诉讼要素表》。而在线下填写《诉讼要素表》时，由于表中出现了许多法律术语，当事人往往对这些难以理解，导致填写不准甚至错误；也有的当事人出于诉讼策略考虑，故意隐瞒或者省略一些要素，甚至直接篡改案件事实，对后续的庭审形成误导；还有的当事人，出于省事的心理或者忽略《诉讼要素表》的重要性而不愿填写，再加上《诉讼要素表》书面上对于其重要性和效力性说明和警示不够，导致一些《诉讼要素表》的填写流于形式，不能发挥要素表的积极作用。[1] 事实上，运用要素式审判法最理想的状况，就是能将庭前指导当事人填写《诉讼要素表》等事务性工作分流给司法辅助人员，从而让法官将更多的精力放在对案件的裁判上。尽管在缺乏司法辅助人员的情况下，我们曾主张法官可以利用庭前的一点时间向双方当事人进行简单询问，同样可以达到发现争议焦点的目的，从而使要素式庭审得以顺利进行，[2] 但这毕竟不能针对所有简易案件，并且也不能形成相对统一的操作规范。

所以，一方面，要让《诉讼要素表》更加贴近类型化案件的特征和规律，并尽可能用通俗易懂的语句代替专业的法律术语，便于当事人理解和填写；另一方面，在鼓励当事人自行填写《诉讼要素表》的同时，司法辅助人员也要积极向当事人解释《诉讼要素表》的作用和效力，指导当事人正确填写《诉讼要素表》，并引导当事人积极、全面地提供证据。还要在法院立案大厅或诉讼服务区域提供《诉讼要素表》的模板，并张贴各种《诉讼要素表》的填写范例，为当事人提供参照。不能单纯依靠线上填写《诉讼要素表》，特别是对一些老年人和文化程度不高的当事人群体，更要有司法辅助人员给予专门的填写指导，要将指导当事人填写《诉讼要素表》作为人民法院诉讼服务中的一项重要工作。

我国《民事诉讼法》及其司法解释规定了 29 项庭前准备的具体事项，其中涉及法官的有 20 项，涉及当事人的有 9 项。《民事诉讼法解释》第二百二十四条、第二百二十五条等对人民法院庭前组织证据交换、召开庭前会议、当事人"禁反言"等赋予庭前程序的合法性。通过庭前会议（或证据交换），双方对对方持有的证据、案件事实和审判结果的走向，便有了一定的预期。在这种情况下，许多争议便可通过庭前调解程序就能解决，同时也在一定程度上公开了法官的心证。所以，强化庭前准备工作，就是要通过规范庭前会议、组织填写《诉讼要素表》等，形成庭前报告，在现行的法律框架下科学强化、优化庭前程

---

[1] 黄一妃：《民事案件要素式审判研究》，河北大学 2021 年硕士学位论文。
[2] 滕威：《要素式审判方法之改进及其运用——提升民事庭审与文书制作效率的新思路》，载《人民司法》2019 年第 10 期。

序，发挥其在审判活动中的作用。

司法实务中通过繁简分流机制被识别为简易案件的类案，更适合运用《诉讼要素表》。要对这些类案的要素进行固定并进行归纳、提炼和模块化设计，设计出较为通用的《诉讼要素表》。在《诉讼要素表》的设计过程中，要考虑案件所涉及的法律法规、裁判规则、类似案例、主张及抗辩、证据等要素内容。比如，经过繁简分流后的"金融借款类纠纷"，金融机构方证据通常较为齐备，法律关系明确，《诉讼要素表》相对来说易于设计和使用，处理该类案件也具有当庭宣判的条件。再比如"民间借贷纠纷类"，原告的诉讼请求基本相同或类似，不外乎是请求借款人偿还借款、担保人承担担保责任，其实质是原告就其主张的借贷法律关系和担保法律关系是否对被告具有实体法上的请求权。设计该类要素表，要在严格适用法律、司法解释的同时，结合上级法院发布的一些参考案例、审判业务文件等，提炼出民间借贷法律关系是否合法有效、出借人是否出借款项及出借数额、借款人是否还款及还款数额、还款期限、利息约定、合同签订地、合同签订时间、担保法律关系是否合法有效、担保方式、夫妻共同债权债务、诉讼时效等要素。此类要素包含了合法民间借贷关系所应有的基本情况，能清晰地了解审理重点，避免遗漏法定因素，较好地提示了诉讼参与人审理的重点和裁判规则，大大提升了不熟悉该领域的法官的庭审能力，减少个体法官的疏漏，有效防范了该领域的徇私裁判和虚假诉讼。

需要特别指出的是，《诉讼要素表》也不是一成不变的，法官可以根据具体案情需要进行修补，保留共性的要素。例如，为打击"套路贷"虚假诉讼，人民法院要加强对民间借贷案件事实的审查力度，便可将相关"必问"内容置于《诉讼要素表》之中。再如，"机动车交通事故责任纠纷"的《诉讼要素表》中，通常要求填写事故发生经过，包括事故发生时间及地点、交警部门责任认定结果、车辆保险情况、伤残鉴定情况、医疗救治费用等要素事实，但是当遇到事故驾驶员为雇用人员或发生事故的机动车为借用、承租等情形的，当事人可通过填写《诉讼要素表》而进行增补，如发现证据漏洞，可明确缺失何种证据或如何寻找该证据，从而做好庭前证据补强工作。填好的《诉讼要素表》将作为基础证据材料、答辩状的一部分。在庭审时，法官可通过《诉讼要素表》的比对，来发现争议要素、空缺要素，归纳争议焦点，必要时可就争议要素事实和重要空缺要素事实进行必要的询问，为庭审的高效审理打下基础。

三、要素式审判法必须指引当事人诉讼

民事诉讼当事人为了自己的主张能得到法院的支持，通常会将认为对其有利的证据全部予以提供或出示，竭尽所能地进行举证，而法官又不便阻止当事人提交证据，也不能减损对方当事人的质证权利，这就必然导致庭审中的举证、质证环节时间被拉长。而且，裁判文书所罗列的证据材料也占据篇幅较多，这样的现象并不鲜见。这在很大程度上是因为当事人不具备专业法律素养，不知道如何系统地向法庭提交和说明关键证据，不清楚法官审理此类案件时需要了解的核心事实要件以及不知道如何有效开展诉讼活动。要素式审判法要求当事人完成《诉讼要素表》的填写，法官要帮助当事人厘清关键的要素事实，并依据诉讼要素表审查争议事实，帮助当事人更有效地参与诉讼。同时，诉讼能力不强的当事人，也可以根据《诉讼要素表》跟进裁判者的思维而提供有利于己方的证据。[1] 要素式审判法中，对于追求诉讼利益最大化的当事人来说，完全可以利用填写《诉讼要素表》的机会，尽快掌握争议焦点，准确举证或者质证，提高自身参与诉讼的质量与效率，往往在庭前准备过程中便可判断出诉讼胜败的大致方向。

"以审判为中心"的诉讼制度改革，必然要体现在"以庭审为中心"中，从而排除流于形式的庭审痼疾。传统的裁判方法很难做到当庭宣判、当庭送达，部分法官习惯于开庭后才思考庭审时发现的问题，甚至出现庭前"三不知"，庭审"走形式"，庭后"审案子"，造成案件积压、久拖不决。"以庭审为中心"的审判权运行机制改革强调的是"证在法庭、辩在法庭、判在法庭"，在开庭审理前整理好事实争点、证据争点和法律争点，以防一方当事人搞证据突袭，然后在庭审中针对争点开展调查，并指挥当事人围绕争点举证、质证及法律适用辩论，可大大减少当事人重复陈述。与此同时，"当庭认定案件事实、当庭陈述判决理由、当庭宣判、当庭出具裁判文书"是适用要素式审判法的基本要求，要素式审判法带来的庭审变化能够有效防止法官拖延，对法官提出了更大的挑战。同时，要素式审判法也正在倒逼法官不断提高自身庭审驾驭能力和当庭宣判能力，提升庭审质效。[2] 反过来，法官制作要素式裁判文书时，因为有庭前要素表的辅助和优质化的庭审，避免当事人庭后举证，单方辩论导致反复开庭，庭后

---

[1] 林遥：《民商事类型化案件要素式审判机制研究》，载《法律适用》2018年第15期。
[2] 王先富等：《庭审"脱虚向实"的回归之路》，载《人民法院报》2016年10月31日。

也不必耗费大量时间撰写裁判文书，且当庭宣判更能打消当事人对"暗箱操作"的怀疑。

需要注意的是，作为民事案件繁简分流背景下的简易案件，多数案件都可概括出要点并加以类型化，进而将案件要素事实进行拆分，在庭审中只对有争议的要素事实进行审查，对无争议的要素事实不再举证和质证，这其实在当事人诉讼权利的保障方面多少存在限缩之嫌，所以要尽量避免出现对当事人真实意思的遗漏或被掩盖的情形出现。另外，要素式裁判文书虽然是略式文书，但对法官的专业素质要求更高，如果法官的专业素质不高，那么对案件争议要素与无争议要素的拆分，就可能会费时费力甚至不准，从而对要素式审判法产生厌倦情绪，这也是实务中需要引起重视的。

第二节　人工智能与要素式审判法的融合

智慧法院建设是中国实施网络强国战略的重大举措，在人民法院全面实施案件繁简分流，科学调配和高效运用审判资源，依法快速审理简单案件，实现简案快审、繁案精审目标过程中，更要依靠智慧法院建设水平。智慧法院是人民法院充分利用先进信息化系统，支持全业务网上办理、全流程依法公开、全方位智能服务，实现司法公开、司法为民的组织、建设和运行形态。而且，智慧法院建设始终定位于辅助法官办案、辅助法院管理、辅助当事人参与诉讼，这一建设成果充分体现了以人民为中心前提下服务各方主体的特点。近年来，虽然人工智能技术有了突飞猛进的发展，但智能化水平仍相对不高，因此要正确认识人工智能在司法领域的基本功能，相信未来的人工智能一定会在案件繁简分流方面大有作为。

一、人工智能与司法审判融合的总体要求

在人工智能技术快速发展的今天，不仅在中国，而且世界各国司法系统也都经历着从专家审判系统向智能人工司法体系的转型。[1]2016年7月，中央办

---

[1] 程金华：《人工、智能与法院大转变》，载《上海交通大学学报》2019年第6期。

公厅和国务院办公厅联合发布的《国家信息化发展战略纲要》在第二十九条提出，"建设智慧法院，提高案件受理、审判、执行、监督等各环节信息化水平"。2017年4月20日，最高人民法院印发了《最高人民法院关于加快建设智慧法院的意见》，并明确提出"构建面向各类用户的人工智能感知交互体系和以知识为中心的人工智能辅助决策体系""运用大数据和人工智能技术，按需提供精准智能服务，支持办案人员最大限度减轻非审判性事务负担"。同年7月8日，国务院也印发了《新一代人工智能发展规划》，其中也提到了要建设智慧法院数据平台，促进人工智能应用，实现法院审判体系和审判能力智能化，并明确要求"建设集审判、人员、数据应用、司法公开和动态监控于一体的智慧法院数据平台，促进人工智能在证据收集、案例分析、法律文件阅读与分析应用，实现法院审判体系和审判能力智能化"。2017年11月1日，《最高人民法院关于人民法院全面深化司法改革情况的报告》中，也强调要大力加强智慧法院建设，以互联网、大数据、人工智能等现代科技应用助推司法改革。最高人民法院于2019年4月制定了《人民法院信息化建设五年发展纲要》，其在"重点任务"中明确强调"开发当事人和案件立体信息画像、智能辅助办案、审判智能决策，提升文书挖掘工具的智能化程度，支持复杂案情的挖掘分析准确度"。同年还出台了《人民法院第五个五年改革纲要（2019-2023）》，其更加深入地提出要全面推进智慧法院建设，促进语音识别、远程视频、智能辅助、电子卷宗等科技创新手段深度运用，推动实现审判方式、诉讼制度与互联网技术深度融合，构建中国特色社会主义现代化智慧法院应用体系。在人工智能研发和运用中，要建立规范的繁简分流程序系统，规范对案件的多层筛选，深化智能分析，设置程序补救措施，精准适用民事诉讼程序。

二、人工智能嵌入要素式审判法的实践探索

目前，人工智能技术在我国司法领域主要是应用于庭审智能化、辅助办案系统以及裁判文书的处理。司法大数据的发展会成为未来要素式审判法的技术基础，而人工智能技术水平的越来越高，也会成为未来要素式庭审和要素式裁判文书的发展进路。其中特别值得推崇的是上海市法院系统的实践探索，相较于其他省市法院，上海市的要素式审判改革凸显智能化特点，其将现代科技与司法实践紧密结合，将人工智能等现代科技融入审判活动，研发了"民事、行

政案件智能辅助办案系统",涵盖案件要素自动抽取、争议焦点预归纳、办案要件指引、裁判文书自动生成等19项功能设计。该系统在办案前期可以通过人工智能手段对电子卷宗进行快速识别和智能抽取,帮助法官归纳出争议焦点;在后期可通过对卷宗材料及庭审笔录的要素抽取,实现裁判文书内容自动填充,方便法官撰写和核对文书。根据《上海法院智慧法院建设规划(2020-2022)》的要求,上海市高级人民法院将结合智慧法院审判平台继续推进要素式审判系统的构建,充分利用互联网、大数据、人工智能等现代科技手段,嵌入智能辅助办案系统,满足要素提取、争点识别、类案推送、证据校验等司法实务需要,对办案全流程进行辅助,有效统一民事、行政案件审理思路,统一法律适用。上海各基层法院积极推进这项工作,如崇明区等法院积极探索电子卷宗在要素式文书生成、庭审示证、上诉案卷移送、程序转化等方面的运用;普陀区法院整合智能语音、大数据、语义推理等核心人工智能技术,已经实现管辖权异议案件要素式简式文书自动生成。[①]

除了上海法院,全国各地还有许多法院也在要素式审判法的实践中,积极利用人工智能辅助系统助力要素式审判法。如2017年,莒南法院立足于解决一线办案法官的核心需求,依托本院要素式审判成果,与青岛东软公司合作,运用大数据、人工智能等新兴技术,联合研发了"莒南法院要素式审判智审系统"。该系统用信息化手段固定案件要素,通过对案件要素的分析梳理、归纳提取,实现将起诉状、要素表、庭前会议笔录、庭审笔录、合议笔录、裁判文书等关键内容的智能识别、"靶向"粘贴,可形成近80%相似度的裁判文书。2019年8月,国家版权局对莒南法院"要素审判智审系统"颁发著作权登记证书。[②]2019年10月,山东省高级人民法院在全省推行要素式智慧审判系统适用试点,其主要特点是在传统要素式审判基础上,借助于人工智能、法律知识图谱、法律大数据对案件信息进行要素提取、要素处理、要素应用的法律人工智能审判系统。优先选择案由为金融借款合同纠纷、物业服务合同纠纷、机动车交通事故责任纠纷、民间借贷纠纷、离婚纠纷等类型案件验证使用。[③]2019年1月,成

---

① 上海市虹口区人民法院课题组:《人工智能辅助背景下要素式审判新路径研究》(2020年上海司法智库重大课题),载《决策参考》2021年第4期。
② 胡录胜:《要素式审判推动审判效率提高之研究》,载中国法院网,2022年3月10日访问。
③ 《山东法院推行要素式智慧审判"五步法"》,载 https://www.thepaper.cn/newsDetail_forward_4636721,2022年3月10日访问。

都律蛙科技"要素式审判—智能文书系统"方案，进入全国法官培训教材《司法信息学》智能庭审+典型案例章节。四川法院通过要素式智能审判系统，化解"案多人少"矛盾。该系统基于大数据平台，依托知识图谱对历史裁判规律的分析预判，融合机器学习、自然语言识别等人工智能技术，通过知识图谱对类型化案情的整理和归纳，提供从庭前到庭后的全流程要素审判智能化辅助。从庭前智能匹配本案要素、确定争议要素、自动生成庭审提纲，到庭审中围绕争议要素审查指引，再到裁判文书全量标准生成，最大化替代机械重复劳动，提升办案效率，让法官回归真正裁判者的角色。[1]

2022年3月，清华大学法学院与计算机系联合研发的民间借贷智能辅助系统正式开放试用，其中的"智能审判辅助—要素式审判阶段"有三个功能：一是要素式审判，其梳理审判各阶段要素，对案件事实与理由等关键内容逐级细化，提供审判需求全覆盖的要素清单；二是争议焦点定位，其标记为争议焦点的要素可自动生成争议内容和法官意见，法官修改确定后可自动加到判决书的本院认为部分；三是判决书自动生成，诉讼要素表保存后可同步至判决书对应位置，审判过程可对要素表和判决书同屏对照修改，判决书支持在线编辑、保存、下载等功能。可见，该要素式审判平台能够辅助法官将关键事实快速厘清，自动生成文书，提高工作效率。当事人端的庭前准备平台与法官端的要素式审判平台信息互通，审前要素可同步联动，在法官端能快速定位争议焦点，一键生成判决书，达到减轻法官工作量、创新诉源治理、提高当庭宣判率的效果。[2]

2022年8月，黑龙江省哈尔滨市松北区人民法院商事案件要素式审判制度入选省级创新案例，以此推行的"智审"模式助力涉自贸区商事诉讼不断提速。该院制定了商事案件要素式审判制度，推行"在线类案诉讼要素指导+电子送达+类案一次庭审全覆盖"智慧审判模式，对诉讼标的额在50万元以下、事实清楚、权利义务关系明确、当事人争议不大的买卖合同纠纷、信用卡纠纷、金融借款纠纷、股东知情权纠纷等涉企商事类案，适用要素式审判方式简案快办，

---

[1] 刘楠、曾学原：《四川法院要素式智能审判化解"案多人少"的实践》，载 http://www.raduga.com.cn/skwx_eypt/LiteratureReading.aspx?ID=987704，2022年3月10访问。

[2] 《民间借贷智能化辅助系统正式上线》，"清华大学智能法治研究院公众号"2022年3月10日推送。

并实现一次庭审全覆盖和电子送达，打造优质法治化营商环境。①

三、人工智能应用于要素式审判法未来可期

2016 年 7 月 28 日，最高人民法院印发《关于全面推进人民法院电子卷宗随案同步生成和深度应用的指导意见》，对电子卷宗的随案生成和深度应用提出了基本要求。根据要求，电子卷宗的内容范围非常广泛，几乎涉及在案件审理过程中所产生的全部电子数据，包括当事人提交的起诉状、答辩状、庭前填写的《诉讼要素表》、庭审笔录等诉讼材料。因这项工作没能得到很好的落实，最高人民法院于 2018 年 1 月 16 日又发布了《关于进一步加快推进电子卷宗生成和深度应用工作的通知》，对电子卷宗同步生成和深度应用提出了更加具体的要求，一是通过文字和语义识别技术将扫描图片等电子文件转化为可复用的电子数据；二是提取电子文件中的案件基本信息并回填到办案系统；三是根据自动提取的案情要素自动推送相关法律法规；四是自动推送与案情或争议焦点相匹配的类似案例。由此可见，虽然要素式审判的智能化运用尚处于初级阶段，困难还很多，却是未来智慧法院建设发展的大趋势，相信在不久的将来，符合司法需求的要素式人工智能审判系统，一定能为法官提供更为便捷、广泛、有效的审判辅助。

人工智能技术的迅猛发展为审判案件事实要素的智能抽取奠定了基础。民商事审判领域的人工智能辅助系统的运用，必须要进行法律关系构成要件理论的表达，而这又以法律要件为基本构成要素，技术上主要是完成对法律要素的提取和聚类。所谓法律要素的提取，是指对判决书中裁判依据、案情事实和包含争议的法院说理部分进行初步的结构化处理和要素提取；而所谓法律要素的聚类，是指利用人工智能技术辅以确认，将从不同判决书中提取到的具有同质性的裁判依据和争议焦点归入一组，形成"法律规范组"和"争议焦点组"，并尝试通过标签化的方式实现同质性案情事实的聚类，形成案情"基本事实组"。②也有学者认为，由于法律专业词汇容易被切割成单个语义碎片，涉案诉讼材料

---

① 《哈尔滨松北法院商事案件要素式审判制度入选省级创新实践案例》，载《人民法院报》2022 年 8 月 15 日。

② 参见王竹：《司法人工智能推理辅助的"准三段论"实现路径》，载《政法论坛》2022 年第 5 期。

的多源性和多样性等，导致审判案件事实要素抽取准确性不高，影响法律的准确适用，抑制依法裁判的作出。所以，需要以要素式审判为基础，利用OCR等技术对审判案例数据和案例事实要素进行识别，并进行智能化抽取；运用基于层叠注意力机制的深度学习模型，将案件中提取的事实要素进行相关性计算，选定案件的关键要素；根据得到的结构化要素，通过从案件中提取时间、地点、主体等事实要素，利用贝叶斯网络搭建证据关联概率模型对案件事实要素进行综合赋值分析，构建案件画像，智能、准确地抽取审判案件事实要素，以达至准确适用法律、依法裁判之目标。① 在当下的司法实践中，由于审判过程中涉案诉讼材料的多源性和多样性，在一定程度上抑制了案件事实要素自动抽取的准确率，要素式审判法的智能化系统运用仍然存在一些难以解决的问题，其集中表现在人工智能在司法领域的应用深度与广度均有限，即使能够运用于要素式审判法，也仅限于特定几个类型的案件，技术与司法耦合的难度还较大。比如，当事人在诉状中的具体诉讼请求，可能因法律规范中"具体"的含义不清、立案时不能进行实质性审查、当事人主观规避诉讼等而并不一定符合"具体"的要求；又如人工智能的运用离不开司法数据的支撑，但司法数据的运用却受制于许多客观条件，而这些司法数据本身的质量参差不齐，难免存在无法利用的废数据和脏数据，而且要组织要素式智能审判系统和使用数据的平台进行对接，否则根本无法准确用好这一智能辅助系统，进而满足司法公开的许多要求。

尽管如此，要素式审判法的人工智能技术应用仍在积极探索之中，而且这项技术运用于司法实践的前景仍然向好。"'十三五'期间研发的司法人工智能技术已经初步实现了裁判文书的智能化解析和要素精细化提取。"② 而随着人工智能技术的不断发展，如何有效通过法律大数据、机器深度学习模型，为当事人及法官提供涉案证据材料识别、分类、判定并自动生成案件事实画像，并结合纠纷情况，为当事人乃至司法工作人员提供诉讼风险告知及诉讼决策指引，仍需要理论与实务界吸纳域外人工智能发展的先进技术和理念。人工智能应用于要素式审判法的愿景任重道远，但未来可期，我们期待要素式审判法能早日实现最广泛的民事案件智能化运用目标。

---

① 朱福勇、高帆：《审判案件事实要素智能抽取探究》，载《理论月刊》2021年第6期。
② 王竹：《司法人工智能推理辅助的"准三段论"实现路径》，载《政法论坛》2022年第5期。

第三节 要素式审判法适用范围的扩张

一、司法实务中要素式审判法适用范围的扩张

要素式审判法是从严谨复杂的诉讼环节和程序中总结出来的简单易行的审判方法,其不仅建立在对民事诉讼历史与现实的考量结果之上,而且是多年来民事诉讼从职权主义到当事人主义改革成果的体现。因此,要素式审判法不仅是引领审判权运行机制改革的很好举措,也是强化诉讼程序正当性从而扩大当事人诉讼参与的诉讼机制,更是司法者审判技能提高到一定水平的成果展现,本质上就是一种司法审判的科学技术或方法。作为一种司法审判的方式方法,尽管我们将要素式审判法定位于简易程序与小额诉讼程序的适用范围,但司法实践中,有的法院已将要素式审判法的适用范围扩展到了普通民事案件。甚至被认为不适用要素式审判法的一些领域的纠纷,也具有了适用的空间。

比如,为贯彻落实最高人民法院民事诉讼程序繁简分流改革试点精神,以及山东省高级人民法院对要素式审判方式指引规定的要求,进一步提升著作权侵权纠纷案件审判质效,济南知识产权法庭依照《济南市中级人民法院关于民事诉讼程序繁简分流改革试点工作实施方案(试行)》,编写了《著作权侵权纠纷案件审判要素表、要素式判决书样式》,该类要素表及文书样式为基层法院适用小额诉讼程序或者简易程序审理图片类、音乐作品类著作权侵权案件提供了规范化指引,并为审判流程和裁判文书的简化进一步细化了操作流程。在当事人所填写的要素表中,分别设计了由原告与被告填写的"案件事实要素"。这些事实要素包括:"权利主体""权利内容""侵权行为及取证方式""被诉侵权作品与权利作品比对情况""损害赔偿""合理开支""是否有合法来源"以及"当事人需要明确的其他事项"。而且对有些栏目又作了进一步的要素设计,如在"权利主体"一栏中,就设计了原始著作权人是谁、受让人是谁、合同签订时间、转让的权利种类、地域范围;被许可使用人是谁、合同签订的时间、许可使用的权利种类、是否为专有使用权、地域范围、期间以及其他。在"权利内容"一栏中,又设计了作品类型、作品名称、作品完成时间、发表时间、作品载体、著作权登记证书(包括登记机关、登记时间)、权利种类(包括复制权、发行

权、信息网络传播权、放映权、获得报酬权、其他）等。同时，设计了"著作权侵权纠纷案件要素式判决书样式"，供参考运用。

2022年5月以后，龙岩市新罗区人民法院开始受理部分知识产权案件，为此，该院通过速裁程序而适用要素式审判法，专门出台了《龙岩市新罗区人民法院关于知识产权纠纷案件要素式审判的若干规定》，其适用范围为除发明专利、外观设计、驰名商标之外，还包括标的额100万元以下的一审知识产权民事案件，加快了此类案件的审理进度。

2022年8月，甘肃省天水市中级人民法院制定了《知识产权案件要素式审判工作规程（试行）》，标志着试点创新著作权、商标权侵权纠纷等要素式审判改革迈出了重要一步。

在公司法领域内，我们通常也会认为其不适用要素式审判法，但上海市第二中级人民法院商事审判庭的几位法官却在部分商事案件中进行了类型化的调研和探索，并设计了《股东知情权纠纷案件要素式审判指引（试行）》，为辖区法院的商事审判提供参考。他们认为，股东知情权纠纷的主要审查要素集中在"行权主体""行权事由""行权范围""行权方式""阻却条件"五个方面，实践中当事人通常不会就每个类型的要素都发生争议，个案焦点往往会因案情不同而集中在某一两个要素上，故在审判中可采用要素式审理的方式，并以上述五个方面要素的查明为基本路径和线索，收集案件要素，梳理争议要素，并据之展开审理。比如，在"行权主体"中，通常表现为原告股东资格的认定和委托他人行权的许可问题，可能包括：前股东或新股东能否行权问题、瑕疵出资问题、股权名实不一问题、间接持股问题等。再比如，"行权范围"中，关乎原告对公司的哪些材料行使知情权，这些材料文件是承载公司信息的载体，皆是股东知情权诉讼中的关键要素，这些要素可能包括内容范围，即：（1）章程、股东会会议记录、董事会会议决议、监事会会议决议和财务会计报告；（2）会计账簿；（3）会计凭证；（4）其他材料。也可能包括时间范围，即原告应对其主张行使知情权所涉材料的时间范围进行明确。法院应在对案件开展实体审理之前，向当事人送达要素表并要求其填写，然后再结合双方的诉辩意见，归纳出无争议的要素以及双方的争议焦点展开要素式审理，由双方围绕争议要素举证、质证和辩论，在当事人最后陈述后，若调解不成，则可以及时对案件作出裁判，并可向当事人出具要素式裁判文书。①

要素式审判法作为一种审判方法，理论上对任何案件都可以适用。例如，贵州省盘州市人民法院于 2019 年 6 月，采用要素式庭审方式对一起建筑工程施工合同纠纷案进行开庭审理。法官通过阅卷，发现双方对原告陈某负责施工的几条路段的工程量争议不大，主要争议内容是几条路的计算单价和已付工程款的数额，但双方提交的证据材料比较多，按照传统的庭审模式，需双方当事人对各自提交的证据材料进行举证、质证，这样的庭审可能需要一天的时间。法官为了提高诉讼效率，遂采用要素式庭审方式。在正式开庭前，制作了一份案件事实要点的表格（诉讼要素表），让双方当事人分别填写，根据双方填写的情况将没有争议的事实预先固定下来并予以确认，然后告知双方当事人接下来的庭审主要围绕有争议的事实展开。这种方式简化了审判程序，保证庭审活动重点突出，提高了审判效率和司法裁判质量。

不仅如此，要素式审判法还大有向行政案件扩展的趋势，② 甚至还有向二审程序、申请再审案件扩展的趋势。例如，2021 年《民事诉讼法》修正后，我国的独任制可扩张到部分二审案件，2022 年 8 月 10 日，青海省海东市中级人民法院便依法适用独任制审理了一起买卖合同纠纷案件，并发出了首份二审要素式判决书。二审中，针对该案事实清楚、权利义务明确、当事人争议不大的类型化买卖合同案件，主审法官决定采用要素式审判方式进行审理。③ 上海市第一中级人民法院注重优化审委会对审判实践的指导功能，通过对类案审理中的审判经验即裁判方法进行归纳和提炼，形成统一的思路和方法，几位法官通过整理，制作了《民商事申请再审案件要素式审查要点》，供对再审申请案件审查时予以参考。因此，诚如学者所言，"不能认为要素式审判也仅适用于小额诉讼案件，最多扩大适用于部分简易程序案件，而应当考虑要素式审判未来可尝试成为法院审判民商事

---

① 张新、朱川、李非易：《股东知情权纠纷案件要素式审判指引（试行）》，上海市第二中级人民法院"至正研究"公众号 2021 年 8 月 27 日发布。

② 北京知识产权法院在审理原告佛山市南海雅兰皇廷家具有限公司诉被告国家和地区工商行政管理总局商标评审委员会、第三人雅兰实业（深圳）有限公司商标无效宣告请求行政纠纷案中，合议庭在撰写本案判决书时，就采用了要素化模板撰写裁判文书，其打破了原有裁判文书的撰写体例，将当事人情况、被诉决定作出时间、受理时间、开庭时间、诉争商标及引证商标的申请人、申请号、申请日期、标识等重要信息列为要素节点，在格式被高度简化的要素式裁判文书模板上一一进行填写。

③ 《海东中院发出首份二审"要素式"判决书》，载青海省高级人民法院网，2022 年 8 月 12 日访问。

案件的一种常规机制。"① 亦如前文所言，要素式审判法不是简单地着眼于诉讼效率的提升，更不是传统职权主义审判方式的回归，它可能还会成为未来审判方式改革的新动力和新方向，并带动我国诉辩、争点整理、证据交换等一整套诉讼制度的改良或优化，从而让公正和效率真正同步提升，实现司法公正与社会效果的统一，充分体现新时代中国特色社会主义法治体系的优越性和生命力。

二、要素式审判法扩张适用的内在机理

我国法院审理和判决案件的固定思维以及裁判的方法，通常都是先查明案件事实，然后根据法条作出判决，其逻辑三段论之影响已根深蒂固。多年前就有学者指出，这种裁判的思维潜含着以下几个基本预设：（1）在一个案件中，有两个各自独立的领域，即事实和法律；（2）事实是绝对客观的，而人类理性把握客观实在的能力也是足够的。执法者能够通过遵循特定的程序，采用特定的技术，可以完全地揭示事实真相；（3）法律是一个内部逻辑一致的、指称和意义明显的、天衣无缝的实体，它与事实之间有一种一一对应关系；（4）法官所要做的只是确定案件事实，并从法律条文体系中找出与该事实相对应的条文，然后分别以这二者为大小前提，从中推出法律结论（判决或裁定）。② 这实际就是我们最传统的办案思维方式：探明事实，适用法律，作出裁判。只不过在整个过程中，我们依赖于程序法规范上的方式方法。比如，为探明事实，原、被告作为对立的双方当事人，不管是在诉前陈述，还是在法庭上陈述包括向法庭提供证据材料，其一切活动都是以自身利益最大化为出发点的，因而作为法院如何快速高效地探明事实就显得尤其重要。

因此，即便是较为复杂的案件，也完全可以通过双方当事人庭前填写《诉讼要素表》的方法，明确对事实和法律问题的争议焦点，并在庭审过程中围绕双方当事人争议要素，展开调查和辩论，只不过复杂案件的《诉讼要素表》需要进行个性化的特别制作，然后根据双方填写的《诉讼要素表》进行归纳整理，并围绕争议焦点进行庭审。对《诉讼要素表》中双方无异议的事实要素，可以产生民事诉讼法上的"当事人自认"效力，即可免除主张事实一方当事人的证

---

① 汤维建：《如何理解要素式审判法》，载《中国审判》2016年第24期。
② 郑戈：《法律解释的社会构造》，载梁治平主编：《法律解释问题》，法律出版社1998年版。

明责任，从而在庭审中径行确认。值得注意的是，并不是所有事实经要素表填写确认无异议的都能发生自认的法律效果。比如，《民事诉讼法解释》第九十二条第二款、第三款规定：对于涉及身份关系、国家利益、社会公共利益等应当由人民法院依职权调查的事实，不适用前款自认制度。自认的事实与查明的事实不符的，人民法院不予确认。对于《诉讼要素表》中有争议的事实，庭审中可通过分配当事人举证责任，通过举证、质证而对争议事实一一查明。

在具体操作上，相对于简单案件，疑难复杂案件更有必要通过庭前会议，对诉讼请求、证据材料和争议焦点三个方面进行归纳和整理。越是疑难复杂案件，越是应当通过庭前准备程序而将未来庭审环节中的一些工作前移，主要包括明确原告的诉讼请求和被告的答辩意见、审查处理当事人增加诉讼请求的申请和提出的反诉，以及第三人提出的与本案有关的诉讼请求、组织交换证据、归纳争议焦点等。对庭前已告知诉讼权利与义务的，庭审时便不再重复告知；对组织过证据交换并明确过争议焦点的案件，对无争议的事实、证据不再进行举证、质证，简化有关庭审环节。也就是说，越是复杂案件越要对庭前准备程序高度重视，要通过证据交换、庭前会议等一系列可操作的规则而让庭前准备取得实效，为后面的庭审和裁判打好基础，而这与要素式审判法的功能以及操作规程均高度契合，所以，在理论上，任何民商事案件中的事实探明都可以采用这种方法，而与案件本身的疑难复杂并无逻辑上的必然联系，这也正是要素式审判法之所以能够扩张适用的内在机理。

裁判文书是诉讼活动结果的载体，是记载人民法院审理过程和裁判结果的法律文书，也是人民法院确定和分配当事人实体权利义务的唯一凭证。在当前当事人查阅、复制诉讼卷宗便利的条件下，裁判文书应当重点体现对当事人之间有争议的事实、证据进行说理，阐明法官对于证据采信、事实认定形成内心确信的理由和结论，因此特别强调对疑难复杂案件的裁判说理。有鉴于此，我们认为，运用要素式庭审方式的案件并不是必然适用要素式裁判文书，即要素式审判法的扩张适用应当是有限而非全面适用，不宜将要素式庭审方式与要素式裁判文书予以"捆绑"。因为对于较为疑难复杂的民商事案件，还应当加强裁判文书的说理，而要素式裁判文书的结构往往会限制裁判说理的针对性与充分性的发挥。当然，我们也并不反对在疑难复杂案件的裁判文书制作中，对无争议事实要素仍然可以简单概括，而对双方当事人争议的要素进行集中阐释，这样并不会影响整篇文书制作质量，使其保持条理清楚、焦点突出、布局合理、详略得当的裁判文书特色。

第二编　部分类案《诉讼要素表》

第一章　概　述

第一节　法律要件与诉讼要素的区别

任何一个民事案件都会涉及法律上的思考与判断，法律上的思考与判断又必然涉及两方面的问题，即事实问题和法律适用。事实问题要通过听取和评价证据来决定，而评价证据又需要运用证据法理论与规则进行。法律规范要适用于具体案件事实，首先就需要确定引起争议发生的事实是什么。适用法律时所面对的事实与该案件发生当时的真实事实并不会完全相同，前者通常被称为案件事实，后者则被称为客观事实。因此，案件事实不能等同于绝对的客观事实。

在一个诉讼中，对于案件事实的法律评价，会经历客观事实、当事人陈述的事实、律师重述的事实、要件事实、待证事实、裁判事实等不同形态。而且，一个案件可能有很多事实，有的具有法律意义，有的就没有法律意义，只有那些能巩固形成请求权基础的核心事实，才是具有法律意义的事实，也就是法律事实。法官所追求的裁判事实，应该是能无限靠近客观实际的法律事实。这个据以裁判的法律事实，需要依靠诉辩双方的攻防陈述、实体法规范、证据法规则、法庭审理规则等，并运用逻辑推理和日常生活经验获得内心确信后的综合性认定。[①] 虽然生活中所发生的事实作为客观事实本身不存在真假问题，但作为法律纠纷的诉争是发生在诉讼之前，需要法官对自己并未亲历和目睹的、发生在过去某个时间的行为或事件作出判断，一般情况下，只有在对已经发生的行为或者事件经过陈述而重现以后才有可能，且只能依赖当事人的举证和证明。

---

① 参见段清泉：《诉讼精细化——要件诉讼思维与方法》，法律出版社2021年版，第124页。

但是，当事人双方对客观事实所作的陈述以及举证都可能有真有假，法官能否找出裁判所需的事实依据，必须要通过法律判断和评价证据来认定，而往往确定事实问题与法律问题并不是一件容易的事情。作为裁判基础的法律事实，要在实体法的运用上具有价值，否则就可能不属于法律事实而属于生活事实。客观发生的法律事实要符合实体法意义的构成要件，这些构成要件就是法律要件。比如，在判断是否成立民间借贷的事实时，要看双方有无借贷的合意，而证明具有合意的证据可能包括借条、借款合同、微信聊天记录等；其次看有无实际支付借款，是现金支付还是转账支付或者其他形式。这里的借款合意以及款项的实际交付即为借贷事实的法律要件。又比如判断是否符合《民法典》第四百四十七条留置权时，要审查债务人的债务是否已届清偿期，债权人是否已经合法占有该动产，是否同属于一个法律关系，都肯定了即为符合留置权的法律要件。再比如某人的行为是否构成一般侵权，则要看其年龄、智力、行为是否有违法性，行为造成的损害后果以及行为与损害后果之间是否有因果关系，符合肯定性条件的，即成立侵权事实，符合侵权的法律要件。

而诉讼要素在整个案件中的范围更为广泛，它是面向整个诉讼过程的，且作为诉讼的要素，往往都会体现在裁判文书当中。也就是说，凡属案件事实以及影响案件裁判结果的一切因素包括法律要素在内，都可能会成为诉讼要素。在民事诉讼过程中，有的案件的双方当事人可以具有相同的诉讼要素，且可能对要素中的具体内容理解和把握有所差异或不同，比如，在保证合同纠纷中，可能存在的诉讼要素一般包括保证合同签订日期、借款时间、借款金额、付款时间、借款期限、借款利率（息）、逾期违约金、付息方式、有无先诉抗辩权等，双方可通用一样的《诉讼要素表》。但有的案件的双方当事人在案件中的诉讼要素不完全一致。如在普通人身损害赔偿案件中，原告方可能存在的诉讼要素包括损害事实发生的经过、是否住院治疗、住院天数、是否构成伤残、有无共同侵权人、有无鉴定意见、具体赔偿的项目和数额等。但在被告一方除了与原告方具有相同的诉讼要素外，其可能的诉讼要素还包括已付赔偿费用、受害人过错、正当防卫等，甚至还可能包括所适用的法律条文、诉讼程序事项等的不同，在后一种情况下，就需要根据案件的不同设计出分别由双方填写的《诉讼要素表》。

由此可见，法律要件与诉讼要素的主要差别在于面向不同：法律要件面向的是法律上的逻辑建构，即作为法律逻辑中的构成要件，具有原理性的普适特征；而诉讼要素面向的是裁判文书的内容解构，是最终裁判所需的包括事实、证据、争议焦点、法律适用甚至程序问题等各种信息素材，其存在的方式是分散的点位，[1]往往只具个性化特征。不仅如此，对类案诉讼要素的归纳整理，还能促进同案同判，而对法律要件却不能。诉讼要素直观上的载体通常是《诉讼要素表》，通过提炼案件要素事实的共性后归纳出同类案件的裁判规律。在2019年7月召开的全国法院民商事审判工作会议上，最高人民法院刘贵祥专委表示，裁判尺度不统一，是一段时间以来困扰民商事审判的突出问题。[2]随着司法公开深入推进、裁判文书上网全面铺开，"同案不同判"问题也经常进入公众视野。要素式审判法通过提取《诉讼要素表》中的裁判要素，聚焦于争点的事实查明和法律适用，得出裁判结论，其背后是严谨的证据认定和法律论证。因此，归纳整理类案的诉讼要素，能在一定程度上统一适用"法律逻辑推理公式"、进一步落实类案裁判指导意见，对同案同判、类案类判，起到一定的促进作用。

第二节 以劳动争议案件为例的《诉讼要素表》

为规范和统一民事裁判文书写作标准，指导法官制作裁判文书，最高人民法院于2016年6月28日发布了《民事诉讼文书样式》，进一步明确了裁判文书繁简分流标准，其中，对于适用简易程序和小额诉讼程序案件，设计了要素式的简单裁判文书样式（以劳动争议案件为例）。

为满足实际工作中各类案件审理对要素式文书样式的需求，我们依据最高人民法院发布的统一化样式作出细化，在对要素式审判法的原理和应用进行系统化的梳理研究之后，本编汇集各地法院审判方式改革中的经验，对部分类型案件的《诉讼要素表》做了模版化、可复制化的列举，以便读者在应用过程中学习参照。

---

[1] 参见王竹：《司法人工智能推理辅助的"准三段论"实现路径》，载《政法论坛》2022年第5期。

[2] 刘贵祥：《最高法：要在民商事审判中统一裁判尺度》，2019年7月3日新华社发布。

劳动争议案件劳动者要素表

重要声明①

1. 为了帮助您更好地参加诉讼，保护您的合法权利，特发本表。

2. 本表所列各项内容都是法官查明案件事实所需要了解的，请您务必认真阅读，如实填写。

3. 本表的设计针对工伤保险待遇纠纷案件，其中有些要素可能与您的案件无关，若您认为与案件无关的，可以填"无"或不填。若本表中有遗漏的要素，您可以在本表中另行填写。

4. 本表中所填写内容，属于您依法向法院所作的陈述，您填写的要素表副本，本院将依法送达给其他当事人或诉讼参与人。

5. 第三人参与本案诉讼的，其诉讼要素表的填写，由法院立案部门按照第三人参与诉讼的地位进行分配。

6. 本表填写后应在答辩期满前提交主审法官。

（劳动者填写）

请填写与案件相关的以下内容：

一、入职时间：____年____月____日

二、签订书面劳动合同时间：____年____月____日（未签订书面劳动合同的写明"未签"，如有签订多份的，请逐份载明）

三、合同期满时间：____年____月____日

四、劳动者工作岗位：____（如合同约定与实际工作岗位不一致的，分别列出合同约定岗位和实际工作岗位）

五、合同约定的工时制度、每月工资数及工资构成：_____

六、劳动者实际实行的工时制度、领取的每月工资数及工资构成：_____

七、办理社会保险的时间和险种：_____（未办的写明未办理社会保险）；申请社会保险待遇：_____

八、发生工伤时间：____年____月____日；死亡时间：____年____月____日；

---

① 各类《诉讼要素表》的前面均应当有"重要声明"部分，为避免重复，本篇自第二章起不再标明"重要声明"。

工伤认定情况：____

九、住院起止时间：____年____月____日至____年____月____日

十、工伤各项费用：医疗费数额：____；假肢安装费数额：____；伙食补助费数额：____；交通费数额：____；丧葬费：____（可视实际情况增加）

十一、伤残等级鉴定时间：____年____月____日；鉴定结果：____

十二、受伤后至劳动能力鉴定前工资发放数额：____

十三、加班时间：正常工作日加班时间____小时、法定休息日加班时间____小时、法定节假日加班时间____小时

十四、加班工资计算基数：____

十五、应发工资金额：____，计算期间：____，工资构成：____，加班工资的计算方法：____

十六、实发工资金额：____，计算期间：____，工资构成：____，加班工资的计算方法：____

十七、双方解除或终止劳动关系前十二个月劳动者的月平均工资数额：____

十八、双方发生劳动争议的时间：____年____月____日

十九、双方解除或终止劳动关系的原因：____

二十、解除或终止劳动关系的时间：____年____月____日

二十一、劳动者的工作年限：____

二十二、应休年休假：____日；实休年休假：____日

二十三、申请仲裁时间：____年____月____日

二十四、需要说明的其他事项：____

请对上述内容重新核对，确认后签名

劳动者（签名）

××××年××月××日

劳动争议案件用人单位要素表

重要声明

1. 为了帮助您更好地参加诉讼，保护您的合法权利，特发本表。

2. 本表所列各项内容都是法官查明案件事实所需要了解的，请您务必认真阅读，如实填写。

3. 本表的设计针对工伤保险待遇纠纷案件，其中有些要素可能与您的案件

无关，若您认为与案件无关的，可以填"无"或不填。若本表中有遗漏的要素，您可以在本表中另行填写。

4.本表中所填写内容，属于您依法向法院所作的陈述，您填写的要素表副本，本院将依法送达给其他当事人或诉讼参与人。

5.第三人参与本案诉讼的，其诉讼要素表的填写，由法院立案部门按照第三人参与诉讼的地位进行分配。

6.本表填写后应在答辩期满前提交主审法官。

（用人单位填写）

请填写与案件相关的以下内容：

一、劳动者入职时间：____年____月____日

二、签订书面劳动合同时间：____年____月____日（未签订书面劳动合同的写明"未签"，如有签订多份的，请逐份载明）

三、合同期满时间：____年____月____日

四、劳动者工作岗位：_____（如合同约定与实际工作岗位不一致的，分别列出合同约定岗位和实际工作岗位）

五、合同约定的工时制度、每月工资数及工资构成：_____

六、劳动者实际实行的工时制度、领取的每月工资数及工资构成：_____

七、办理社会保险的时间和险种：_____（未办的写明未办理社会保险）；申请社会保险待遇：_____

八、发生工伤时间：____年____月____日；死亡时间：____年____月____日；工伤认定情况：_____

九、住院起止时间：____年____月____日至____年____月____日

十、工伤各项费用：医疗费数额：_____；假肢安装费数额：_____；伙食补助费数额：_____；交通费数额：_____；丧葬费：_____（可视实际情况增加）

十一、伤残等级鉴定时间：____年____月____日；鉴定结果：_____

十二、受伤后至劳动能力鉴定前工资发放数额：_____

十三、加班时间：正常工作日加班时间_____小时、法定休息日加班时间_____小时、法定节假日加班时间_____小时

十四、加班工资计算基数：_____

十五、应发工资金额：_____，计算期间：_____，工资构成：_____，加班

工资的计算方法：_____

　　十六、实发工资金额：_____，计算期间：_____，工资构成：_____，加班工资的计算方法：_____

　　十七、双方解除或终止劳动关系前十二个月劳动者的月平均工资数额：_____

　　十八、双方发生劳动争议的时间：____年____月____日

　　十九、双方解除或终止劳动关系的原因：_____

　　二十、解除或终止劳动关系的时间：____年____月____日

　　二十一、劳动者的工作年限：_____

　　二十二、应休年休假：____日；实休年休假：____日

　　二十三、申请仲裁时间：____年____月____日

　　二十四、需要说明的其他事项：_____

　　请对上述内容重新核对，确认后盖章。

用人单位签名或盖章
××××年××月××日

第二章　人格权纠纷

第一节　生命权、健康权损害赔偿纠纷

一、诉讼要素表

（原告填写）

请填写与案件相关的以下内容：
一、损害事实发生的简要经过：_____
二、受害人是门诊或住院治疗、住院天数：_____
三、受害人的户籍情况：_____
四、受害人若是农村户口，案发前有无在城镇居住一年以上并有固定收入：_____
五、被扶养人的户籍、被扶养人及扶养义务人的人数：_____
六、有无达成赔偿协议：有　，无　，如有请写明赔偿协议的内容：_____
七、侵权人有无已支付的赔偿及具体数额：_____
八、有无报警、公安机关的询问笔录、道路交通事故认定书等：_____
九、有无提起过刑事诉讼或其他诉讼：_____
十、有无鉴定结论：有　，无
十一、受害人是否构成伤残：是　，否
十二、鉴定结论的内容：_____
十三、是否共同侵权或共同危险行为所致：是　，否
十四、被告是否为限制行为能力人或者无民事行为能力人：_____

十五、要求承担赔偿责任的比例：_____

十六、赔偿项目及数额（写明计算标准及数额，本项目标准应根据实际填写，没有发生的可不填）

1. 医疗费数额：_____

2. 后续治疗费数额：_____

3. 器官功能恢复训练所必要的康复费数额：_____

4. 整容费数额：_____

5. 尸检费数额：_____

6. 火化费数额：_____

7. 丧葬费数额：_____

8. 护理等级、人数、期限、护理人员的收入：_____

9. 住院伙食补助费数额：_____

10. 误工时间、误工人的收入及误工费：_____

11. 营养期限、营养费数额：_____

12. 受害人确有必要到外地治疗，因客观原因不能住院，受害人本人及其陪护人员实际发生的住宿费、伙食费数额：_____

13. 处理丧葬事宜必要人员的住宿费数额：_____

14. 交通费数额：_____

15. 残疾辅助器具的更换周期、赔偿期限及残疾辅助器具费数额：_____

16. 鉴定费数额（含验伤、照相费等）：_____

17. 伤残等级及残疾赔偿金数额：_____

18. 死亡赔偿金数额：_____

19. 精神抚慰金数额：_____

20. 被扶养人生活费数额：_____

十七、其他需要说明的问题：_____

十八、原告具体的诉讼请求：_____

当事人签名：

××××年××月××日

二、诉讼要素表

（被告填写）

请填写与案件相关的以下内容：

一、损害事实的发生经过：_____

二、受害人是门诊或住院治疗、住院天数：_____

三、受害人的户籍情况：_____

四、受害人若是农村户口，案发前有无在城镇居住一年以上并有固定收入：有　，无

五、对受害人被扶养人的户籍、被扶养人及扶养义务人的人数有无异议：有　，无

六、有无达成赔偿协议：有　，无

七、已支付的赔偿数额：_____

八、有无报警、公安机关的询问笔录、道路交通事故认定书等：有　，无

九、有无被提起过刑事诉讼或其他诉讼：_____

十、受害人伤情有无鉴定结论：有　，无

十一、受害人是否构成伤残：是　，否

十二、鉴定结论的内容：_____

十三、是否共同侵权或共同危险行为所致：是　，否

十四、被告是否为限制行为能力人或者无民事行为能力人：是　，否

十五、被害人有无过错：_____（如有，应写明受害人过错的理由）

十六、赔偿项目及数额（对原告请求赔偿的项目及赔偿数额有无异议，如有异议，可填写认为合理的数额）

1. 医疗费数额：_____

2. 后续治疗费数额：_____

3. 器官功能恢复训练所必要的康复费数额：_____

4. 整容费数额：_____

5. 尸检费数额：_____

6. 火化费数额：_____

7. 丧葬费数额：_____

8. 护理等级、人数、期限、护理人员的收入：_____

9. 住院伙食补助费数额：_____

10. 误工时间、误工人的收入及误工费：_____

11. 营养期限、营养费数额：_____

12. 受害人确有必要到外地治疗，因客观原因不能住院，受害人本人及其陪护人员实际发生的住宿费、伙食费数额：_____

13. 处理丧葬事宜必要人员的住宿费数额：_____

14. 交通费数额：_____

15. 残疾辅助器具的更换周期、赔偿期限及残疾辅助器具费数额：_____

16. 鉴定费数额（含验伤、照相费等）：_____

17. 伤残等级及残疾赔偿金数额：_____

18. 死亡赔偿金数额：_____

19. 精神抚慰金数额：_____

20. 被扶养人生活费数额：_____

十七、其他需要说明的问题：_____

十八、被告的具体抗辩理由：_____

当事人签名：

××××年××月××日

第三章 婚姻家事纠纷

第一节 离婚纠纷

一、诉讼要素表

（原、被告填写）

请填写与案件相关的以下内容：
一、相识时间、相识途径等：＿＿＿＿＿＿＿＿＿＿＿＿＿
二、结婚时间及生育子女情况：＿＿＿＿＿＿＿＿＿＿＿＿＿
三、是否有离婚协议：有　，无
四、离婚协议的主要内容：＿＿＿＿＿＿＿＿＿＿＿＿＿（如无可不填）
五、双方或者一方为现役军人：是　，否
六、女方是否存在怀孕及妊娠情况：是　，否
七、双方或者一方是否存在重婚或有配偶者与他人同居的情形：是　，否
八、双方或者一方是否存在实施家庭暴力或虐待、遗弃家庭成员的情形：是　，否
九、双方或者一方是否有赌博、吸毒等恶习屡教不改的情形：是　，否
十、双方或者一方是否存在因感情不和分居满二年的，或者经人民法院判决不准离婚后又分居满一年，互不履行夫妻义务的情形：是　，否
十一、是否存在一方患有法定禁止结婚疾病的，或一方有生理缺陷，或其他原因不能发生性行为，且难以治愈的情形：是　，否
十二、是否存在婚前缺乏了解，草率结婚，婚后未建立起夫妻感情，难以

共同生活的情形：是　　，否

十三、是否存在婚前隐瞒了精神病，婚后经治不愈，或者婚前知道对方患有精神病而与其结婚，或一方在夫妻共同生活期间患精神病，久治不愈的情形：是　　，否

十四、是否一方欺骗对方，或者在结婚登记时弄虚作假，骗取《结婚证》的情形：是　　，否

十五、是否存在双方办理结婚登记后，未同居生活，无和好可能的情形：是　　，否

十六、双方或者一方是否存在包办、买卖婚姻、婚后一方随即提出离婚，或者虽共同生活多年，但确未建立起夫妻感情的情形：是　　，否

十七、是否存在一方被依法判处长期徒刑，或其违法、犯罪行为严重伤害夫妻感情的情形：是　　，否

十八、是否存在一方下落不明满二年，对方起诉离婚，经公告查找确无下落的情形：是　　，否

十九、育有子女情况：＿＿＿＿＿＿＿＿＿（包括子女性别、年龄、目前生活及学习等情况）

二十、双方对子女抚养是否达成一致意见：是　　，否

二十一、子女对随父或者随母生活的意见：＿＿＿＿＿＿＿＿＿＿

二十二、一方是否患有久治不愈的传染性疾病或其他严重疾病，子女不宜与其共同生活的情形：是　　，否

二十三、一方是否存在有抚养条件不尽抚养义务的情形：是　　，否

二十四、女方是否已做绝育手术或因其他原因丧失生育能力的情形：是　　，否

二十五、有无子女随其生活时间较长，改变生活环境对子女健康成长明显不利的情形：有　　，无

二十六、是否存在无其他子女，而另一方有其他子女的情形：是　　，否

二十七、是否存在子女随其生活，对子女成长有利，而另一方患有久治不愈的传染性疾病或其他严重疾病，或者有其他不利于子女身心健康的情形，不宜与子女共同生活的情形：是　　，否

二十八、是否存在父方与母方抚养子女的条件基本相同，双方均要求子女与其共同生活，但子女单独随祖父母或外祖父母共同生活多年，且祖父母或外祖父母要求并且有能力帮助子女照顾孙子女或外孙子女的，可作为子女随父或

母生活的优先条件予以考虑的情形：是　　，否

二十九、不抚养子女一方的工作、收入及财产情况：＿＿＿＿＿＿＿

三十、是否存在一方因身体受到伤害获得的医疗费、残疾人生活补助费等情况：是　　，否

三十一、是否有遗嘱或赠与合同中确定只归夫或妻一方的财产情况：是　　，否

三十二、是否有一方专用的生活用品：是　　，否

三十三、是否存在着其他夫妻一方婚前财产或夫妻一方财产的情形：＿＿＿

三十四、夫妻房产情况：＿＿＿＿＿＿＿（写明房屋购买时间、房屋地点、房屋价值、房屋贷款、房屋按揭还款情况等）

三十五、夫妻双方现有现金或银行账户内的存款情况：＿＿＿＿＿

三十六、夫妻双方股票、基金等持有情况及资金余额：＿＿＿＿＿＿（写明股票、基金等账户及资金余额情况）

三十七、夫妻拥有车辆情况：＿＿＿＿＿＿（写明车辆的购买时间、车牌号码、车辆有无贷款以及贷款还款情况等）

三十八、夫妻一方购买的保险情况：＿＿＿＿＿＿（写明保险的购买时间、购买年限以及保费缴纳情况、保险收益等）

三十九、夫妻一方持有的公司股份情况：＿＿＿＿＿＿（写明公司的名称、持有公司股份的比例等情况）

四十、夫妻一方的财产投资及收益情况：＿＿＿＿＿

四十一、夫妻一方的住房补贴及住房公积金情况：＿＿＿＿＿

四十二、夫妻一方名义对外享有的债权：＿＿＿＿＿＿（写明债权数额、债务人、利息约定、还款期限等）

四十三、夫妻一方名义对外所负债务：＿＿＿＿＿＿（写明债务的数额、债权人、借款用途、利息约定、还款期限等）

四十四、夫妻一方是否有重婚的情形：是　　，否

四十五、夫妻一方是否有配偶者与他人同居的情形：是　　，否

四十六、夫妻一方是否有实施家庭暴力的情形：是　　，否

四十七、是否有虐待、遗弃家庭成员的情形：是　　，否

四十八、是否存在对弱势一方进行补偿的情形：是　　，否

四十九、其他需要说明的问题：＿＿＿＿＿＿

五十、原告具体的诉讼请求：＿＿＿＿＿＿

五十一、被告的具体抗辩理由：＿＿＿＿＿＿

当事人签名：

××××年××月××日

第二节　离婚后财产纠纷

一、诉讼要素表

（原、被告填写）

请填写与案件相关的以下内容：

一、双方离婚的方式：诉讼　　，协议

二、是否有离婚协议：有　　，无

三、离婚协议的主要内容：＿＿＿＿＿＿＿＿（如无可不填）

四、是否有一方专用的生活用品：是　　，否

五、是否存在其他夫妻一方婚前财产或夫妻一方财产的情形：＿＿＿＿＿

六、夫妻房产情况：＿＿＿＿＿＿＿＿（写明房屋购买时间、房屋地点、房屋价值、房屋首付的支付人及支付方式、房屋首付的支付数额、房屋首付的支付时间、房屋贷款、房屋按揭还款、房屋登记情况等）

七、夫妻双方现有现金或银行账户内的存款情况：＿＿＿＿＿＿

八、夫妻双方股票、基金等持有情况及资金余额：＿＿＿＿＿＿（写明股票、基金等账户及资金余额情况）

九、夫妻拥有车辆情况：＿＿＿＿＿＿（写明车辆的购买时间、车牌号码、车辆有无贷款以及贷款还款情况等）

十、夫妻一方购买的保险情况：＿＿＿＿＿＿（写明保险的购买时间、购买年限以及保费缴纳情况、保险收益等）

十一、夫妻一方持有的公司股份情况：＿＿＿＿＿＿（写明公司的名称、持有公司股份的比例等情况）

十二、夫妻一方的财产投资及收益情况：＿＿＿＿＿＿

十三、夫妻一方的住房补贴及住房公积金情况：＿＿＿＿＿＿

十四、夫妻一方名义对外享有的债权：＿＿＿＿＿＿（写明债权数额、债务人、利息约定、还款期限等）

十五、夫妻一方名义对外所负债务：＿＿＿＿＿＿（写明债务的数额、债权人、借款用途、利息约定、还款期限等）

十六、夫妻一方是否有重婚的情形：是　　，否

十七、夫妻一方是否有配偶者与他人同居的情形：是　　，否

十八、夫妻一方是否有实施家庭暴力的情形：是　　，否

十九、是否有虐待、遗弃家庭成员的情形：是　　，否

二十、是否存在对弱势一方进行补偿的情形：是　　，否

二十一、其他需要说明的问题：＿＿＿＿＿＿

二十二、原告具体的诉讼请求：＿＿＿＿＿＿

二十三、被告的具体抗辩理由：＿＿＿＿＿＿

当事人签字：

××××年××月××日

第三节　抚养纠纷（变更抚养关系纠纷）

一、诉讼要素表

（原、被告填写）

请填写与案件相关的以下内容：

一、双方离婚的方式：诉讼　　，协议

二、是否有离婚协议：有　　，无

三、离婚协议的主要内容：＿＿＿＿＿＿＿＿＿＿＿＿（如无可不填）

四、育有子女情况：＿＿＿＿＿＿＿＿＿＿（包括子女性别、年龄、目前生活及学习等情况）

五、双方对子女抚养是否曾经达成一致意见：是　　，否

六、子女对随父或者随母生活的意见：_____

七、一方是否患有久治不愈的传染性疾病或其他严重疾病，子女不宜与其共同生活的情形：是　　，否

八、一方是否存在有抚养条件不尽抚养义务的情形：是　　，否

九、女方是否已做绝育手术或因其他原因丧失生育能力的情形：是　　，否

十、有无子女随其生活时间较长，改变生活环境对子女健康成长明显不利的情形：有　　，无

十一、是否存在无其他子女，而另一方有其他子女的情形：是　　，否

十二、是否存在子女随其生活，对子女成长有利，而另一方患有久治不愈的传染性疾病或其他严重疾病，或者有其他不利于子女身心健康的情形，不宜与子女共同生活的情形：是　　，否

十三、是否存在父方与母方抚养子女的条件基本相同，双方均要求子女与其共同生活，但子女单独随祖父母或外祖父母共同生活多年，且祖父母或外祖父母要求并且有能力帮助子女照顾孙子女或外孙子女的，可作为子女随父或母生活的优先条件予以考虑的情形：是　　，否　　，具体情况：_____

十四、不抚养子女一方的工作、收入及财产情况：_____

十五、其他需要说明的问题：_____

十六、原告的具体诉讼请求：_____

十七、被告的具体抗辩理由：_____

当事人签名：

××××年××月××日

第四节　婚约财产纠纷

一、诉讼要素表

（原、被告填写）

请填写与案件相关的以下内容：

一、相识时间、相识途径等：_____

二、彩礼的交付情况：_____（包括彩礼的交付时间、地点、见证人、交付人、接收人、彩礼的内容等）

三、双方有无结婚：有　，无

四、办理结婚登记的时间：_____

五、男女双方有无共同生活：有　，无

六、有无婚前给付导致给付人生活困难的情形：有　，无

七、是否存在男方或女方存在过错的情形：有　，无　，具体的过错表现：_____

八、是否存在着赠与的情形：_____，赠与的内容为：_____

九、其他需要说明的问题：_____

十、原告的具体诉讼请求：_____

十一、被告的具体抗辩理由：_____

当事人签名：
××××年××月××日

第五节　收养纠纷（确认收养关系有效或者无效用）

诉讼要素表

（原、被告填写）

请填写与案件相关的以下内容：

一、收养人的基本身份情况：_____

二、收养人的基本收入情况：_____

三、收养人的婚姻状况及子女状况：_____

四、收养的时间：_____

五、送养人的基本身份情况：_____

六、被收养人的基本身份情况：_____

七、有无办理收养手续：有 、无 ，如办理，办理时间为：＿＿＿＿＿＿

八、收养人与被收养人的关系：＿＿＿＿＿＿

九、送养人与被收养人之间的关系：＿＿＿＿＿

十、送养有无征得被送养人同意：＿＿＿＿＿

十一、有无其他需要补充的问题：＿＿＿＿＿

十二、原告的具体诉讼请求：＿＿＿＿＿＿

十三、被告的具体抗辩理由：＿＿＿＿＿＿

当事人签名：

××××年××月××日

第六节　继承纠纷

诉讼要素表

（原、被告填写）

请填写与案件相关的以下内容：

一、被继承人及法定继承人的基本情况：＿＿＿＿＿＿

二、被继承人的死亡时间：＿＿＿＿＿＿＿＿（可以提供被继承人的死亡证明、火化证明、已注销户籍的户口本）

三、被继承人拥有的房产情况：＿＿＿＿＿＿（写明房屋的具体位置、面积、有无抵押以及共有人情况等）

四、被继承人持有的公司股份情况：＿＿＿＿＿＿（写明公司的名称、被继承人持有公司股份比例以及公司股东情况等）

五、被继承人拥有的车辆情况：＿＿＿＿＿＿（写明车辆的购买时间、车牌号码、车辆目前使用情况等）

六、被继承人拥有的银行存款信息：＿＿＿＿＿＿（写明银行的名称、存款账号、存款余额等信息）

七、被继承人拥有的其他财产情况：＿＿＿＿＿＿

八、被继承人生前的债权债务情况：＿＿＿＿＿＿

九、被继承人与其配偶之间有无财产特定约定：有　　，无　　，如有，请写明双方约定的内容：＿＿＿＿＿＿

十、被继承人有无遗嘱、遗赠等情形：＿＿＿＿＿＿

十一、法定继承人的人数及姓名：＿＿＿＿＿＿

十二、法定继承人之间的关系：＿＿＿＿＿＿

十三、法定继承人中有无丧偶儿媳或者丧偶女婿：有　　，无　　（丧偶儿媳、丧偶女婿作为第一顺序继承人应举证证明尽了主要赡养义务）

十四、法定继承人有无缺乏劳动能力需多分遗产的情形：有　　，无

十五、有无存在为胎儿保留继承份额的情形：有　　，无

十六、其他需要补充的问题：＿＿＿＿＿＿

十七、原告的具体诉讼请求：＿＿＿＿＿＿

十八、被告的具体抗辩理由：＿＿＿＿＿＿

当事人签名：

××××年××月××日

第四章 买卖合同纠纷

第一节 买卖合同纠纷（普通商品）

一、诉讼要素表

（原告填写）

请填写与案件相关的以下内容：
一、签订买卖合同的时间：_____
二、签订买卖合同的地点：_____
三、合同约定买卖标的物情况：_____
四、合同约定的交货时间：_____，交货地点：_____，交货方式：_____
五、合同约定的价款或者价款计算方式：_____
六、合同约定的价款交付方式：_____
七、合同约定的质量标准及检验方式：_____
八、合同约定的质量异议期限：_____
九、合同约定的违约金计算方式：_____
十、合同约定的解除条件：_____
十一、合同标的物交付情况（时间、地点、数量）：_____
十二、合同价款的实际支付情况：_____
十三、合同标的物有无质量争议：有 、无
十四、违约金计算公式：_____
十五、对合同约定违约金标准有无异议：有 、无

十六、双方有无结算：有　、无　，结算明细：_____

十七、有无造成损失以及损失的范围、数额和具体：_____

十八、需要说明的其他事项：_____

十九、原告的具体诉讼请求：_____

当事人签名：

××××年××月××日

诉讼要素表

（被告填写）

请填写与案件相关的以下内容：

一、签订买卖合同的时间：_____

二、签订买卖合同的地点：_____

三、合同约定买卖标的物情况：_____

四、合同约定的交货时间：_____，交货地点：_____，交货方式：_____

五、合同约定的价款或者价款计算方式：_____

六、合同约定的价款交付方式：_____

七、合同约定的质量标准及检验方式：_____

八、合同约定的质量异议期限：_____

九、合同约定的违约金计算方式：_____

十、合同约定的解除条件：_____

十一、合同标的物交付情况（时间、地点、数量）：_____

十二、合同价款的实际支付情况：_____

十三、合同标的物有无质量争议：有　、无

十四、违约金计算公式：_____

十五、对合同约定违约金标准有无异议：有　、无

十六、双方有无结算：有　、无　，结算内容：_____

十七、需要说明的其他事项：_____

十八、被告的具体抗辩理由：_____

当事人签名：

××××年××月××日

第二节　买卖合同纠纷（消费者权益保护类）

诉讼要素表

（原告填写）

请填写与案件相关的以下内容：

一、购买时间：_____

二、涉案商品名称：_____

三、商品类别：食品　，其他商品

四、购买单价：_____

五、购买总价：_____

六、原告此前有无购买过相同商品：有　、无

七、商品涉嫌存在的问题：_____

八、原、被告有无就涉案商品的买卖纠纷，接受市、区消委会等机构的调解及处理：有　、无　，处理结果如何：_____

九、涉案商品有无被市、区政府有关监督管理部门予以查处：有　、无　，查处情况：_____

十、被告目前有无继续销售涉案商品：有　、无

十一、原告有无实际使用商品：有　、无

十二、涉案商品现状：_____

十三、原告有无因使用涉案商品造成人身损害，具体损害情况如何：有　、无

十四、原告有无因使用涉案商品造成财产损失，具体财产损失包括：有　、无

十五、是否需要对涉嫌商品存在的问题提起鉴定：是　、否

十六、其他需要补充的问题：_____

十七、原告的具体诉讼请求：_____

当事人签名：

××××年××月××日

诉讼要素表

（被告填写）

请填写与案件相关的以下内容：

一、购买时间：_____

二、涉案商品名称：_____

三、商品类别：食品　，其他商品

四、销售单价：_____

五、销售总价：_____

六、原告系单位还是个人：_____

七、原告此前有无购买过相同商品：有　、无

八、商品质量合格的证明：_____

九、原、被告有无就涉案商品买卖纠纷接受市、区消委会等机构的调解及处理：有　，无　，处理结果如何：_____

十、涉案商品有无被市、区政府有关监督管理部门予以查处：有　，无　，查处情况：_____

十一、目前有无继续销售涉案商品：有　、无

十二、涉案商品现状：_____

十三、是否需要对涉嫌商品存在的问题提起鉴定：是　，否

十四、其他需要补充的问题：_____

十五、被告的具体抗辩理由：_____

当事人签名：

××××年××月××日

第三节　房屋买卖合同纠纷（预期交房）

诉讼要素表

（原、被告填写）

一、房屋买卖合同的签订时间：____年____月____日

二、房屋地点：_____

三、房屋面积：_____

四、购房总价款：_____

五、楼盘取得竣工验收备案的时间：____年____月____日

六、合同约定的通知办证时间：____年____月____日

七、开发商实际通知办证的时间：____年____月____日

八、房产证实际办妥的时间：____年____月____日

九、合同约定的计付延期办证违约金的起始日期：____年____月____日

十、计付延期办证违约金的截止日期：____年____月____日

十一、计付延期办证违约金的天数：_____

十二、合同约定的延期办证违约金标准：_____

十三、延期办证违约金的数额：_____

十四、合同约定的免责事由：_____

十五、房屋有无提前实际交付的情形：_____

十六、需要说明的其他事项：_____

十七、原告的具体诉讼请求：_____

当事人签名：

××××年××月××日

第五章　借款合同纠纷

第一节　金融借款合同纠纷

诉讼要素表

（原告填写）

请填写与案件相关的以下内容：

一、合同名称及签订日期：_____

二、借款金额：_____

三、有无授信额度及授信期间：有　，无　，授信额度：_____，授信期限：从____年____月____日起至____年____月____日

四、借款发放日期：____年____月____日，资金交付方式：_____（如有，请提供银行流水账）

五、借款期限：_____

六、借款利率：_____

七、逾期利率：_____

八、罚息约定：_____

九、付息方式及还息金额：_____（如有，请提供银行流水账）

十、还款金额及还款方式：_____（如有，请提供银行流水账）

十一、保证人及保证方式：_____

十二、抵押人及抵押物：_____

十三、质押人及质押物：_____

十四、担保物权有无登记：有　，无　，具体登记情况：_____（注明登记的时间、抵押的金额、抵押的顺位等情况）

十五、借款人的基本情况：_____（包括借款人的职业、收入情况等）

十六、保证人的基本情况：_____（包括借款人的职业、收入情况等）

十七、借款人或保证人有无下落不明：有　，无

十八、有无合同加速到期的约定或者合同解除权的约定：_____

十九、是否存在合同加速到期或者解除合同的情形：有　，无　，具体理由：_____

二十、其他需要说明的问题：_____

二十一、原告的具体诉讼请求：_____

当事人签名：
××××年××月××日

诉讼要素表

（被告填写）

请填写与案件相关的以下内容：

一、合同名称及签订日期：_____

二、借款金额：_____

三、有无授信额度及授信期间：有　，无　，授信额度：_____，授信期限：从___年___月___日起至___年___月___日

四、借款发放日期及资金交付方式：_____

五、借款期限：_____

六、借款利率：_____

七、逾期利率：_____

八、罚息约定：_____

九、付息方式及还息金额：_____

十、还款金额及还款方式：_____

十一、保证人及保证方式：_____

十二、抵押人及抵押物：_____

十三、质押人及质押物：_____

十四、担保物权有无登记：有 ，无 ，具体登记情况：_____（注明登记的时间、抵押的金额、抵押的顺位等情况）

十五、借款人的基本情况：_____（包括借款人的职业、收入情况等）

十六、保证人的基本情况：_____（包括借款人的职业、收入情况等）

十七、借款人或保证人有无下落不明：有 ，无

十八、有无合同加速到期的约定或者合同解除权的约定：有 ，无 ，具体款项：_____

十九、是否存在合同加速到期或者解除合同的情形：有 ，无 ，具体理由：_____

二十、其他需要说明的问题：_____

二十一、被告的具体抗辩理由：_____

当事人签名：
××××年××月××日

第二节　信用卡纠纷

诉讼要素表

（原、被告填写）

请填写与案件相关的以下内容：

一、持卡人信息：_____（包括姓名、性别、出生日期、户籍地等）

二、诉求概况（原告填写）：_____

三、信用卡号：_____

四、信用卡账号：_____

五、信用卡领用合约的签订时间：_____

六、信用卡领用合约内容：_____

七、信用卡种类（白金卡、普通卡等）：_____

八、信用卡欠款截止日期：＿＿＿＿＿＿＿＿

九、信用卡欠款金额（元）：＿＿＿＿＿＿＿＿

十一、起算日期：＿＿＿＿＿＿＿＿

十二、本金（元）：＿＿＿＿＿＿＿＿

十三、利息及相关费用（元）：＿＿＿＿＿＿

十四、滞纳金（元）：＿＿＿＿＿＿

十五、违约金（元）：＿＿＿＿＿＿

十六、信用卡欠款情况（被告填写）：是，截至＿＿＿＿＿＿＿，被告尚欠原告信用卡欠款共计＿＿＿＿＿＿＿元，其中本金＿＿＿＿＿＿＿元、利息及相关费用＿＿＿＿＿＿＿元、滞纳金＿＿＿＿＿＿元、违约金＿＿＿＿＿＿元。否，具体理由：＿＿＿＿＿＿

十七、是否被公安机关作为信用卡诈骗罪受理：是＿＿＿＿＿＿＿否＿＿＿＿＿＿＿

十八、其他需要说明的问题：＿＿＿＿＿＿＿

当事人签名：
××××年××月××日

第三节　企业借贷合同纠纷

诉讼要素表

（原告填写）

请填写与案件相关的以下内容：

一、合同名称及签订日期：＿＿＿＿＿＿

二、合同有无公司盖章：＿＿＿＿＿＿

三、合同经办人系公司法定代表人还系公司委托的其他人：＿＿＿＿＿＿＿＿

四、借款金额：＿＿＿＿＿＿

五、借款交付日期及资金交付方式：＿＿＿＿＿＿

六、有无约定借款用途：有　　，无　　，借款用途为：＿＿＿＿＿＿＿＿

七、借款利息：＿＿＿＿＿＿

八、借款违约金：_____

九、付息方式及还息金额：_____

十、还款金额及还款方式：_____

十一、有无保证：有 ，无

十二、保证人及保证方式：_____

十三、有无抵押：有 ，无

十四、抵押人及抵押物：_____

十五、有无质押：有 ，无

十六、质押物名称及质押方式：_____

十七、其他需要说明的问题：_____

十八、原告具体的诉讼请求：_____

当事人签名：
××××年××月××日

诉讼要素表

（被告填写）

请填写与案件相关的以下内容：

一、合同名称及签订日期：_____

二、合同有无公司盖章：_____

三、合同经办人系公司法定代表人还系公司委托的其他人：_____

四、借款金额：_____

五、借款收到日期及资金方式：_____

六、借款实际用途：_____

七、借款利息：_____

八、借款违约金：_____

九、付息方式及还息金额：_____

十、还款金额及还款方式：_____

十一、有无保证：有 ，无

十二、保证人及保证方式：_____

十三、有无抵押：有　　，无

十四、抵押人及抵押物：_____

十五、有无质押：有　　，无

十六、质押物名称及质押方式：_____

十七、其他需要说明的问题：_____

十八、被告的具体抗辩理由：_____

当事人签名：

××××年××月××日

第四节　民间借贷纠纷

诉讼要素表

（原告填写）

请填写与案件相关的以下内容：

一、借款双方之间的关系：_____

二、原告的基本情况：_____（包括原告的职业、收入情况等）

三、被告的基本情况：_____（包括被告的职业、收入情况等）

四、借款合同签订的时间：____年____月____日

五、缔结借款合同关系的意思表示是否真实、有效：_____

六、借款人有无实际足额支付借款本金：是　　，否　　，实际支付数额：____

七、借款人交付借款的时间：____年____月____日

八、出借资金来源：_____

九、出借款项交付的地点、方式：_____

十、借款双方有无出具借条或者收条：是　　，否

十一、借款的期限：从____年____月____日起至____年____月____日

十二、约定的借款利息、利息支付时间和方式：_____

十三、有无预扣利息：有　　，无　　，预扣利息的具体金额：_____

十四、有无偿还部分借款本金：_____

十五、有无偿还借款期间的约定的利息或逾期还款的利息：_____

十六、借款利息（违约金）的计算标准：_____

十七、借款利息的计算期限：_____

十八、借款是否属于借款人的夫妻共同债务：_____

十九、担保人承担担保责任的意思表示是否真实有效：_____

二十、担保的类型（抵押、质押、保证）：_____

二十一、保证人承担的责任类型（连带保证责任或一般保证责任）：_____

二十二、抵押担保合同是否有效：是　，否

二十三、企业法人法定代理人或经授权的代理人签署的借款合同属个人行为还是属代理行为：_____

二十四、本案的借贷事实是否涉及刑事案件：是　，否

二十五、本案的借款是否经过结算或者重新出具借条情况：是　，否

二十六、双方在借款合同中有无约定送达地点：有　，无

二十七、借款人是否属于下落不明：是　，否

二十八、出借人是否曾向借款人主张权利以及主张权利的时间、方式：_____

二十九、其他需要说明的问题：_____

三十、原告具体的诉讼请求：_____

当事人签名：
××××年××月××日

诉讼要素表

（被告填写）

请填写与案件相关的以下内容：

一、借款双方之间的关系：_____

二、原告的基本情况：_____（包括原告的职业、收入情况等）

三、被告的基本情况：_____（包括被告的职业、收入情况等）

四、借款合同签订的时间：____年____月____日

五、缔结借款合同关系的意思表示是否真实、有效：是　，否

六、借款人有无实际足额支付借款本金：是　　，否　　，收到本金的金额：＿＿＿

七、借款人交付借款的时间：＿＿＿年＿＿＿月＿＿＿日

八、出借款项交付的地点、方式：＿＿＿＿＿＿

九、借款双方有无出具借条或者收条：＿＿＿＿＿

十、借款的期限：从＿＿＿年＿＿＿月＿＿＿日起至＿＿＿年＿＿＿月＿＿＿日

十一、约定的借款利息、利息支付时间和方式：＿＿＿＿＿＿

十二、有无预扣利息：有　　，无　　，预扣利息的具体金额：＿＿＿＿＿

十三、有无偿还部分借款本金：有　　，无　　，偿还的金额：＿＿＿＿

十四、有无偿还借款期间的约定的利息或逾期还款的利息：有　　，无　　，偿还的金额：＿＿＿＿

十五、借款利息（违约金）的计算标准：＿＿＿＿＿

十六、借款利息的计算期限：＿＿＿＿＿

十七、借款是否属于借款人的夫妻共同债务：＿＿＿＿＿

十八、担保人承担担保责任的意思表示是否真实有效：是　　，否

十九、担保的类型：抵押　　、质押　　、保证

二十、保证人承担的责任类型（连带保证责任或一般保证责任）：＿＿＿＿

二十一、导致抵押担保合同无效的原因及贷款人、借款人、抵押人的责任分担：＿＿＿＿＿

二十二、企业法人法定代理人或经授权的代理人签署的借款合同属个人行为还是属代理行为：＿＿＿＿＿

二十三、本案的借贷事实是否涉及刑事案件：是　　，否

二十四、本案的借款是否经过结算或者重新出具借条情况：＿＿＿＿

二十五、双方在借款合同中有无约定送达地点：＿＿＿＿＿

二十六、出借人是否曾向借款人主张权利以及主张权利的时间、方式：＿＿＿＿

二十七、其他需要说明的问题：＿＿＿＿＿＿

二十八、被告具体的抗辩理由：＿＿＿＿＿＿

当事人签名：

××××年××月××日

第五节　保证合同纠纷

诉讼要素表

（原、被告填写）

请填写与案件相关的以下内容：
一、保证合同名称及签订日期：_____
二、借款人及借款金额：_____
三、借款发放日期及资金交付方式：_____
四、借款期限：_____
五、借款利息：_____
六、逾期违约金：_____
七、罚息约定：_____
八、付息方式及还息金额：_____
九、还款金额及还款方式：_____
十、保证人及保证方式：_____
十一、有无先诉抗辩权：_____
十二、抵押人及抵押物：_____
十三、有无办理抵押登记：有　，无
十四、抵押登记的债权数额：_____
十五、有无质押：有　，无
十六、质押物名称及质押方式：_____
十七、其他需要说明的问题：_____
十八、原告具体的诉讼请求：_____
十九、被告的具体抗辩理由：_____

当事人签名：
××××年××月××日

第六节　担保追偿权纠纷

诉讼要素表

（原告填写）

请填写与案件相关的以下内容：
一、担保合同名称及签订日期：_____
二、担保金额：_____
三、担保方式：_____
四、借款人：_____
五、借款金额：_____
六、借款发放日期及资金交付方式：_____
七、借款期限：_____
八、借款利息：_____
九、逾期违约金：_____
十、罚息约定：_____
十一、付息方式及还息金额：_____
十二、还款金额及还款方式：_____
十三、保证人及保证方式：_____
十四、抵押人及抵押物：_____
十五、保证人还款金额及还款时间：_____
十六、抵押物被实现的时间：_____
十七、抵押物被实现的金额：_____
十八、其他需要说明的问题：_____
十九、原告的具体诉讼请求：_____

当事人签名：
××××年××月××日

诉讼要素表

（被告填写）

请填写与案件相关的以下内容：

一、担保合同名称及签订日期：_____

二、担保金额：_____

三、借款人：_____

四、借款发放日期及资金交付方式：_____

五、借款期限：_____

六、借款利息：_____

七、逾期违约金：_____

八、罚息约定：_____

九、付息方式及还息金额：_____

十、还款金额及还款方式：_____

十一、保证人及保证方式：_____

十二、抵押人及抵押物：_____

十三、借款人还款金额：_____

十四、有无其他保证人或者担保人：_____

十五、其他需要说明的问题：_____

当事人签名：
××××年××月××日

第六章　其他常见合同类纠纷

第一节　中介合同纠纷

诉讼要素表

（原告填写）

请填写与案件相关的以下内容：
一、签订中介合同的时间：____年____月____日
二、合同约定的委托事项：_____
三、合同约定的委托事项完成时间：____年____月____日
四、给付中介人报酬的时间或条件：_____
五、合同约定的中介报酬承担者：_____
六、合同约定的中介报酬金额：_____
七、合同约定的中介费用承担者：_____
八、给付时间：____年____月____日
九、合同约定的中介费用金额：_____
十、合同约定的违约责任：_____
十一、合同约定的违约金的计算方式：_____
十二、实际是否促成合同成立：是　，否
十三、实际促成合同成立的时间：_____
十四、未能促成合同成立的原因：_____
十五、实际支出的中介费用数额：_____

十六、已经实际收到的中介费用：_____

十七、计付违约金的起算时间：____年____月____日

十八、计付违约金的截止时间：____年____月____日

十九、需要说明的其他事项：_____

二十、原告具体的诉讼请求：_____

当事人签名：
××××年××月××日

诉讼要素表

（被告填写）

请填写与案件相关的以下内容：

一、签订中介合同的时间：____年____月____日

二、合同约定的委托事项：_____

三、合同约定的委托事项完成时间：____年____月____日

四、给付中介人报酬的时间或条件：_____

五、合同约定的中介报酬承担者：_____

六、合同约定的中介报酬金额：_____

七、合同约定的中介费用承担者：_____

八、合同约定的报酬给付时间：____年____月____日

九、合同约定的中介费用金额：_____

十、合同约定的违约责任：_____

十一、合同约定的违约金的计算方式：_____

十二、实际是否促成合同成立：是 ，否

十三、实际促成合同成立的时间：____年____月____日

十四、未能促成合同成立的原因：_____

十五、实际支出的中介费用数额：_____

十六、已经实际支付的中介费用和支付方式：_____

十七、需要说明的其他事项：_____

十八、被告具体的抗辩理由：_____

当事人签名：

××××年××月××日

第二节 加工承揽合同纠纷

诉讼要素表

（原、被告填写）

请填写与案件相关的以下内容：

一、签订承揽合同时间：____年____月____日

二、承揽标的与数量：_____

三、承揽方式：_____

四、材料的提供方式：_____

五、承揽合同的履行期限：从____年____月____日至____年____月____日止

六、工作成果的表现形式与质量要求：_____

七、工作成果的验收标准和方法：_____

八、报酬的数额：_____

九、报酬的支付条件与方式：_____

十、报酬的支付期限：____年____月____日

十一、定作人主张适用的违约责任条款：_____

十二、承揽人主张适用的违约责任条款：_____

十三、合同约定的争议解决方式：_____

十四、需要说明的其他事项：_____

十五、原告的具体诉讼请求：_____

十六、被告的具体抗辩理由：_____

当事人签名：

××××年××月××日

第三节　运输合同纠纷

诉讼要素表

（原、被告填写）

请填写与案件相关的以下内容：

一、合同运单签署时间：_____

二、有无申明运输货物的品名与数量（如有，注明品名与数量）：_____

三、有无申明货物价值（如有，注明价值）：_____

四、运费的金额及运费支付情况：_____

五、有无选择保价运输（如有，注明保费金额及保费支付方式）：_____

六、货物投保情况：有　，无　，投保情况：_____（请注明货物投保的金额、投保的限额等）

七、有无向保险公司理赔情况：有　，无　，保险理赔：_____

八、赔偿条款的内容：_____

九、托运人是否就赔偿条款单独签名确认：_____

十、丢失/损毁货物的品名与数量：_____

十一、丢失/损毁货物的来源凭证与价值凭证：_____

十二、需要说明的其他事项：_____

十三、原告具体的诉讼请求：_____

十四、被告具体的抗辩理由：_____

当事人签名：
××××年××月××日

第四节　物业服务合同纠纷（欠缴物业费）

诉讼要素表

（原告填写）

请填写与案件相关的以下内容：

一、物业公司与业主委员会（或建设单位）签订物业管理合同的时间：＿＿＿＿＿

二、小区位置和名称：＿＿＿＿＿

三、物业管理合同约定的管理期限：＿＿＿＿＿

四、物业服务合同约定的物业管理费标准：＿＿＿＿＿

五、物业服务合同约定的物业管理费的缴纳日期：＿＿＿＿＿

六、物业服务合同约定的拖欠物业管理费违约金标准：＿＿＿＿＿

七、物业管理公司的资质：＿＿＿＿＿

八、业主房产位置：＿＿＿＿＿

九、业主取得房产产权日期：＿＿＿＿＿

十、房产用途：＿＿＿＿＿

十一、房产建筑面积：＿＿＿＿＿

十二、业主每月应缴纳物业管理数额：＿＿＿＿＿

十三、业主拖欠物业管理费期间：＿＿＿＿＿

十四、业主拖欠物业管理费数额：＿＿＿＿＿

十五、业主拖欠物业管理费违约金计算方法：＿＿＿＿＿

十六、需要说明的其他事项：＿＿＿＿＿

十七、原告的具体诉讼请求：＿＿＿＿＿

当事人签名：

××××年××月××日

诉讼要素表

（被告填写）

请填写与案件相关的以下内容：

一、小区位置和名称：_____

二、合同约定的物业管理费标准：_____

三、物业服务合同约定的物业管理费的缴纳日期：_____

四、物业服务合同约定的拖欠物业管理费违约金标准：_____

五、物业管理公司的资质：_____

六、业主房产位置：_____

七、业主取得房产产权日期：_____

八、业主实际入住房屋的时间：_____

九、房产用途：_____

十、房产建筑面积：_____

十一、业主每月应缴纳物业管理数额：_____

十二、业主拖欠物业管理费期间：_____

十三、业主拖欠物业管理费数额：_____

十四、业主拖欠物业管理费违约金计算方法：_____

十五、需要说明的其他事项：_____

十六、业主抗辩不缴纳或者不完全缴纳物业费的理由：_____

当事人签名：

××××年××月××日

第五节　房屋租赁合同纠纷

诉讼要素表

（原告填写）

请填写与案件相关的以下内容：

一、业主房屋的位置：＿＿＿＿＿＿＿＿

二、业主取得房产产权的时间：＿＿＿＿＿＿＿＿

三、房产建筑面积：＿＿＿＿＿＿＿＿

四、房屋用途：＿＿＿＿＿＿＿＿

五、租赁合同签订时间：＿＿＿＿年＿＿＿＿月＿＿＿＿日

六、合同约定的月租金标准：＿＿＿＿＿＿＿＿

七、合同约定租金缴纳日期：＿＿＿＿＿＿＿＿

八、合同约定租赁合同履行期限：＿＿＿＿＿＿＿＿

九、合同约定拖欠租金违约金标准：＿＿＿＿＿＿＿＿

十、承租人拖欠租金期间：＿＿＿＿＿＿＿＿

十一、承租人拖欠租金数额：＿＿＿＿＿＿＿＿

十二、承租人拖欠租金违约金计算方法：＿＿＿＿＿＿＿＿

十三、合同约定的免责事由：＿＿＿＿＿＿＿＿

十四、关于装修评估等情况：＿＿＿＿＿＿＿＿

十五、其他需要说明的事项：＿＿＿＿＿＿＿＿

当事人签名：

××××年××月××日

诉讼要素表

（被告填写）

请填写与案件相关的以下内容：

一、业主房屋的位置：_____

二、业主取得房产产权的时间：____年____月____日

三、房产建筑面积：_____

四、房屋用途：_____

五、租赁合同签订时间：____年____月____日

六、合同约定的月租金标准：_____

七、合同约定租金缴纳日期：_____

八、合同约定租赁合同履行期限：_____

九、合同约定拖欠租金违约金标准：_____

十、承租人拖欠租金期间：_____

十一、承租人拖欠租金数额：_____

十二、合同约定的免责事由：_____

十三、关于装修评估等情况：_____

十四、承租人是否存在违约的情形：是　　，否　　，承租人违约的具体事由：_____

十五、其他需要说明的事项：_____

当事人签名：

××××年××月××日

第六节　建设工程合同纠纷

诉讼要素表

（原、被告填写）

请填写与案件相关的以下内容：

一、工程合同签订时间：_____

二、工程位置和名称：_____

三、合同约定的工程价款计算方式：_____

四、合同约定的工期：_____

五、合同约定工程款支付时间：_____

六、合同约定的拖欠工程款违约金标准：_____

七、开工日期：_____

八、完工日期：_____

九、工程交付日期：_____

十、工程结算日期：_____

十一、工程结算总额：_____

十二、拖欠工程款数额：_____

十三、拖欠工程款违约金计算方法：_____

十四、合同约定的免责事由：_____

十五、已经完成的工程量：_____

十六、工程质量是否符合合同约定：_____

十七、工程有无规划手续：_____

十八、施工方有无施工资质：_____

十九、有无约定工期延误的违约责任：_____

二十、有无约定纠纷的解决方式：_____

二十一、需要说明的其他事项：_____

当事人签名：

××××年××月××日

第七章　保险合同纠纷

第一节　财产保险合同纠纷

诉讼要素表

（原告填写）

请填写与案件相关的以下内容：

一、合同签订时间：____年____月____日

二、保险合同的当事人及关系人：_____（包括投保人、保险人、被保险人、受益人等）

三、保险标的：_____

四、保险期间和责任开始时间：_____

五、保险金额：_____

六、保险费以及支付方法：_____

七、投保人、被保险人、受益人主张的保险责任条款：_____

八、保险事故具体情况：_____

九、保险标的损失金额：_____

十、投保人、被保险人、受益人通知保险人的情况：_____

十一、投保人、被保险人、受益人索赔情况：_____

十二、保险人理赔情况：_____

十三、施救费用情况：_____

十四、为确定损失所支出的合理费用情况：_____

十五、保险人主张的责任免除（责任限制）条款：_____

十六、保险公司是否履行了保险合同责任免除条款的提示及明确说明义务：是　，否

十七、需要说明的其他事项：_____

十八、原告具体的诉讼请求：_____

当事人签名：

××××年××月××日

诉讼要素表

（被告填写）

请填写与案件相关的以下内容：

一、合同签订时间：____年____月____日

二、保险合同的当事人及关系人：_____（包括投保人、保险人、被保险人、受益人等）

三、保险标的：_____

四、保险期间和责任开始时间：_____

五、保险金额：_____

六、保险费以及支付方法：_____

七、投保人、被保险人、受益人主张的保险责任条款：_____

八、保险事故具体情况：_____

九、保险公司定损金额或者认可金额：_____

十、投保人、被保险人、受益人通知保险人的情况：_____

十一、投保人、被保险人、受益人索赔情况：_____

十二、保险人理赔情况：_____

十三、保险人有无支付或者垫付费用：有　，无　，垫付的金额：_____

十四、保险人主张的责任免除（责任限制）条款：_____

十五、保险人主张免除责任的事实依据：_____

十六、保险公司是否履行了保险合同责任免除条款的提示及明确说明义务：是　，否

十七、需要说明的其他事项：_____

十八、被告具体的抗辩理由：_____

当事人签名：

××××年××月××日

第二节　人身保险合同纠纷

诉讼要素表

（原、被告填写）

请填写与案件相关的以下内容：

一、合同签订时间：____年____月____日

二、保险合同的当事人及关系人：_____（包括投保人、保险人、被保险人、受益人等）

三、保险标的：_____

四、保险期间和责任开始时间：_____

五、保险金额：_____

六、保险费数额以及支付方法：_____

七、投保人、被保险人、受益人主张的保险责任条款：_____

八、保险事故具体情况：_____

九、被保险人因保险事故支出的费用：_____

十、保险事故与被保险人伤亡之间是否存在关系：_____

十一、有无其他介入关系：_____

十二、投保人、被保险人、受益人通知保险人的情况：_____

十三、投保人、被保险人、受益人索赔情况：_____

十四、保险人理赔情况：_____

十五、保险人主张的责任免除（责任限制）条款：_____

十六、需要说明的其他事项：_____

十七、原告的具体诉讼请求：_____

十八、被告的具体抗辩理由：_____

当事人签名：

××××年××月××日

第三节　机动车交通事故责任强制保险合同纠纷

诉讼要素表

（原告填写）

请填写与案件相关的以下内容

一、合同签订时间：____年____月____日

二、保险合同的当事人及关系人：_____（包括投保人、保险人、被保险人、受益人等）

三、保险期间和责任开始时间：_____

四、投保人、被保险人、受益人主张的保险责任条款：_____

五、保险金额：_____

六、保险费以及支付方法：_____

七、保险事故具体情况：_____

八、保险标的损失金额：_____

九、投保人、被保险人、受益人通知保险人的情况：_____

十、投保人、被保险人、受益人索赔情况：_____

十一、保险人理赔情况：_____

十二、为确定损失所支出的合理费用情况：_____

十三、保险人主张的责任免除（责任限制）条款：_____

十四、需要说明的其他事项：_____

十五、原告的具体诉讼请求：_____

当事人签名：

××××年××月××日

诉讼要素表

（被告填写）

请填写与案件相关的以下内容

一、合同签订时间：____年____月____日

二、保险合同的当事人及关系人：_____（包括投保人、保险人、被保险人、受益人等）

三、保险期间和责任开始时间：_____

四、投保人、被保险人、受益人主张的保险责任条款：_____

五、保险金额：_____

六、保险费以及支付方法：_____

七、保险事故具体情况：_____

八、保险标的损失金额：_____

九、投保人、被保险人、受益人通知保险人的情况：_____

十、投保人、被保险人、受益人索赔情况：_____

十一、保险人理赔情况：_____

十二、为确定损失所支出的合理费用情况：_____

十三、保险人主张的责任免除（责任限制）条款：_____

十四、被保险车辆有无因转让、改装导致危险程度增加的情形：有 ，无

十五、驾驶人是否有下列情形，有 ，无

1. 驾驶人未取得驾驶资格或者未取得相应驾驶资格的；

2. 醉酒、服用国家管制的精神药品或者麻醉药品后驾驶机动车发生交通事故的；

3. 驾驶人故意制造交通事故的。

十六、被保险机动车有无在被盗期间肇事的情形：有 ，无

十七、被保险人有无故意制造道路交通事故的情形：有 ，无

十八、需要说明的其他事项：_____

十九、被告的具体抗辩理由：_____

当事人签名：

××××年××月××日

第八章 各类劳动争议纠纷

第一节 确认劳动关系纠纷

诉讼要素表

（劳动者填写）

请填写与案件相关的以下内容：

一、入职时间：_____

二、有无签订劳动合同：有 ，无

三、签订书面劳动合同时间：____年____月____日

四、工资领取情况：_____（支付时间、支付主体、支付方式）

五、劳动者的社会保险缴纳情况：_____（是否缴纳、缴纳金额、缴纳方式）

六、劳动者的档案关系存放的地点或方式：_____

七、劳动者有无与用人单位存在劳动关系的其他证据：_____（如工作证、服务证、收入证明、介绍信、暂住证）

八、其他需要说明的问题：_____

九、原告具体的诉讼请求：_____

劳动者签名：

诉讼要素表

（用人单位填写）

请填写与案件相关的以下内容：

一、入职时间：_____

二、有无签订劳动合同：_____

三、签订书面劳动合同时间：_____

四、工资支付情况：_____（支付时间、支付主体、支付方式）

五、劳动者的社会保险缴纳情况：_____（是否缴纳、缴纳金额、缴纳方式）

六、劳动者具体工作岗位：_____

七、单位有无与劳动者存在或不存在劳动关系的其他证据：_____（如全体职工花名册、工资支付记录、社保缴纳记录、考勤表）等

八、其他需要说明的问题：_____

九、被告具体的抗辩理由：_____

用人单位签名或盖章：

第二节　追索劳动报酬纠纷（请求工资或者加班工资）

诉讼要素表

（劳动者填写）

请填写与案件相关的以下内容：

一、合同约定的每月工资数及工资构成：_____

二、劳动者实际领取的每月工资数及工资构成：_____

三、加班时间：正常工作日加班时间_____小时、法定休息日加班时

间_____小时、法定节假日加班时间_____小时

四、加班工资计算基数:_____

五、应发工资金额:_____;计算期间:_____;工资构成_____;加班工资的计算方法_____

六、实发工资金额:_____;计算期间:_____;工资构成_____;加班工资的计算方法_____

七、双方发生劳动争议的时间:____年____月____日

八、欠发工资及加班工资数额:_____

九、申请仲裁时间:____年____月____日

十、仲裁请求:_____

十一、仲裁结果:_____

十二、需要说明的其他事项:_____

十三、原告的具体诉讼请求:_____

当事人签名:

××××年××月××日

诉讼要素表

(用人单位填写)

请填写与案件相关的以下内容:

一、合同约定的每月工资数及工资构成:_____

二、劳动者实际领取的每月工资数及工资构成:_____

三、加班时间:正常工作日加班时间_____小时、法定休息日加班时间_____小时、法定节假日加班时间_____小时

四、加班工资计算基数:_____

五、实发工资金额:_____;计算期间:_____;工资构成_____;加班工资的计算方法_____

六、双方发生劳动争议的时间:____年____月____日

七、是否欠发工资及加班工资数额:_____(如不欠发,可不写)

八、仲裁结果：_____

九、需要说明的其他事项：_____

十、被告具体的抗辩理由：_____

用人单位签名或盖章：

第三节　请求经济补偿金纠纷

诉讼要素表

（劳动者填写）

请填写与案件相关的以下内容：

一、入职时间：____年____月____日

二、签订书面劳动合同时间：____年____月____日（未签的写"未签订"）

三、合同期满时间：____年____月____日

四、合同约定的劳动者工作岗位：_____

五、劳动者的实际工作岗位：_____

六、合同约定的每月工资数及工资构成：_____（具体工资构成不清楚可不写）

七、劳动者实际领取的每月工资数及工资构成：_____（具体工资构成不清楚可不写）

八、办理社会保险的时间和险种：_____

九、双方解除或终止劳动关系前十二个月劳动者的月平均工资数额：_____

十、双方发生劳动争议的时间：____年____月____日

十一、双方解除或终止劳动关系的原因：_____

十二、解除或终止劳动关系的时间：____年____月____日

十三、劳动者的工作年限：_____

十四、解除或终止劳动关系经济补偿金或赔偿金数额：_____

十五、申请仲裁时间：____年____月____日

十六、仲裁请求：_____

十七、仲裁结果：_____

十八、需要说明的其他事项：_____

十九、原告的具体诉讼请求：_____

当事人签名：

××××年××月××日

诉讼要素表

（用人单位填写）

请填写与案件相关的以下内容：

一、入职时间：____年____月____日

二、签订书面劳动合同时间：____年____月____日（未签的写"未签订"）

三、合同期满时间：____年____月____日

四、合同约定的劳动者工作岗位：_____

五、劳动者的实际工作岗位：_____

六、合同约定的每月工资数及工资构成：_____（请写明工资构成）

七、劳动者实际领取的每月工资数及工资构成：_____（请写明工资构成）

八、办理社会保险的时间和险种：_____

九、双方解除或终止劳动关系前十二个月劳动者的月平均工资数额：_____

十、双方发生劳动争议的时间：____年____月____日

十一、双方解除或终止劳动关系的原因：_____

十二、解除或终止劳动关系的时间：____年____月____日

十三、劳动者的工作年限：_____

十四、解除或终止劳动关系经济补偿金或赔偿金数额：_____

十五、已经赔偿的因解除或终止劳动关系经济补偿金或赔偿金数额：_____

十六、仲裁结果：_____

十七、需要说明的其他事项：_____

十八、被告的具体抗辩理由：_____

用人单位签名或盖章：

第四节　追索劳动报酬纠纷（请求未休年休假工资）

案件要素表

（劳动者填写）

请填写与案件相关的以下内容：

一、入职时间：____年____月____日

二、劳动者的工作年限：_____

三、应休年休假：_____实休年休假：_____

四、本人的基本工资数额：_____

五、未休年休假工资数额：_____

六、双方发生劳动争议的时间：_____

七、申请仲裁时间：_____

八、仲裁请求：_____

九、仲裁结果：_____

十、原告的具体诉讼请求：_____

十一、需要说明的其他事项：_____

劳动者签名：

诉讼要素表

（用人单位填写）

请填写与案件相关的以下内容：

一、入职时间：____年____月____日

二、劳动者的工作年限：_____

三、应休年休假：_____实休年休假：_____（具体日期）

四、扣除加班工资后的本人工资数额：_____

五、未休年休假工资：_____

六、有无支付未休年休假工资：_____

七、支付年休假工资的具体数额：_____（如未支付，可不写）_____

八、双方发生劳动争议的时间：_____

九、仲裁结果：_____

十、诉讼请求：_____

十一、需要说明的其他事项：_____

用人单位签名或盖章：

第五节　追索劳动报酬纠纷（请求二倍工资用）

诉讼要素表

（劳动者填写）

请填写与案件相关的以下内容：

一、入职时间：____年____月____日

二、有无签订书面劳动合同：有　，无

三、签订书面劳动合同时间：____年____月____日（如未签订可不填）

四、合同期满时间：____年____月____日

五、约定的工资报酬：_____

六、未签订书面劳动合同的工作时间：_____

七、未签订书面劳动合同期间的工资：_____

八、双方发生劳动争议的时间：_____

九、申请仲裁时间：_____

十、仲裁请求：_____

十一、仲裁结果：_____

十二、其他需要说明的事项：_____

十三、原告的具体诉讼请求：_____

劳动者签名：

诉讼要素表

（用人单位填写）

请填写与案件相关的以下内容：

一、入职时间：____年____月____日

二、有无签订书面劳动合同：有 ，无

三、签订书面劳动合同时间：____年____月____日（如未签订可不填）

四、合同期满时间：____年____月____日

五、约定的工资报酬：_____

六、未签订书面劳动合同的工作时间：_____

七、未签订书面劳动合同期间的工资：_____

八、双方发生劳动争议的时间：_____

九、提起仲裁的时间：____年____月____日

十、仲裁结果：_____

十一、其他需要说明的事项：_____

十二、被告的具体抗辩理由：_____

用人单位签名或盖章：

第六节　工伤保险待遇纠纷

诉讼要素表

（劳动者填写）

请填写与案件相关的以下内容：

一、入职时间：_____

二、工资标准：_____

三、工伤保险办理情况：_____

四、受伤时间：_____或死亡时间：_____

五、住院起止时间：____年____月____日至____年____月____日

六、发生各项费用：医疗费数额：_____；假肢安装费数额：_____；伙食补助费数额：_____；交通费数额：_____；丧葬费数额：_____；其他数额：_____（没有发生的项目可不填，另外增加的项目可以填写在其他数额项目中）

七、工伤认定情况：_____

八、伤残等级鉴定时间：_____

九、伤残等级鉴定结果：_____

十、受伤后至劳动能力鉴定前工资发放数额：_____

十一、双方有无解除劳动关系：有　，无

十二、双方解除或终止劳动关系时间及原因：_____（未解除可不填写）

十三、本市上年度职工月平均工资：_____

十四、用人单位需支付的工伤待遇名称及数额：_____

十五、提起仲裁的时间：____年____月____日

十六、仲裁请求：_____

十七、仲裁结果：_____

十八、需说明的其他事项：_____

十九、原告具体的诉讼请求：_____

劳动者签名：

诉讼要素表

（用人单位填写）

请填写与案件相关的以下内容：

一、入职时间：_____

二、工资标准：_____

三、单位为劳动者购买社会保险的时间和险种：_____

四、受伤时间：_____或死亡时间：_____

五、住院起止时间：____年____月____日至____年____月____日

六、工伤认定情况：_____

七、伤残等级鉴定时间：_____

八、伤残等级鉴定结果：_____

九、受伤后至劳动能力鉴定前工资发放数额：_____

十、双方有无解除劳动关系：有 ，无

十一、双方解除或终止劳动关系时间及原因：_____（未解除可不填写）

十二、本市上年度职工月平均工资：_____

十三、用人单位需支付的工伤待遇名称及数额：_____

十四、仲裁请求：_____

十五、仲裁结果：_____

十六、需说明的其他事项：_____

十七、被告的具体抗辩理由：_____

用人单位签名或盖章：

第七节　撤销和解协议/不予撤销

诉讼要素表

（劳动者、用人单位填写）

请填写与案件相关的以下内容：

一、协议签订时间：_____

二、协议约定内容：_____

三、协议履行情况：_____

四、提出申请撤销协议的时间：_____

五、申请撤销协议的理由：_____

六、申请仲裁时间：_____

七、仲裁请求：_____

八、仲裁结果：_____

九、需要说明的其他事项：_____

十、原告具体的诉讼请求：_____

十一、被告具体的抗辩理由：_____

劳动者签名：

用人单位签名或盖章：

第九章　侵权责任纠纷

第一节　机动车交通事故损害赔偿纠纷

诉讼要素表

（原告填写）

请填写与案件相关的以下内容：

一、事故发生经过：_____（如时间、地点、当事方、肇事车辆、碰撞方式、碰撞后果等）

二、交警部门的责任认定结果：_____

三、受害人概况：_____（如年龄、户籍、职业情况等）

四、受害人经常居住地：_____

五、其他赔偿权利人概况：_____（如年龄、居住状况、职业情况等）

六、其他赔偿权利人与受害人之间的关系：_____

七、是否有伤残等级鉴定：有　，无

八、伤残等级认定结果：_____

九、财产损失构成：_____

1. 医疗费（含后续治疗费）：_____

2. 护理费：_____

3. 误工费：_____

4. 交通费：_____

5. 住宿费：_____

6. 住院伙食补助费：_____

7. 营养费：_____

8. 残疾赔偿金（含被扶养人生活费）、残疾辅助器具费、康复费、后续护理费等情况：_____

9. 死亡赔偿金（含被扶养人生活费）、丧葬费等情况：_____

10. 精神损害抚慰金数额：_____

十、是否将精神损害在交强险范围内主张：是　，否

十一、受害方已获得赔偿情况：_____

十二、机动车使用人与其他赔偿义务主体：_____（如机动车所有人、机动车实际控制人等）的关系

十三、机动车使用人之外的其他赔偿义务主体之间的关系：_____（如机动车所有人与机动车实际控制人的关系等）

十四、各赔偿义务主体的过错情况：_____

十五、其他需要说明的问题：_____

十六、原告具体的诉讼请求：_____

当事人签名：
××××年××月××日

诉讼要素表

（被告填写）

请填写与案件相关的以下内容：

一、事故发生经过：_____（如时间、地点、当事方、肇事车辆、碰撞方式、碰撞后果等）

二、交警部门的责任认定结果：_____

三、对原告的下列主张有无异议？如有异议，请填写认可的数额或者意见：（需将原告填写的要素表出示给被告）

1. 受害人概况：有　，无　，被告意见：_____

2. 受害人经常居住地：有　，无　，被告意见：_____

3. 其他赔偿权利人概况：有　，无　，被告意见：_____

4. 其他赔偿权利人与受害人之间的关系：有 ，无 ，被告意见：＿＿＿＿

5. 医疗费（含后续治疗费）：有 ，无 ，被告意见：＿＿＿＿

6. 护理费：有 ，无 ，被告意见：＿＿＿＿

7. 误工费：有 ，无 ，被告意见：＿＿＿＿

8. 交通费：有 ，无 ，被告意见：＿＿＿＿

9. 住宿费：有 ，无 ，被告意见：＿＿＿＿

10. 住院伙食补助费：有 ，无 ，被告意见：＿＿＿＿

11. 营养费：有 ，无 ，被告意见：＿＿＿＿

12. 残疾赔偿金（含被扶养人生活费）、残疾辅助器具费、康复费、后续护理费等情况：有 ，无 ，被告意见：＿＿＿＿

13. 死亡赔偿金（含被扶养人生活费）、丧葬费等情况：有 ，无 ，被告意见：＿＿＿＿

14. 精神损害抚慰金数额：有 ，无 ，被告意见：＿＿＿＿

15. 伤残等级鉴定结果：有 ，无 ，被告意见：＿＿＿＿

四、已经支付的赔偿数额：＿＿＿＿

五、有无购买交强险：有 ，无

六、交强险保险公司的名称：＿＿＿＿

七、交强险的保险期间：从＿＿年＿＿月＿＿日至＿＿年＿＿月＿＿日

八、有无购买商业险：有 ，无

九、商业险保险公司的名称：＿＿＿＿

十、商业险的保险期间：从＿＿年＿＿月＿＿日至＿＿年＿＿月＿＿日

十一、有关保险合同主体：＿＿＿＿

十二、商业险保险合同主要内容：＿＿＿＿（如：保险标的、保险期间和保险责任开始时间、保险责任和责任免除情况、保险金额等）

十三、机动车使用人与其他赔偿义务主体的关系：＿＿＿＿（如机动车所有人、机动车实际控制人等）

十四、机动车使用人之外的其他赔偿义务主体之间的关系：＿＿＿＿（如机动车所有人与机动车实际控制人的关系等）

十五、各赔偿义务主体的过错情况：＿＿＿＿

十六、其他必要情况：＿＿＿＿

十七、被告具体的抗辩理由：＿＿＿＿

当事人签名：

××××年××月××日

第二节　医疗损害赔偿纠纷

诉讼要素表

（原告填写）

请填写与案件相关的以下内容：
一、病人就诊概况：_____（如时间、何种疾病、检查情况、诊疗方案、用药情况、治疗结果）

二、受害人概况：_____（如年龄、居住状况、职业情况等）

三、受害人经常居住地：_____

四、其他赔偿权利人概况：_____（如年龄、居住状况、职业情况等）

五、其他赔偿权利人与受害人之间的关系：_____

六、是否有伤残等级鉴定：有　，无

七、伤残等级认定结果：_____

八、财产损失构成：_____

1. 医疗费（含后续治疗费）：_____

2. 护理费：_____

3. 误工费：_____

4. 交通费：_____

5. 住宿费：_____

6. 住院伙食补助费：_____

7. 营养费：_____

8. 残疾赔偿金（含被扶养人生活费）、残疾辅助器具费、康复费、后续护理费等情况：_____

9. 死亡赔偿金（含被扶养人生活费）、丧葬费等情况：_____

10. 精神损害抚慰金数额：_____

九、已获得赔偿情况：_____

十、对医疗行为是否需要提起鉴定：_____

十一、其他需要说明的问题：_____
十二、原告的具体诉讼请求：_____

当事人签名：
××××年××月××日

诉讼要素表

（被告填写）

请填写与案件相关的以下内容：

一、病人就诊概况：_____（如时间、何种疾病、检查情况、诊疗方案、用药情况、治疗结果）

二、是否有伤残等级鉴定：有 ，无

三、伤残等级认定结果：_____

四、对原告的下列主张有无异议？如有异议，请填写认可的数额或者意见：

1. 医疗费（含后续治疗费）：有 ，无 ，被告意见：_____

2. 护理费：有 ，无 ，被告意见：_____

3. 误工费：有 ，无 ，被告意见：_____

4. 交通费：有 ，无 ，被告意见：_____

5. 住宿费：有 ，无 ，被告意见：_____

6. 住院伙食补助费：有 ，无 ，被告意见：_____

7. 营养费：有 ，无 ，被告意见：_____

8. 残疾赔偿金（含被扶养人生活费）、残疾辅助器具费、康复费、后续护理费等情况：有 ，无 ，被告意见：_____

9. 死亡赔偿金（含被扶养人生活费）、丧葬费等情况：有 ，无 ，被告意见：_____

10. 精神损害抚慰金数额：有 ，无 ，被告意见：_____

11. 受害人概况：有 ，无 ，被告意见：_____

12. 受害人经常居住地：有 ，无 ，被告意见：_____

13. 其他赔偿权利人概况：有 ，无 ，被告意见：_____

14. 其他赔偿权利人与受害人之间的关系：有　，无　，被告意见：_____

五、已支付赔偿情况：_____

六、原告有无自身过错：有　，无　，被告意见：_____

七、对医疗行为是否需要提起鉴定：_____

八、其他需要说明的问题：_____

九、被告的具体抗辩理由：_____

当事人签名：
××××年××月××日

第三编 附 录

最高人民法院
关于适用简易程序审理民事案件的若干规定

（2003年7月4日最高人民法院审判委员会第1280次会议通过，根据2020年12月23日最高人民法院审判委员会第1823次会议通过的《最高人民法院关于修改〈最高人民法院关于人民法院民事调解工作若干问题的规定〉等十九件民事诉讼类司法解释的决定》修正）

为保障和方便当事人依法行使诉讼权利，保证人民法院公正、及时审理民事案件，根据《中华人民共和国民事诉讼法》的有关规定，结合审判实践，制定本规定。

一、适用范围

第一条 基层人民法院根据民事诉讼法第一百五十七条规定审理简单的民事案件，适用本规定，但有下列情形之一的案件除外：
（一）起诉时被告下落不明的；
（二）发回重审的；
（三）共同诉讼中一方或者双方当事人人数众多的；
（四）法律规定应当适用特别程序、审判监督程序、督促程序、公示催告程序和企业法人破产还债程序的；
（五）人民法院认为不宜适用简易程序进行审理的。

第二条 基层人民法院适用第一审普通程序审理的民事案件，当事人各方自愿选择适用简易程序，经人民法院审查同意的，可以适用简易程序进行审理。

人民法院不得违反当事人自愿原则，将普通程序转为简易程序。

第三条 当事人就适用简易程序提出异议，人民法院认为异议成立的，或者人民法院在审理过程中发现不宜适用简易程序的，应当将案件转入普通程序审理。

二、起诉与答辩

第四条 原告本人不能书写起诉状,委托他人代写起诉状确有困难的,可以口头起诉。

原告口头起诉的,人民法院应当将当事人的基本情况、联系方式、诉讼请求、事实及理由予以准确记录,将相关证据予以登记。人民法院应当将上述记录和登记的内容向原告当面宣读,原告认为无误后应当签名或者按指印。

第五条 当事人应当在起诉或者答辩时向人民法院提供自己准确的送达地址、收件人、电话号码等其他联系方式,并签名或者按指印确认。

送达地址应当写明受送达人住所地的邮政编码和详细地址;受送达人是有固定职业的自然人的,其从业的场所可以视为送达地址。

第六条 原告起诉后,人民法院可以采取捎口信、电话、传真、电子邮件等简便方式随时传唤双方当事人、证人。

第七条 双方当事人到庭后,被告同意口头答辩的,人民法院可以当即开庭审理;被告要求书面答辩的,人民法院应当将提交答辩状的期限和开庭的具体日期告知各方当事人,并向当事人说明逾期举证以及拒不到庭的法律后果,由各方当事人在笔录和开庭传票的送达回证上签名或者按指印。

第八条 人民法院按照原告提供的被告的送达地址或者其他联系方式无法通知被告应诉的,应当按以下情况分别处理:

(一)原告提供了被告准确的送达地址,但人民法院无法向被告直接送达或者留置送达应诉通知书的,应当将案件转入普通程序审理;

(二)原告不能提供被告准确的送达地址,人民法院经查证后仍不能确定被告送达地址的,可以被告不明确为由裁定驳回原告起诉。

第九条 被告到庭后拒绝提供自己的送达地址和联系方式的,人民法院应当告知其拒不提供送达地址的后果;经人民法院告知后被告仍然拒不提供的,按下列方式处理:

(一)被告是自然人的,以其户籍登记中的住所或者经常居所为送达地址;

(二)被告是法人或者非法人组织的,应当以其在登记机关登记、备案中的住所为送达地址。

人民法院应当将上述告知的内容记入笔录。

第十条 因当事人自己提供的送达地址不准确、送达地址变更未及时告知人民法院，或者当事人拒不提供自己的送达地址而导致诉讼文书未能被当事人实际接收的，按下列方式处理：

（一）邮寄送达的，以邮件回执上注明的退回之日视为送达之日；

（二）直接送达的，送达人当场在送达回证上记明情况之日视为送达之日。

上述内容，人民法院应当在原告起诉和被告答辩时以书面或者口头方式告知当事人。

第十一条 受送达的自然人以及他的同住成年家属拒绝签收诉讼文书的，或者法人、非法人组织负责收件的人拒绝签收诉讼文书的，送达人应当依据民事诉讼法第八十六条的规定邀请有关基层组织或者所在单位的代表到场见证，被邀请的人不愿到场见证的，送达人应当在送达回证上记明拒收事由、时间和地点以及被邀请人不愿到场见证的情形，将诉讼文书留在受送达人的住所或者从业场所，即视为送达。

受送达人的同住成年家属或者法人、非法人组织负责收件的人是同一案件中另一方当事人的，不适用前款规定。

三、审理前的准备

第十二条 适用简易程序审理的民事案件，当事人及其诉讼代理人申请证人出庭作证，应当在举证期限届满前提出。

第十三条 当事人一方或者双方就适用简易程序提出异议后，人民法院应当进行审查，并按下列情形分别处理：

（一）异议成立的，应当将案件转入普通程序审理，并将合议庭的组成人员及相关事项以书面形式通知双方当事人；

（二）异议不成立的，口头告知双方当事人，并将上述内容记入笔录。

转入普通程序审理的民事案件的审理期限自人民法院立案的次日起开始计算。

第十四条 下列民事案件，人民法院在开庭审理时应当先行调解：

（一）婚姻家庭纠纷和继承纠纷；

（二）劳务合同纠纷；

（三）交通事故和工伤事故引起的权利义务关系较为明确的损害赔偿纠纷；

（四）宅基地和相邻关系纠纷；

（五）合伙合同纠纷；

（六）诉讼标的额较小的纠纷。

但是根据案件的性质和当事人的实际情况不能调解或者显然没有调解必要的除外。

第十五条　调解达成协议并经审判人员审核后，双方当事人同意该调解协议经双方签名或者按指印生效的，该调解协议自双方签名或者按指印之日起发生法律效力。当事人要求摘录或者复制该调解协议的，应予准许。

调解协议符合前款规定，且不属于不需要制作调解书的，人民法院应当另行制作民事调解书。调解协议生效后一方拒不履行的，另一方可以持民事调解书申请强制执行。

第十六条　人民法院可以当庭告知当事人到人民法院领取民事调解书的具体日期，也可以在当事人达成调解协议的次日起十日内将民事调解书发送给当事人。

第十七条　当事人以民事调解书与调解协议的原意不一致为由提出异议，人民法院审查后认为异议成立的，应当根据调解协议裁定补正民事调解书的相关内容。

四、开庭审理

第十八条　以捎口信、电话、传真、电子邮件等形式发送的开庭通知，未经当事人确认或者没有其他证据足以证明当事人已经收到的，人民法院不得将其作为按撤诉处理和缺席判决的根据。

第十九条　开庭前已经书面或者口头告知当事人诉讼权利义务，或者当事人各方均委托律师代理诉讼的，审判人员除告知当事人申请回避的权利外，可以不再告知当事人其他的诉讼权利义务。

第二十条　对没有委托律师代理诉讼的当事人，审判人员应当对回避、自认、举证责任等相关内容向其作必要的解释或者说明，并在庭审过程中适当提示当事人正确行使诉讼权利、履行诉讼义务，指导当事人进行正常的诉讼活动。

第二十一条　开庭时，审判人员可以根据当事人的诉讼请求和答辩意见归纳出争议焦点，经当事人确认后，由当事人围绕争议焦点举证、质证和辩论。

当事人对案件事实无争议的，审判人员可以在听取当事人就适用法律方面的辩论意见后逐行判决、裁定。

第二十二条 当事人双方同时到基层人民法院请求解决简单的民事纠纷，但未协商举证期限，或者被告一方经简便方式传唤到庭的，当事人在开庭审理时要求当庭举证的，应予准许；当事人当庭举证有困难的，举证的期限由当事人协商决定，但最长不得超过十五日；协商不成的，由人民法院决定。

第二十三条 适用简易程序审理的民事案件，应当一次开庭审结，但人民法院认为确有必要再次开庭的除外。

第二十四条 书记员应当将适用简易程序审理民事案件的全部活动记入笔录。对于下列事项，应当详细记载：

（一）审判人员关于当事人诉讼权利义务的告知、争议焦点的概括、证据的认定和裁判的宣告等重大事项；

（二）当事人申请回避、自认、撤诉、和解等重大事项；

（三）当事人当庭陈述的与其诉讼权利直接相关的其他事项。

第二十五条 庭审结束时，审判人员可以根据案件的审理情况对争议焦点和当事人各方举证、质证和辩论的情况进行简要总结，并就是否同意调解征询当事人的意见。

第二十六条 审判人员在审理过程中发现案情复杂需要转为普通程序的，应当在审限届满前及时作出决定，并书面通知当事人。

五、宣判与送达

第二十七条 适用简易程序审理的民事案件，除人民法院认为不宜当庭宣判的以外，应当当庭宣判。

第二十八条 当庭宣判的案件，除当事人当庭要求邮寄送达的以外，人民法院应当告知当事人或者诉讼代理人领取裁判文书的期间和地点以及逾期不领取的法律后果。上述情况，应当记入笔录。

人民法院已经告知当事人领取裁判文书的期间和地点的，当事人在指定期间内领取裁判文书之日即为送达之日；当事人在指定期间内未领取的，指定领取裁判文书期间届满之日即为送达之日，当事人的上诉期从人民法院指定领取裁判文书期间届满之日的次日起开始计算。

第二十九条 当事人因交通不便或者其他原因要求邮寄送达裁判文书的，

人民法院可以按照当事人自己提供的送达地址邮寄送达。

人民法院根据当事人自己提供的送达地址邮寄送达的，邮件回执上注明收到或者退回之日即为送达之日，当事人的上诉期从邮件回执上注明收到或者退回之日的次日起开始计算。

第三十条 原告经传票传唤，无正当理由拒不到庭或者未经法庭许可中途退庭的，可以按撤诉处理；被告经传票传唤，无正当理由拒不到庭或者未经法庭许可中途退庭的，人民法院可以根据原告的诉讼请求及双方已经提交给法庭的证据材料缺席判决。

按撤诉处理或者缺席判决的，人民法院可以按照当事人自己提供的送达地址将裁判文书送达给未到庭的当事人。

第三十一条 定期宣判的案件，定期宣判之日即为送达之日，当事人的上诉期自定期宣判的次日起开始计算。当事人在定期宣判的日期无正当理由未到庭的，不影响该裁判上诉期间的计算。

当事人确有正当理由不能到庭，并在定期宣判前已经告知人民法院的，人民法院可以按照当事人自己提供的送达地址将裁判文书送达给未到庭的当事人。

第三十二条 适用简易程序审理的民事案件，有下列情形之一的，人民法院在制作裁判文书时对认定事实或者判决理由部分可以适当简化：

（一）当事人达成调解协议并需要制作民事调解书的；

（二）一方当事人在诉讼过程中明确表示承认对方全部诉讼请求或者部分诉讼请求的；

（三）当事人对案件事实没有争议或者争议不大的；

（四）涉及自然人的隐私、个人信息，或者商业秘密的案件，当事人一方要求简化裁判文书中的相关内容，人民法院认为理由正当的；

（五）当事人双方一致同意简化裁判文书的。

六、其他

第三十三条 本院已经公布的司法解释与本规定不一致的，以本规定为准。

第三十四条 本规定自 2003 年 12 月 1 日起施行。2003 年 12 月 1 日以后受理的民事案件，适用本规定。

最高人民法院
关于印发《民事诉讼程序繁简分流改革试点方案》的通知

2020年1月15日　　　　　　　　　　　　　法〔2020〕10号

北京、上海、江苏、浙江、安徽、福建、山东、河南、湖北、广东、四川、贵州、云南、宁夏、陕西省（区、市）高级人民法院：

为深入贯彻党的十九大和十九届二中、三中、四中全会及中央政法工作会议精神，深化民事诉讼制度改革，推进案件繁简分流、轻重分离、快慢分道，充分保障人民群众合法诉讼权益，有效降低当事人诉讼成本，满足人民群众多元、高效、便捷的纠纷解决需求，进一步优化司法资源配置，全面促进司法公正、提升程序效能，最高人民法院制定了《民事诉讼程序繁简分流改革试点方案》，已经中央司法体制改革领导小组专题会议审议通过。第十三届全国人大常委会第十五次会议作出《全国人民代表大会常务委员会关于授权最高人民法院在部分地区开展民事诉讼程序繁简分流改革试点工作的决定》(人大常委会字〔2019〕42号)，确保重大改革措施于法有据。现将《民事诉讼程序繁简分流改革试点方案》印发给你们，请认真组织实施。实施过程中遇有问题，请及时层报最高人民法院。

附：

民事诉讼程序繁简分流改革试点方案

为深入贯彻党的十九大和十九届二中、三中、四中全会及中央政法工作会议精神，现就推进民事诉讼程序繁简分流改革试点工作提出方案如下：

一、改革目标和基本原则

以全面提升司法质量、效率和公信力，努力让人民群众在每一个司法案件中感受到公平正义为根本目标，推动完善民事诉讼程序规则，优化司法资源配置模式，不断激发制度活力，全面提升司法效能，推动优化法治化营商环境，促进审判体系和审判能力现代化，服务国家治理体系和治理能力现代化。

（一）坚持正确政治方向。以习近平新时代中国特色社会主义思想为指导，始终坚持党对政法工作的绝对领导，坚定不移走中国特色社会主义法治道路，切实提升人民法院化解矛盾纠纷的能力水平，为国家长治久安、社会安定有序、人民安居乐业提供坚强有力的司法服务和保障。

（二）坚持以人民为中心。始终将不断满足人民群众司法需求作为出发点，积极拓宽纠纷解决渠道，完善纠纷解决方式，以为民谋利、为民尽责的实际成效取信于民。充分尊重当事人程序选择权，根据案件类型和复杂程度，适用不同的审理程序，配置相应的司法资源，优质、高效、低成本地解决矛盾纠纷，努力让司法更加亲民、诉讼更加便民、改革更加惠民，全面提升人民群众的获得感。

（三）坚持依法有序推进。严格按照法律要求和法定程序推进试点工作。涉及调整适用现行法律规定的，由立法机关作出授权决定后组织实施。对于实践证明可行的经验做法，及时总结提炼并推动上升为普遍适用的法律制度。推动顶层设计和基层探索良性互动、有机结合，实现改革系统集成、协同高效。

（四）坚持强化科技驱动。充分运用大数据、云计算、人工智能等现代科技手段破解改革难题、提升司法能力，促进语音识别、远程视频、智能辅助、电子卷宗等科技手段的深度应用，适度扩大在线诉讼的覆盖范围，推动实现审判方式、诉讼制度与互联网技术深度融合。

二、主要内容

（一）优化司法确认程序。健全特邀调解制度，加强特邀调解名册管理，完善诉前委派调解与司法确认程序的衔接机制。合理拓宽司法确认程序适用范围，经律师调解工作室（中心）等特邀调解组织、特邀调解员，或者人民调解委员会依法调解达成民事调解协议的，当事人可以按照程序要求，向人民法院申请司法确认。完善司法确认案件管辖规则，符合级别管辖和专门管辖标准的，由对应的中级人民法院和专门人民法院受理。

（二）完善小额诉讼程序。加强小额诉讼程序适用，适当提高小额诉讼案件标的额基准，明确适用小额诉讼程序的案件范围。进一步简化小额诉讼案件的审理方式和裁判文书，合理确定小额诉讼案件审理期限。完善小额诉讼程序与简易程序、普通程序的转换适用机制。

（三）完善简易程序规则。对需要进行公告送达的简单民事案件，可以适用简易程序审理。明确简易程序案件庭审和裁判文书的简化规则，完善简易程序审限规定。

（四）扩大独任制适用范围。探索基层人民法院可以由法官一人适用普通程序独任审理部分民事案件，明确适用独任制审理第一审普通程序案件的具体情形。探索中级人民法院和专门人民法院可以由法官一人独任审理部分简单民事上诉案件，明确适用独任制审理第二审民事案件的具体情形和审理方式。建立独任制与合议制的转换适用机制。

（五）健全电子诉讼规则。明确诉讼参与人通过人民法院信息化平台在线完成诉讼行为的法律效力。当事人选择以在线方式诉讼的，可以以电子化方式提交诉讼材料和证据材料，经人民法院审核通过后，可以不再提交纸质原件。经当事人同意，适用简易程序或者普通程序审理的案件，均可以采取在线视频方式开庭。明确电子送达的适用条件、适用范围和生效标准，经受送达人同意，可以采用电子方式送达判决书、裁定书、调解书。

三、试点范围和期限

（一）试点范围：北京、上海市辖区内中级人民法院、基层人民法院，南京、苏州、杭州、宁波、合肥、福州、厦门、济南、郑州、洛阳、武汉、广州、深圳、成都、贵阳、昆明、西安、银川市中级人民法院及其辖区内基层人民法院，北京、上海、广州知识产权法院，上海金融法院，北京、杭州、广州互联网法院。

（二）试点期限：试点期限为二年，自试点实施办法印发之日起算。

四、方案实施

（一）制定印发试点办法。最高人民法院制定印发民事诉讼程序繁简分流改革试点实施办法，并报全国人大常委会备案，作为推进试点工作的具体依据。

（二）积极开展试点工作。各试点法院根据全国人大常委会授权决定、试点方案和试点实施办法开展试点工作。各试点地区高级人民法院结合工作实际，制定具体实施方案和相关制度规定。最高人民法院做好试点指导工作，并适时向党中央和全国人大常委会作专题报告。

（三）推动法律修改完善。最高人民法院在全面总结试点经验和实效评估的基础上，配合全国人大常委会推动修改民事诉讼法等相关条文，配套完善相关司法解释。

五、组织保障

根据中共中央办公厅印发的《关于政法领域全面深化改革的实施意见》及其分工方案，试点工作由最高人民法院牵头推进，中央政法委、全国人大监察和司法委员会、全国人大常委会法制工作委员会、司法部等作为参加单位。最高人民法院加强对试点工作的跟踪指导、实效评估和总结验收，定期与各成员单位沟通协商，确保试点工作稳妥有序推进。

最高人民法院

关于印发《民事诉讼程序繁简分流改革试点实施办法》的通知

2020年1月15日　　　　　　　　　　　　　法〔2020〕11号

北京、上海、江苏、浙江、安徽、福建、山东、河南、湖北、广东、四川、贵州、云南、宁夏、陕西省（区、市）高级人民法院：

为深入贯彻党的十九大和十九届二中、三中、四中全会及中央政法工作会议精神，深化民事诉讼制度改革，根据第十三届全国人大常委会第十五次会议作出的《全国人民代表大会常务委员会关于授权最高人民法院在部分地区开展民事诉讼程序繁简分流改革试点工作的决定》（人大常委会字〔2019〕42号）和最高人民法院印发的《民事诉讼程序繁简分流改革试点方案》（法〔2020〕10号），结合工作实际，最高人民法院制定了《民事诉讼程序繁简分流改革试点实施办法》。现将文件印发给你们，请认真组织实施。实施过程中遇有情况和问题，请及时层报最高人民法院。

附：

民事诉讼程序繁简分流改革试点实施办法

为深化民事诉讼制度改革，推进案件繁简分流、轻重分离、快慢分道，进一步优化司法资源配置，全面促进司法公正，提升司法效能，满足人民群众多元、高效、便捷的纠纷解决需求，维护当事人合法诉讼权益，根据第十三届全国人民代表大会常务委员会第十五次会议作出的《全国人民代表大会常务委员会关于授权最高人民法院在部分地区开展民事诉讼程序繁简分流改革试点工作的决定》，结合审判工作实际，制定本办法。

一、一般规定

第一条 试点法院应当根据本办法，积极优化司法确认程序、小额诉讼程序和简易程序，健全审判组织适用模式，探索推行电子诉讼和在线审理机制，有效降低当事人诉讼成本，充分保障人民群众合法诉讼权益，促进司法资源与司法需求合理有效配置，全面提升司法质量、效率和公信力，努力让人民群众在每一个司法案件中感受到公平正义。

二、优化司法确认程序

第二条 人民法院应当建立特邀调解名册，按照规定的程序和条件，确定特邀调解组织和特邀调解员，并对名册进行管理。

第三条 经人民调解委员会、特邀调解组织或者特邀调解员调解达成民事调解协议的，双方当事人可以自调解协议生效之日起三十日内共同向人民法院申请司法确认。

第四条 司法确认案件按照以下规定依次确定管辖：

（一）委派调解的，由作出委派的人民法院管辖；

（二）当事人选择由人民调解委员会或者特邀调解组织调解的，由调解组织所在地基层人民法院管辖；当事人选择由特邀调解员调解的，由调解协议签订地基层人民法院管辖。案件符合级别管辖或者专门管辖标准的，由对应的中级人民法院或者专门人民法院管辖。

三、完善小额诉讼程序

第五条 基层人民法院审理的事实清楚、权利义务关系明确、争议不大的简单金钱给付类案件，标的额为人民币五万元以下的，适用小额诉讼程序，实行一审终审。

标的额超出前款规定，但在人民币五万元以上、十万元以下的简单金钱给付类案件，当事人双方约定适用小额诉讼程序的，可以适用小额诉讼程序审理。

适用小额诉讼程序审理的案件，人民法院应当向当事人告知审判组织、审理期限、审理方式、一审终审等相关事项。

第六条 下列案件，不适用小额诉讼程序审理：

（一）人身关系、财产确权纠纷；

（二）涉外民事纠纷；

（三）需要评估、鉴定或者对诉前评估、鉴定结果有异议的纠纷；

（四）一方当事人下落不明的纠纷；

（五）其他不宜适用小额诉讼程序审理的纠纷。

第七条 适用小额诉讼程序审理的案件，经人民法院告知放弃答辩期间、举证期限的法律后果后，当事人明确表示放弃的，人民法院可以直接开庭审理。

当事人明确表示不放弃答辩期间的，人民法院可以在征得其同意的基础上，合理确定答辩期间，但一般不超过七日。

当事人明确表示不放弃举证期限的，可以由当事人自行约定举证期限或者由人民法院指定举证期限，但一般不超过七日。

第八条 适用小额诉讼程序审理的案件，可以比照简易程序进一步简化传唤、送达、证据交换的方式，但不得减损当事人答辩、举证、质证、陈述、辩论等诉讼权利。

适用小额诉讼程序审理的案件，庭审可以不受法庭调查、法庭辩论等庭审程序限制，直接围绕诉讼请求或者案件要素进行，原则上应当一次开庭审结，但人民法院认为确有必要再次开庭的除外。

第九条 适用小额诉讼程序审理的案件，可以比照简易程序进一步简化裁判文书，主要记载当事人基本信息、诉讼请求、答辩意见、主要事实、简要裁判理由、裁判依据、裁判主文和一审终审的告知等内容。

对于案情简单、法律适用明确的案件，法官可以当庭作出裁判并说明裁判理由。对于当庭裁判的案件，裁判过程经庭审录音录像或者庭审笔录完整记录的，人民法院在制作裁判文书时可以不再载明裁判理由。

第十条 适用小额诉讼程序审理的案件，应当在立案之日起两个月内审结，有特殊情况需要延长的，经本院院长批准，可以延长一个月。

第十一条 适用小额诉讼程序审理的案件，出现下列情形之一，符合适用简易程序审理条件的，裁定转为简易程序审理：

（一）当事人认为案件不符合本办法第五条、第六条关于小额诉讼程序适用条件的规定，向人民法院提出异议，经审查认为异议成立的；

（二）当事人申请增加或者变更诉讼请求、追加当事人，致使案件标的额在人民币五万元以上、十万元以下，且一方当事人不同意继续适用小额诉讼程序的；

（三）当事人申请增加或者变更诉讼请求、追加当事人，致使案件标的额在人民币十万元以上或者不符合小额诉讼程序适用条件的；

（四）当事人提出反诉的；

（五）需要鉴定、评估、审计的；

（六）其他不宜继续适用小额诉讼程序的情形。

适用小额诉讼程序审理的案件，审理中发现案情疑难复杂，并且不适宜适用简易程序审理的，裁定转为普通程序审理。由小额诉讼程序转为简易程序审理的案件，一般不得再转为普通程序审理，但确有必要的除外。

适用小额诉讼程序审理的案件，转为简易程序或者普通程序审理前，双方当事人已确认的事实，可以不再举证、质证。

四、完善简易程序规则

第十二条 事实清楚、权利义务关系明确的简单案件，需要公告送达的，可以适用简易程序审理。

第十三条 适用简易程序审理的案件，人民法院可以根据案件情况，采取下列方式简化庭审程序，但应当保障当事人答辩、举证、质证、陈述、辩论等诉讼权利：

（一）开庭前已经通过庭前会议或者其他方式完成当事人身份核实、权利义务告知、庭审纪律宣示的，开庭时可以不再重复；

（二）经庭前会议笔录记载的无争议事实和证据，可以不再举证、质证；

（三）庭审可以直接围绕诉讼请求或者案件要素进行。

第十四条 适用简易程序审理的案件，人民法院可以采取下列方式简化裁判文书：

（一）对于能够概括出案件固定要素的，可以根据案件要素载明原告、被告意见、证据和法院认定理由、依据及裁判结果；

（二）对于一方当事人明确表示承认对方全部或者主要诉讼请求的、当事人对案件事实没有争议或者争议不大的，裁判文书可以只包含当事人基本信息、诉讼请求、答辩意见、主要事实、简要裁判理由、裁判依据和裁判主文。

简化后的裁判文书应当包含诉讼费用负担、告知当事人上诉权利等必要内容。

第十五条 人民法院适用简易程序审理的案件，应当在立案之日起三个月内审结。有特殊情况需要延长的，经本院院长批准，可以延长一个月。

五、扩大独任制适用范围

第十六条 基层人民法院适用小额诉讼程序、简易程序审理的案件，由法官一人独任审理。

基层人民法院审理的事实不易查明，但法律适用明确的案件，可以由法官一人适用普通程序独任审理。

第十七条 基层人民法院审理的案件，具备下列情形之一的，应当依法组成合议庭，适用普通程序审理：

（一）涉及国家利益、公共利益的；

（二）涉及群体性纠纷，可能影响社会稳定的；

（三）产生较大社会影响，人民群众广泛关注的；

（四）新类型或者疑难复杂的；

（五）与本院或者上级人民法院已经生效的类案判决可能发生冲突的；

（六）发回重审的；

（七）适用审判监督程序的；

（八）第三人起诉请求改变或者撤销生效判决、裁定、调解书的；

（九）其他不宜采用独任制的案件。

第十八条 第二审人民法院审理上诉案件应当组成合议庭审理。但事实清楚、法律适用明确的下列案件，可以由法官一人独任审理：

（一）第一审适用简易程序审理结案的；

（二）不服民事裁定的。

第十九条 由法官一人独任审理的第一审或者第二审案件，审理过程中出现本办法第十七条第（一）至（五）项或者第（九）项所列情形之一的，人民法院应当裁定组成合议庭审理，并将合议庭组成人员及相关事项书面通知双方当事人。

由独任审理转为合议庭审理的案件，审理期限自人民法院立案之日起计算，已经作出的诉讼行为继续有效。双方当事人已确认的事实，可以不再举证、质证。

第二十条 由法官一人独任审理的上诉案件，应当开庭审理。

没有提出新的事实、证据的案件，具备下列情形之一的，独任法官经过阅卷、调查或者询问当事人，认为不需要开庭的，可以不开庭审理：

（一）不服民事裁定的；

（二）上诉请求明显不能成立的；

（三）原判决认定事实清楚，但适用法律明显错误的；

（四）原判决严重违反法定程序，需要发回重审的。

六、健全电子诉讼规则

第二十一条 人民法院、当事人及其他诉讼参与人可以通过信息化诉讼平台在线开展诉讼活动。诉讼主体的在线诉讼活动，与线下诉讼活动具有同等效力。人民法院根据技术条件、案件情况和当事人意愿等因素，决定是否采取在线方式完成相关诉讼环节。

第二十二条 当事人及其他诉讼参与人以电子化方式提交的诉讼材料和证据材料，经人民法院审核通过后，可以直接在诉讼中使用，不再提交纸质原件。人民法院根据对方当事人申请或者案件审理需要，要求提供原件的，当事人应当提供。

第二十三条 人民法院开庭审理案件，可以采取在线视频方式，但符合下列情形之一的，不适用在线庭审：

（一）双方当事人明确表示不同意，或者一方当事人表示不同意且有正当理由的；

（二）双方当事人均不具备参与在线庭审的技术条件和能力的；

（三）需要现场查明身份、核对原件、查验实物的；

（四）人民法院认为存在其他不宜适用在线庭审情形的。

仅一方当事人选择在线庭审的，人民法院可以根据案件情况，采用一方当事人在线、另一方当事人线下的方式开庭。

采用在线庭审方式审理的案件，审理过程中出现上述情形之一的，人民法院应当将案件转为线下开庭方式审理。已完成的在线庭审活动具有法律效力。

第二十四条 经受送达人同意，人民法院可以通过中国审判流程信息公开网、全国统一送达平台、传真、电子邮件、即时通讯账号等电子方式送达诉讼文书和当事人提交的证据材料。

具备下列情形之一的，人民法院可以确定受送达人同意电子送达：

（一）受送达人明确表示同意的；

（二）受送达人对在诉讼中适用电子送达已作出过约定的；

（三）受送达人在提交的起诉状、答辩状中主动提供用于接收送达的电子地址的；

（四）受送达人通过回复收悉、参加诉讼等方式接受已经完成的电子送达，并且未明确表示不同意电子送达的。

第二十五条　经受送达人明确表示同意，人民法院可以电子送达判决书、裁定书、调解书等裁判文书。当事人提出需要纸质裁判文书的，人民法院应当提供。

第二十六条　人民法院向受送达人主动提供或者确认的电子地址进行送达的，送达信息到达电子地址所在系统时，即为送达。

受送达人同意电子送达但未主动提供或者确认电子地址，人民法院向能够获取的受送达人电子地址进行送达的，根据下列情形确定是否完成送达：

（一）受送达人回复已收到送达材料，或者根据送达内容作出相应诉讼行为的，视为完成有效送达；

（二）受送达人的电子地址所在系统反馈受送达人已阅知，或者有其他证据可以证明受送达人已经收悉的，推定完成有效送达，但受送达人能够证明存在系统错误、送达地址非本人使用或者非本人阅知等未收悉送达内容的情形除外。

完成有效送达的，人民法院应当制作电子送达凭证。电子送达凭证具有送达回证效力。

七、附则

第二十七条　本办法仅适用于北京、上海市辖区内中级人民法院、基层人民法院，南京、苏州、杭州、宁波、合肥、福州、厦门、济南、郑州、洛阳、武汉、广州、深圳、成都、贵阳、昆明、西安、银川市中级人民法院及其辖区内基层人民法院，北京、上海、广州知识产权法院，上海金融法院，北京、杭州、广州互联网法院。

本办法所称的人民法院，是指纳入试点的人民法院；所称的第二审人民法院，包括纳入试点的中级人民法院、知识产权法院和金融法院；所称的中级人民法院、基层人民法院包括试点地区内的铁路运输中级法院和基层法院。

第二十八条　试点地区高级人民法院根据本办法，结合工作实际，制定具体实施方案和相关制度规定，并于2020年2月10日前报最高人民法院备案。

试点地区高级人民法院在制定实施方案、修订现有规范、做好机制衔接的前提下，组织试点法院自本法印发之日起全面启动试点工作，试点时间二年。2021年1月1日前，试点地区高级人民法院应当形成试点工作中期报告报最高人民法院。

第二十九条 本办法由最高人民法院负责解释。

第三十条 本办法报全国人民代表大会常务委员会备案，自发布之日起实施；之前有关民事诉讼制度规定与本办法不一致的，按照本办法执行。

最高人民法院

关于印发《民事诉讼程序繁简分流改革试点相关诉讼文书样式》的通知（节选）

2020 年 9 月 30 日 　　　　　　　　　　　　　法〔2020〕261 号

北京、上海、江苏、浙江、安徽、福建、山东、河南、湖北、广东、四川、贵州、云南、陕西、宁夏等省（区、市）高级人民法院：

为深入推进民事诉讼程序繁简分流改革试点工作，推动民事诉讼文书有效适应试点工作新要求，进一步明确相关诉讼文书样式，增强文书规范性，提高文书质量，最高人民法院制定了《民事诉讼程序繁简分流改革试点相关诉讼文书样式》，现予印发，自 2020 年 11 月 1 日施行。

各试点地区高级人民法院要切实抓好贯彻落实，指导各试点法院严格按照文书样式出具诉讼文书。对于前期各地已经出台的诉讼文书样式规范性文件，应当结合本文件的内容予以修订完善。相关诉讼文书的排版印制格式，适用《人民法院民事裁判文书制作规范》相关规定。实施过程中遇有问题，请及时层报最高人民法院。

附：

民事诉讼程序繁简分流改革相关诉讼文书样式

09、民事判决书（小额诉讼程序简式裁判文书用）

××××人民法院
民事判决书

（××××）……民初……号

原告：×××，……。
……
被告：×××，……。
……
（以上写明当事人和其他诉讼参加人的姓名或者名称等基本信息）

原告×××与被告×××……（写明案由）一案，本院于××××年××月××日立案后，根据《全国人民代表大会常务委员会关于授权最高人民法院在部分地区开展民事诉讼程序繁简分流改革试点工作的决定》，依法适用小额诉讼程序，公开／因涉及……（写明不公开开庭的理由）不公开开庭进行了审理。原告×××、被告×××（写明当事人和其他诉讼参加人的诉讼地位和姓名或者名称）到庭参加诉讼。本案现已审理终结。

×××向本院提出诉讼请求：1.……；2.……（明确原告的诉讼请求）。事实和理由：……（概述原告主张的事实和理由）。

×××辩称，……（概述被告答辩意见）。

×××诉／述称，……（概述第三人陈述意见）。

经审理查明：……（简述查明的案件基本事实）。

本院认为，……（简要写明裁判理由，对诉讼请求作出评判。对于案情简单、法律适用明确，法官通过当庭裁判说明裁判理由，并将裁判过程用庭审录音录像或庭审笔录完整记录的，裁判文书可不写裁判理由。）

依照《中华人民共和国……法》第×条、……（写明法律文件名称及其项序号）规定，判决如下：

……（写明判决结果）。

如果未按本判决指定的期间履行给付金钱义务，应当依照《中华人民共和国民事诉讼法》第二百五十七条及相关司法解释之规定，加倍支付迟延履行期间的债务利息（没有给付金钱义务的，不写）。

案件受理费……元，由……负担（写明当事人姓名或者名称、负担金额）。

本判决为终审判决。

审　判　员　×××

××××年××月××日

（院印）

法官助理　×××

书　记　员　×××

〔说明〕

1. 本样式根据《最高人民法院关于民事诉讼程序繁简分流改革试点实施办法》第五条、第九条制定，供基层人民法院适用小额诉讼程序开庭审理民事案件终结后，对案件的实体问题作出判决用。

2. 裁判文书一般应当重点简化当事人诉辩称、认定事实和裁判理由的内容。对于当事人诉辩称主要记载诉讼请求、答辩意见及简要理由；对于事实认定，主要记载法院对当事人产生争议的事实和证据认定情况；对于裁判理由，主要针对事实和法律争点进行简要释法说理，明确适用的法条依据。

满足下列条件的，小额诉讼案件裁判文书可以不载明裁判理由，具体条件为：一是案件事实清楚、权利义务关系明确，法律适用清晰；二是人民法院对案件作出当庭裁判，并已口头说明裁判理由；三是裁判过程及裁判理由，已在庭审录音录像或者庭审笔录作完整记录。

3. 小额诉讼案件判决书，除适用本样式外，也可以继续适用2016年《民事诉讼文书样式》中的要素式、表格式、令状式判决书格式，但需在首部中的"案件由来和审理经过"部分添加"根据《全国人民代表大会常务委员会关于授权最高人民法院在部分地区开展民事诉讼程序繁简分流改革试点工作的决定》，依法适用小额诉讼程序"。

10、民事调解书（小额诉讼程序用）

××××人民法院
民事调解书

（××××）……民初……号

原告：×××，……。
……
被告：×××，……。
……

（以上写明当事人和其他诉讼参加人的姓名或者名称等基本信息）

原告×××与被告×××……（写明案由）一案，本院于××××年××月××日立案后，根据《全国人民代表大会常务委员会关于授权最高人民法院在部分地区开展民事诉讼程序繁简分流改革试点工作的决定》，依法适用小额诉讼程序进行了审理。

……（写明当事人的诉讼请求、事实和理由）。

本案审理过程中，经本院主持调解，当事人自愿达成如下协议／当事人自行和解达成如下协议，请求人民法院确认／经本院委托……（写明受委托单位）主持调解，当事人自愿达成如下协议：

一、……；

二、……。

（分项写明调解协议内容）

上述协议，不违反法律规定，本院予以确认。

案件受理费……元，由……负担（写明当事人姓名或者名称、负担金额。调解协议包含诉讼费用负担的，则不写）。

本调解书经各方当事人签收后，即具有法律效力／本调解协议经各方当事人在笔录上签名或者盖章，本院予以确认后即具有法律效力（各方当事人同意在调解协议上签名或者盖章后发生法律效力的）。

审　判　员　×××

××××年××月××日

（院印）

法官助理　×××

书　记　员　×××

〔说明〕

1.本样式根据《最高人民法院关于民事诉讼程序繁简分流改革试点实施办法》第五条对原样式作出修改，供基层人民法院在适用小额诉讼程序审理案件过程中，当事人自行和解达成协议请求人民法院确认、人民法院主持调解达成协议、人民法院委托有关单位主持调解达成协议由人民法院确认后，制作民事调解书用。

2.小额诉讼案件，可以不写案件事实。

11、民事判决书（一审普通程序独任审理用）

××××人民法院

民事判决书

（××××）……民初……号

原告：×××，……。

……

被告：×××，……。

……

（以上写明当事人和其他诉讼参加人的姓名或者名称等基本信息）

原告×××与被告×××（写明案由）纠纷一案，本院于××××年××月××日立案后，根据《全国人民代表大会常务委员会关于授权最高人民法院在部分地区开展民事诉讼程序繁简分流改革试点工作的决定》，依法适用普通程序，由审判员独任审理，于××××年××月××日公开/因涉及……（写明不公开开庭的理由）不公开/开庭进行了审理。原告×××、被告×××、第三人×××（写明当事人和其他诉讼参加人的诉讼地位和姓名或者名称）到庭参加诉讼。本案现已审理终结。

×××向本院提出诉讼请求：1.……；2.……（明确原告的诉讼请求）。事实和理由：……（概述原告主张的事实和理由）。

×××辩称，……（概述被告答辩意见）。

×××诉/述称，（概述第三人陈述意见）。

当事人围绕诉讼请求依法提交了证据，本院组织当事人进行了证据交换和质证。对当事人无异议的证据，本院予以确认并在卷佐证。对有争议的证据和事实，本院认定如下：1.……；2.……（写明法院是否采信证据，事实认定的意见和理由）。

本院认为，……（写明争议焦点，根据认定的事实和相关法律，对当事人的诉讼请求作出分析评判，说明理由）。

综上所述，……（对当事人的诉讼请求是否支持进行总结评述）。依照《中华人民共和国……法》第×条、……（写明法律文件名称及其条款项序号）规定，判决如下：

一、……；

二、……。

（以上分项写明判决结果）

如果未按判决指定的期限履行金钱给付义务，应当依照《中华人民共和国民事诉讼法》第二百五十七条及相关司法解释之规定，加倍支付迟延履行期间的债务利息。（没有金钱给付义务的，不写）

案件受理费××元，由×××负担。

如不服本判决，可在判决书送达之日起十五日内，向本院递交上诉状，并按照对方当事人人数提出副本，上诉于××××人民法院。

审　判　员　×××

××××年××月××日

（院印）

法官助理　×××

书　记　员　×××

〔说明〕

1. 本样式根据《最高人民法院关于民事诉讼程序繁简分流改革试点实施办法》第十六条第二款制定，供一审普通程序独任制开庭审理民事案件终结后，根据已经查明的事实、证据和有关的法律规定，对案件的实体问题作出判决用。判决书首部中的"案件由来和审理经过"部分需添加"根据《全国人民代表大会常务委员会关于授权最高人民法院在部分地区开展民事诉讼程序繁简分流改革试点工作的决定》，依法适用普通程序……进行了独任审理"。

2. 落款中的署名为独任审理的"审判员"。

3. 除有特别规定外，其他一审普通程序独任审理案件的民事裁定书、调解书中的"案件由来和审理经过"部分亦参照本样式。

12、民事判决书（二审案件独任审理用，以驳回上诉，维持原判为例）

××××人民法院
民事判决书

（××××）……民终……号

上诉人（原审诉讼地位）：×××，……。

……

被上诉人（原审诉讼地位）：×××，……。

……

（以上写明当事人和其他诉讼参加人的姓名或者名称等基本信息）

上诉人×××因与被上诉人×××（写明案由）纠纷一案，不服×××人民法院（××××）……民初……号民事判决，向本院提起上诉。本院于××××年××月××日立案受理后，根据《全国人民代表大会常务委员会关于授权最高人民法院在部分地区开展民事诉讼程序繁简分流改革试点工作的决定》，依法适用第二审程序，由审判员独任审理，于××××年××月××日公开开庭审理了本案。上诉人×××、被上诉人×××、原审原告/被告/第三人×××到庭参加诉讼。（写明当事人和其他诉讼参加人的诉讼地位和姓名或者名称，不开庭审理的，不写到庭情况）本案现已审理终结。

×××上诉请求：……（写明上诉请求）。事实和理由：……（概述上诉人主张的事实和理由）。

×××辩称，……（概述被上诉人答辩意见）。

×××述称，……（概述原审原告/被告/第三人陈述意见）。

×××向一审法院起诉请求，……（写明原告/反诉原告/有独立请求权的第三人的诉讼请求）。

一审法院认定事实：……（概述一审认定的事实）。一审法院认为，……（概述一审裁判理由）。判决：……（写明一审判决主文）。

本案二审期间，当事人围绕上诉请求依法提交了证据。本院组织当事人进行了证据交换和质证（当事人没有提交新证据的，写明：二审中，当事人没有提交新证据）。对当事人二审争议的事实，本院认定如下：……（写明二审法院采信证据、认定事实的意见和理由，对一审查明相关事实的评判）。

本院认为，……（根据二审认定的案件事实和相关法律规定，对当事人的上诉请求进行分析评判，说明理由）。

综上所述，×××的上诉请求不能成立，应予驳回；一审判决认定事实清楚，适用法律正确，应予维持。依照《中华人民共和国民事诉讼法》第一百七十条第一款第一项规定，判决如下：

驳回上诉，维持原判。

二审案件受理费……元，由……负担（写明当事人姓名或者名称、负担金额）。

本判决为终审判决。

审　判　员　×××
××××年××月××日
（院印）
法　官　助　理　×××
书　记　员　×××

〔说明〕

1. 本样式根据《最高人民法院关于民事诉讼程序繁简分流改革试点实施办法》第十八条制定，供二审案件适用独任制开庭审理用。判决书首部中的"案件由来和审理经过"需添加"根据《全国人民代表大会常务委员会关于授权最高人民法院在部分地区开展民事诉讼程序繁简分流改革试点工作的决定》规定,依法适用第二审程序,由审判员独任审理……"。

2. 落款中的署名为独任审理的"审判员"。

3. 二审独任审理案件的其他民事判决书、裁定书、调解书的"案件由来和审理经过"部分亦参照该样式,其他部分继续参照2016年《民事诉讼文书样式》中的相关样式。

最高人民法院

印发《关于加强和规范裁判文书释法说理的指导意见》的通知

2018年6月1日　　　　　　　　　　　　　　法发〔2018〕10号

各省、自治区、直辖市高级人民法院,解放军军事法院,新疆维吾尔自治区高级人民法院生产建设兵团分院:

现将《最高人民法院关于加强和规范裁判文书释法说理的指导意见》印发给你们,请遵照执行。

附:

关于加强和规范裁判文书释法说理的指导意见

为进一步加强和规范人民法院裁判文书释法说理工作,提高释法说理水平和裁判文书质量,结合审判工作实际,提出如下指导意见。

一、裁判文书释法说理的目的是通过阐明裁判结论的形成过程和正当性理由,提高裁判的可接受性,实现法律效果和社会效果的有机统一;其主要价值体现在增强裁判行为公正度、透明度,规范审判权行使,提升司法公信力和司法权威，发挥裁判的定分止争和价值引领作用，弘扬社会主义核心价值观，努力让人民群众在每一个司法案件中感受到公平正义，切实维护诉讼当事人合法权益，促进社会和谐稳定。

二、裁判文书释法说理，要阐明事理，说明裁判所认定的案件事实及其根据和理由，展示案件事实认定的客观性、公正性和准确性；要释明法理，说明裁判所依据的法律规范以及适用法律规范的理由；要讲明情理，体现法理情相协调，符合社会主流价值观；要讲究文理，语言规范，表达准确，逻辑清晰，合理运用说理技巧，增强说理效果。

三、裁判文书释法说理，要立场正确、内容合法、程序正当，符合社会主义核心价值观的精神和要求；要围绕证据审查判断、事实认定、法律适用进行说理，反映推理过程，做到层次分明；要针对诉讼主张和诉讼争点、结合庭审情况进行说理，做到有的放矢；要根据案件社会影响、审判程序、诉讼阶段等不同情况进行繁简适度的说理，简案略说，繁案精说，力求恰到好处。

四、裁判文书中对证据的认定，应当结合诉讼各方举证质证以及法庭调查核实证据等情况，根据证据规则，运用逻辑推理和经验法则，必要时使用推定和司法认知等方法，围绕证据的关联性、合法性和真实性进行全面、客观、公正的审查判断，阐明证据采纳和采信的理由。

五、刑事被告人及其辩护人提出排除非法证据申请的，裁判文书应当说明是否对证据收集的合法性进行调查、证据是否排除及其理由。民事、行政案件涉及举证责任分配或者证明标准争议的，裁判文书应当说明理由。

六、裁判文书应当结合庭审举证、质证、法庭辩论以及法庭调查核实证据等情况，重点针对裁判认定的事实或者事实争点进行释法说理。依据间接证据认定事实时，应当围绕间接证据之间是否存在印证关系、是否能够形成完整的证明体系等进行说理。采用推定方法认定事实时，应当说明推定启动的原因、反驳的事实和理由，阐释裁断的形成过程。

七、诉讼各方对案件法律适用无争议且法律含义不需要阐明的，裁判文书应当集中围绕裁判内容和尺度进行释法说理。诉讼各方对案件法律适用存有争议或者法律含义需要阐明的，法官应当逐项回应法律争议焦点并说明理由。法律适用存在法律规范竞合或者冲突的，裁判文书应当说明选择的理由。民事案件没有明确的法律规定作为裁判直接依据的，法官应当首先寻找最相类似的法律规定作出裁判；如果没有最相类似的法律规定，法官可以依据习惯、法律原则、立法目的等作出裁判，并合理运用法律方法对裁判依据进行充分论证和说理。法官行使自由裁量权处理案件时，应当坚持合法、合理、公正和审慎的原则，充分论证运用自由裁量权的依据，并阐明自由裁量所考虑的相关因素。

八、下列案件裁判文书，应当强化释法说理：疑难、复杂案件；诉讼各方争议较大的案件；社会关注度较高、影响较大的案件；宣告无罪、判处法定刑以下刑罚、判处死刑的案件；行政诉讼中对被诉行政行为所依据的规范性文件一并进行审查的案件；判决变更行政行为的案件；新类型或者可能成为指导性案例的案件；抗诉案件；二审改判或者发回重审的案件；重审案件；再审案件；其他需要强化说理的案件。

九、下列案件裁判文书，可以简化释法说理：适用民事简易程序、小额诉讼程序审理的案件；适用民事特别程序、督促程序及公示催告程序审理的案件；适用刑事速裁程序、简易程序审理的案件；当事人达成和解协议的轻微刑事案件；适用行政简易程序审理的案件；适用普通程序审理但是诉讼各方争议不大的案件；其他适宜简化说理的案件。

十、二审或者再审裁判文书应当针对上诉、抗诉、申请再审的主张和理由强化释法说理。二审或者再审裁判文书认定的事实与一审或者原审不同的，或者认为一审、原审认定事实不清、适用法律错误的，应当在查清事实、纠正法律适用错误的基础上进行有针对性的说理；针对一审或者原审已经详尽阐述理由且诉讼各方无争议或者无新证据、新理由的事项，可以简化释法说理。

十一、制作裁判文书应当遵循《人民法院民事裁判文书制作规范》《民事申请再审诉讼文书样式》《涉外商事海事裁判文书写作规范》《人民法院破产程序法律文书样式（试行）》《民事简易程序诉讼文书样式（试行）》《人民法院刑事诉讼文书样式》《行政诉讼文书样式（试行）》《人民法院国家赔偿案件文书样式》等规定的技术规范标准，但是可以根据案件情况合理调整事实认定和说理部分的体例结构。

十二、裁判文书引用规范性法律文件进行释法说理，应当适用《最高人民法院关于裁判文书引用法律、法规等规范性法律文件的规定》等相关规定，准确、完整地写明规范性法律文件的名称、条款项序号；需要加注引号引用条文内容的，应当表述准确和完整。

十三、除依据法律法规、司法解释的规定外，法官可以运用下列论据论证裁判理由，以提高裁判结论的正当性和可接受性：最高人民法院发布的指导性案例；最高人民法院发布的非司法解释类审判业务规范性文件；公理、情理、经验法则、交易惯例、民间规约、职业伦理；立法说明等立法材料；采取历史、体系、比较等法律解释方法时使用的材料；法理及通行学术观点；与法律、司法解释等规范性法律文件不相冲突的其他论据。

十四、为便于释法说理，裁判文书可以选择采用下列适当的表达方式：案情复杂的，采用列明裁判要点的方式；案件事实或数额计算复杂的，采用附表的方式；裁判内容用附图的方式更容易表达清楚的，采用附图的方式；证据过多的，采用附录的方式呈现构成证据链的全案证据或证据目录；采用其他附件方式。

十五、裁判文书行文应当规范、准确、清楚、朴实、庄重、凝炼，一般不得使用方言、俚语、土语、生僻词语、古旧词语、外语；特殊情形必须使用的，应当注明实际含义。裁判文书释法说理应当避免使用主观臆断的表达方式、不恰当的修辞方法和学术化的写作风格，不得使用贬损人格尊严、具有强烈感情色彩、明显有违常识常理常情的用语，不能未经分析论证而直接使用"没有事实及法律依据，本院不予支持"之类的表述作为结论性论断。

十六、各级人民法院应当定期收集、整理和汇编辖区内法院具有指导意义的优秀裁判文书，充分发挥典型案例释法说理的引导、规范和教育功能。

十七、人民法院应当将裁判文书的制作和释法说理作为考核法官业务能力和审判质效的必备内容，确立为法官业绩考核的重要指标，纳入法官业绩档案。

十八、最高人民法院建立符合裁判文书释法说理规律的统一裁判文书质量评估体系和评价机制，定期组织裁判文书释法说理评查活动，评选发布全国性的优秀裁判文书，通报批评瑕疵裁判文书，并作为监督指导地方各级人民法院审判工作的重要内容。

十九、地方各级人民法院应当将裁判文书释法说理作为裁判文书质量评查的重要内容，纳入年度常规性工作之中，推动建立第三方开展裁判文书质量评价活动。

二十、各级人民法院可以根据本指导意见，结合实际制定刑事、民事、行政、国家赔偿、执行等裁判文书释法说理的实施细则。

二十一、本指导意见自2018年6月13日起施行。

最高人民法院

印发《关于深入推进社会主义核心价值观融入裁判文书释法说理的指导意见》的通知

2021 年 1 月 19 日　　　　　　　　　　　　法〔2021〕21 号

各省、自治区、直辖市高级人民法院，解放军军事法院，新疆维吾尔自治区高级人民法院生产建设兵团分院：

现将《关于深入推进社会主义核心价值观融入裁判文书释法说理的指导意见》予以印发，请结合实际认真贯彻执行。执行中遇有问题，请及时层报最高人民法院。

附：

关于深入推进社会主义核心价值观融入裁判文书释法说理的指导意见

为深入贯彻落实中共中央关于进一步把社会主义核心价值观融入法治建设的工作要求，正确贯彻实施民法典，充分发挥司法裁判在国家治理、社会治理中的规则引领和价值导向作用，进一步增强司法裁判的公信力和权威性，努力实现富强、民主、文明、和谐的价值目标，努力追求自由、平等、公正、法治的价值取向，努力践行爱国、敬业、诚信、友善的价值准则，结合审判工作实际，现提出如下意见。

一、深入推进社会主义核心价值观融入裁判文书释法说理，应当坚持以下基本原则：

（一）法治与德治相结合。以习近平新时代中国特色社会主义思想为指导，贯彻落实习近平法治思想，忠于宪法法律，将法律评价与道德评价有机结合，深入阐释法律法规所体现的国家价值目标、社会价值取向和公民价值准则，实现法治和德治相辅相成、相得益彰。

（二）以人民为中心。裁判文书释法说理应积极回应人民群众对公正司法的新要求和新期待，准确阐明事理，详细释明法理，积极讲明情理，力求讲究文理，不断提升人民群众对司法裁判的满意度，以司法公正引领社会公平正义。

（三）政治效果、法律效果和社会效果的有机统一。立足时代、国情、文化，综合考量法、理、情等因素，加强社会主义核心价值观的导向作用，不断提升司法裁判的法律认同、社会认同和情理认同。

二、各级人民法院应当深入推进社会主义核心价值观融入裁判文书释法说理，将社会主义核心价值观作为理解立法目的和法律原则的重要指引，作为检验自由裁量权是否合理行使的重要标准，确保准确认定事实，正确适用法律。对于裁判结果有价值引领导向、行为规范意义的案件，法官应当强化运用社会主义核心价值观释法说理，切实发挥司法裁判在国家治理、社会治理中的规范、评价、教育、引领等功能，以公正裁判树立行为规则，培育和弘扬社会主义核心价值观。

三、各级人民法院应当坚持以事实为根据，以法律为准绳。在释法说理时，应当针对争议焦点，根据庭审举证、质证、法庭辩论以及法律调查等情况，结合社会主义核心价值观，重点说明裁判事实认定和法律适用的过程和理由。

四、下列案件的裁判文书，应当强化运用社会主义核心价值观释法说理：

（一）涉及国家利益、重大公共利益，社会广泛关注的案件；

（二）涉及疫情防控、抢险救灾、英烈保护、见义勇为、正当防卫、紧急避险、助人为乐等，可能引发社会道德评价的案件；

（三）涉及老年人、妇女、儿童、残疾人等弱势群体以及特殊群体保护，诉讼各方存在较大争议且可能引发社会广泛关注的案件；

（四）涉及公序良俗、风俗习惯、权利平等、民族宗教等，诉讼各方存在较大争议且可能引发社会广泛关注的案件；

（五）涉及新情况、新问题，需要对法律规定、司法政策等进行深入阐释，引领社会风尚、树立价值导向的案件；

（六）其他应当强化运用社会主义核心价值观释法说理的案件。

五、有规范性法律文件作为裁判依据的，法官应当结合案情，先行释明规范性法律文件的相关规定，再结合法律原意，运用社会主义核心价值观进一步明晰法律内涵、阐明立法目的、论述裁判理由。

六、民商事案件无规范性法律文件作为裁判直接依据的，除了可以适用习惯以外，法官还应当以社会主义核心价值观为指引，以最相类似的法律规定作为裁判依据；如无最相类似的法律规定，法官应当根据立法精神、立法目的和法律原则等作出司法裁判，并在裁判文书中充分运用社会主义核心价值观阐述裁判依据和裁判理由。

七、案件涉及多种价值取向的，法官应当依据立法精神、法律原则、法律规定以及社会主义核心价值观进行判断、权衡和选择，确定适用于个案的价值取向，并在裁判文书中详细阐明依据及其理由。

八、刑事诉讼中的公诉人、当事人、辩护人、诉讼代理人和民事、行政诉讼中的当事人、诉讼代理人等在诉讼文书中或在庭审中援引社会主义核心价值观作为诉辩理由的，人民法院一般应当采用口头反馈、庭审释明等方式予以回应；属于本意见第四条规定的案件的，人民法院应当在裁判文书中明确予以回应。

九、深入推进社会主义核心价值观融入裁判文书释法说理应当正确运用解释方法：

（一）运用文义解释的方法，准确解读法律规定所蕴含的社会主义核心价值观的精神内涵，充分说明社会主义核心价值观在个案中的内在要求和具体语境。

（二）运用体系解释的方法，将法律规定与中国特色社会主义法律体系、社会主义核心价值体系联系起来，全面系统分析法律规定的内涵，正确理解和适用法律。

（三）运用目的解释的方法，以社会发展方向及立法目的为出发点，发挥目的解释的价值作用，使释法说理与立法目的、法律精神保持一致。

（四）运用历史解释的方法，结合现阶段社会发展水平，合理判断、有效平衡司法裁判的政治效果、法律效果和社会效果，推动社会稳定、可持续发展。

十、裁判文书释法说理应当使用简洁明快、通俗易懂的语言，讲求繁简得当，丰富修辞论证，提升语言表达和释法说理的接受度和认可度。

十一、人民法院应当探索建立强化运用社会主义核心价值观释法说理的案件识别机制，立案部门、审判部门以及院长、庭长等应当加强对案件诉讼主体、诉讼请求等要素的审查，及时识别强化运用社会主义核心价值观释法说理的重点案件，并与审判权力制约监督机制有机衔接。

十二、人民法院应当认真落实《最高人民法院关于统一法律适用加强类案检索的指导意见（试行）》《最高人民法院关于完善统一法律适用标准工作机制的意见》等相关要求，统一法律适用，确保同类案件运用社会主义核心价值观释法说理的一致性。

十三、对于本意见第四条规定的案件，根据审判管理相关规定，需要提交专业法官会议或审判委员会讨论的，法官应当重点说明运用社会主义核心价值观释法说理的意见。

十四、各级人民法院应当定期组织开展法官业务培训，将业务培训与贯彻实施民法典结合起来，坚持学习法律知识、业务技能与社会主义核心价值观并重，增强法官运用社会主义核心价值观释法说理的积极性和自觉性，不断提升法官释法说理的能力水平。

十五、人民法院通过中国裁判文书网、"法信"平台、12368诉讼服务热线、中国应用法学数字化服务系统、院长信箱等途径，认真收集、倾听社会公众对裁判文书的意见建议，探索运用大数据进行统筹分析，最大程度了解社会公众对裁判文书的反馈意见，并采取措施加以改进。

十六、人民法院应当充分发挥优秀裁判文书的示范引领作用，完善优秀裁判文书考评激励机制，积极组织开展"运用社会主义核心价值观释法说理优秀裁判文书"评选工作，评选结果应当作为法官业绩考评的重要参考。

十七、最高人民法院、各高级人民法院应当定期收集、整理和汇编运用社会主义核心价值观释法说理的典型案例，加强宣传教育工作，进一步带动人民群众将法治精神融入社会生活，培育和营造自觉践行社会主义核心价值观的法治环境。

十八、各高级人民法院可以根据本意见，结合工作实际，制定刑事、民事、行政、国家赔偿、执行等裁判文书释法说理的实施细则，报最高人民法院备案。

十九、本意见自2021年3月1日起施行。

江苏省高级人民法院

关于印发《金融借款合同纠纷案件要素式审判工作指引》的通知

2018 年 1 月 8 日　　　　　　　　　　苏高法电〔2018〕22 号

各市中级人民法院、各基层人民法院：

　　为更好满足金融民商事纠纷案件当事人司法效率需求，更加合理分配司法审判资源，决定在金融借款合同纠纷领域实施以要素式庭审和要素式裁判文书为核心的审判方法改革，现将相关工作指引予以印发，供参考使用。请各市中级法院金融审判业务部门加强跟踪指导，及时反馈工作进展情况，针对出现的新情况新问题，加强调研分析，总结经验做法，及时报告省法院民二庭。

　　特此通知。

附：

金融借款合同纠纷案件要素式审判工作指引

　　为贯彻落实江苏省高级人民法院《关于深入推进矛盾纠纷多元化解和案件繁简分流的实施意见（试行）》，提升金融民商事纠纷案件审判质效，更好服务金融持续健康发展，决定对金融借款合同纠纷简单案件实行要素式审判方法改革，结合我省法院审判工作实际，制定本指引。

　　第一条　要素式审判方法，主要是对固定案情的基本事实要素进行提炼，就各要素是否存在争议进行归纳，并围绕争议要素进行庭审及制作裁判文书，简化审理流程，提高审判效率，实现简案快审。

　　第二条　基层人民法院依法适用简易程序审理的金融借款合同纠纷案件，主要采用要素式审判方法进行审理。

第三条 根据金融借款合同纠纷案件的特点确定事实要素。在立案阶段，指导原告填写案件要素表（见附件二），并移交审判业务庭。

第四条 庭前送达阶段，在向被告送达起诉状副本及应诉材料时，一并送达案件要素表副本，告知被告针对原告提交的案件要素表内容进行答辩，表明承认或否认的意见，对于否认的部分，写明所依据的事实和证据。

第五条 当事人可以协商放弃或缩短举证期限、答辩期间。双方当事人均表示不需要举证期限、答辩期间的，可以立即开庭审理或者确定开庭时间。

第六条 法院在开庭审理时应当围绕事实要素推进庭审，通过审查当事人填写的要素表，归纳无争议事实和争议焦点，梳理证据，确定庭审调查的重点（见附件三）。对双方无争议事实结合相关证据直接确认，对争议事实引导当事人举证、质证和辩论，不受法庭调查、法庭辩论等庭审程序的限制。

第七条 双方当事人对事实均无争议的案件，可以适用表格式判决书（见附件四），以表格方式记载当事人基本信息、案由、诉讼请求、案件基本事实和裁判主文等内容。

双方当事人对事实争议不大的案件，可以适用令状式判决书（见附件五），正文可仅载明当事人基本信息、案由、诉讼请求、案件基本事实、裁判依据、裁判主文等内容。

双方当事人对事实争议较大的案件，可以适用要素式判决书（见附件六），依序撰写原被告诉辩意见、法院查明事实和裁判理由及依据三个部分。案件事实围绕要素展开，直接确认双方无争议的事实要素；对于双方有争议的事实要素，可以简要列明举证、质证和认证意见；裁判理由围绕争议焦点可以简要阐述。

第八条 本指引自发布之日起施行。

附件：金融借款合同案件案件要素式审判简要流程示意图、诉讼要素表以及文书样式（略）

北京法院速裁案件要素式审判若干规定（试行）

2018 年 3 月 19 日　　　　　　　　　京高法发〔2018〕135 号

为规范立案阶段速裁案件要素式审判工作，提高纠纷解决质效，根据《中华人民共和国民事诉讼法》《中华人民共和国人民调解法》《最高人民法院关于人民法院进一步深化多元化纠纷解决机制改革的意见》《最高人民法院关于人民法院特邀调解的规定》《最高人民法院关于进一步推进案件繁简分流优化司法资源配置的若干意见》《最高人民法院关于民商事案件繁简分流和调解速裁操作规程（试行）》等法律和司法解释，结合北京法院实际情况，制定本规定。

第一条　【要素式审判的含义】要素式审判方法，主要是对固定案情的基本事实要素进行提炼，就各要素是否存在争议进行归纳，并围绕争议要素进行庭审及制作裁判文书，简化审理流程，提高审判效率，实现简案快审。

要素式裁判文书是指对于某些能够概括出固定要素的案件，在撰写裁判文书时不再按照传统的裁判文书格式分开陈述原告诉称、被告辩称、本院查明和本院认为部分，而是围绕着具体的案件要素，陈述原、被告意见及列明证据和法院认定理由及依据的法律文书。

第二条　【适用要素式审判的案件类型】各法院应将以下七类案件直接导入多元调解和速裁程序处理，多元调解不成但事实清楚、权利义务关系明确、当事人争议不大的普通民商事案件适用要素式审判方式审理：

（一）诉讼标的额在 50 万元以下的买卖合同纠纷；

（二）诉讼标的额在 50 万元以下的民间借贷纠纷；

（三）信用卡纠纷；

（四）金融借款纠纷；

（五）追索物业费、供暖费的物业服务合同纠纷、供用热力合同纠纷；

（六）机动车交通事故责任纠纷；

（七）家事纠纷，包括婚姻家庭、继承、赡养、抚养、扶养等纠纷。在立案庭接收上述案件时，应对起诉状、证据进行扫描存档。

第三条　【要素表的填写】根据要素式案件的特点确定事实要素。在立案阶段，由立案法官指导原告填写案件要素表。对要素式案件进行诉前调解的，由特邀调解员指导被告填写案件要素表。对要素式案件直接进行速裁的，庭前送达阶段，在向被告送达起诉状副本及应诉材料时，一并送达案件要素表，告知被告针对原告提交的案件要素表内容进行答辩，表明承认或否认的意见，对于否认的部分，写明所依据的事实和证据。

第四条 【举证期、答辩期】要素式案件的举证期限由法院确定，也可以由当事人协商一致并经人民法院准许。被告要求书面答辩的，法院可在征得其同意的基础上，在法律规定的期限内合理确定答辩期间。当事人双方均表示不需要举证期和答辩期的，记入笔录，可立即开庭审理。

第五条 【通知方式】要素式案件，可以采取电话、短信、传真、电子邮件等简便灵活的方式通知当事人，并做好工作记录。

第六条 【灵活开庭】要素式案件可以根据审理需要在晚间、休息日或法定节假日安排开庭。当事人或证人有正当理由不能到庭的，经对方当事人同意的，可运用在线视频等简便的方式开庭审理或询问。

第七条 【庭审方式】法院在开庭审理时应当围绕事实要素推进庭审，通过审查当事人填写的要素表，归纳无争议事实和争议焦点，梳理证据，确定庭审调查的重点。对双方无争议事实结合相关证据直接确认，对争议事实引导当事人举证、质证和辩论，不受法庭调查、法庭辩论等程序的限制。要素式案件可以采用语音识别等方式进行庭审记录，庭审记录应当保证真实、完整。

第八条 【小额诉讼】要素式案件中小额诉讼案件，适用《中华人民共和国民事诉讼法》第一百六十二条的规定，实行一审终审制。

第九条 【集中送达】在要素式案件审理过程中对需要集中送达、评估等审判辅助事务安排专门人员集中处理。

第十条 【即时履行】对于当庭即时履行的要素式案件，除当事人要求出具法律文书外，可以不出具法律文书，但应在庭审笔录中注明相关情况。

第十一条 【文书要求】依照《最高人民法院关于进一步推进案件繁简分流优化司法资源配置的若干意见》第十五条规定的要求，本规定第二条所列七类要素式案件采用要素式裁判文书形式，详见附件内容。鼓励各级法院采取信息化的手段，保证要素式案件的公正、快速审理。

第十二条 【买卖合同案件审理要素】买卖合同案件审理要素包括：合同效力；签订买卖合同的时间、地点；合同约定买卖标的物情况、合同约定的价款和价款支付方式；合同约定的交货时间；合同约定的质量标准及检验方式；合同约定的质量异议期限；合同标的交付情况（时间、地点、数量）；合同价款的实际支付情况；合同标的有无质量争议；对合同约定违约金标准有无异议等。

第十三条 【民间借贷案件审理要素】民间借贷案件审理要素包括：合同效力；原、被告之间的关系；原告从事的行业、收入情况；被告从事的行业、收入情况；原告出借款项资金来源；被告借款的用途；合同约定的借款数额及款项支付方式；被告实际收到的借款数额；原告向被告支付款项的方式；双方是否签订借款合同；被告是否向原告出具借条及收条；双方约定的还款期限和还款方式；双方对利息如何约定；是否存在保证或担保事宜；被告借款后偿还本金时间、数额、方式；被告借款后偿还利息时间、数额、方式等。

第十四条 【信用卡纠纷案件审理要素】信用卡纠纷案件审理要素包括：持卡人信息、信用卡申请书内容、信用卡领用合约内容、信用卡欠款情况；诉讼请求的计算方式等。

第十五条 【金融借款合同纠纷案件审理要素】金融借款合同纠纷案件审理要素包括：借款人概况、共同借款人概况、贷款申请日期、合同签订日期、合同约定的贷款金额、贷款期限、每期应付款、抵押情况；实际发放贷款的时间和金额、借款人还款情况；借款人欠款情况；诉讼请求的计算方式等。

第十六条 【物业服务合同纠纷、供用热力合同纠纷案件审理要素】物业服务合同纠纷、供用热力合同纠纷案件审理要素包括：涉案房屋坐落；被告系房屋所有权人；原告向被告收取物业费（供暖费）的依据；原告通过何种方式向被告催缴物业、供暖费用；被告抗辩意见及证据等。

第十七条 【机动车交通事故责任纠纷案件审理要素】机动车交通事故责任纠纷案件审理要素包括：事故发生概况、责任划分、车辆情况；受害人伤情、病休、伤残鉴定情况；已赔偿情况等。

第十八条 【继承案件审理要素】继承案件审理要素包括：被继承人及法定继承人的基本情况；被继承人与配偶的财产情况；遗产情况；被继承人生前的债权债务情况；被继承人有无遗嘱、遗赠等情形等。

第十九条 【离婚案件审理要素】离婚案件审理要素包括：结婚时间及生育子女情况；原告第几次起诉离婚；是否有婚前财产协议；是否有婚内财产协议；是否有可准予解除婚姻关系的情形；子女抚养权归属应查明的事实；财产分割应查明的事实；确定损害赔偿（补偿）应查明的事实；对外债权债务。

第二十条 【调解前置案件的参照适用】调解前置案件在调解过程中涉及本规定第二条所列七类案件事实认定的，参照适用本规定。

第二十一条 【解释及生效期限】本规定由北京市高级人民法院立案庭负责解释。本规定自下发之日起试行。

附：八类案件要素表及要素式判决文书样式（略）

山东省高级人民法院要素式审判方式指引（试行）

鲁高法〔2019〕51号　　　　　　　　　　　　2019年9月30日

为进一步推进司法改革创新，提升民商事纠纷案件审判质效，根据《最高人民法院关于进一步推进案件繁简分流优化司法资源配置的若干意见》（法发〔2016〕21号），结合我省法院审判工作实际，制定本指引。

第一条 〔要素式审判的定义〕要素式审判，是指对固定案情的基本事实要素进行提炼，就各要素是否存在争议进行归纳，并围绕争议要素进行审理，简化裁判文书制作，从而达到简化审理流程、提高审判效率、实现类案专审简案快审的审判方式。

第二条 〔适用范围〕以下九类事实清楚、权利义务关系明确、当事人争议不大的一审普通民商事案件适用要素式审判方式审理：

（一）金融借款合同纠纷；

（二）民间借贷合同纠纷；

（三）买卖合同纠纷；

（四）机动车交通事故责任纠纷；

（五）侵害商标权纠纷；

（六）劳动争议；

（七）离婚纠纷；

（八）物业服务合同纠纷；

（九）信用卡纠纷。

其他适宜用要素式审判方式审理的民商事案件，也可视实际情况适用要素式审判方式进行审理。

第三条 〔要素表的填写〕将当事人诉辩的基本案件事实要素进行列表，并将《审判要素表》嵌入网上立案系统，原告申请网上立案时按照系统自动提示填写《审判要素表》；现场立案的，由立案法官助理或书记员指导原告填写《审判要素表》。

人民法院不得以当事人未填写《审判要素表》为由不予立案。

第四条 〔审判程序〕适用要素式审判方式审理的案件应适用简易程序，在立案之日起一个月内审结，最长不超过三个月。

第五条 〔庭前送达〕人民法院应当在立案之日起三日内向被告和第三人送达起诉状副本及原告填写的《审判要素表》副本，告知被告和第三人针对《审判要素表》内容进行答辩，表明承认或否认的意见，对于否认的部分，写明所依据的事实和证据。

被告和第三人应填写《审判要素表》，于收到起诉状副本之日起五日内提交人民法院。逾期不提交不影响案件审理。

第六条 〔送达方式〕适用要素式审判方式审理的案件，可以采取电话、短信、微信、电子邮件等简便灵活的方式送达当事人，并做好工作记录。

当事人对送达地址和送达方式有约定的，按其约定送达。

第七条 〔举证期和答辩期〕适用要素式审判方式审理的案件原则上不再确定举证期限和答辩期间，征求当事人意见后可立即开庭审理或确定开庭日期，并计入笔录；当事人坚持举证期限、答辩期间的，人民法院确定的举证期限不超过十五日，答辩期间不超过五日。

第八条 〔庭前会议〕法官或受法官委托的法官助理主持召开庭前会议，完成核对当事人身份、交代诉讼权利和义务、组织交换证据等相关程序性事项，并审阅原、被告和第三人提交的《审判要素表》，总结无争议和有争议的事实，归纳争议焦点，主持庭前调解。

庭前调解达成协议的，制作调解书，由主审法官审核签发；调解未达成协议的，报请主审法官直接开庭审理。当事人要求另行确定开庭日期的，应当即确定时间后计入笔录，不再送达开庭传票。开庭日期一般应安排在庭前会议后三日内。

第九条 〔庭审方式〕开庭审理可采用互联网视频等方式进行。

开庭时应当围绕相关事实要素并结合诉讼请求确定庭审顺序。对庭前会议确定的案件事实，不再进行审理。

对双方无争议的事实要素予以确认并计入庭审笔录，不再进行举证、质证；对双方有争议的事实要素重点审查，引导当事人举证、质证和辩论，不受法庭调查、法庭辩论等庭审程序的限制。

第十条〔宣判形式〕采用要素式审判方式审理的案件，可以当庭宣判。

第十一条〔文书制作〕将《审判要素表》嵌入全流程网上办案系统，自动生成要素式裁判文书，辅助法官制作裁判文书。

要素式裁判文书不再分开当事人诉辩意见、证据认定、本院查明、本院认为部分，而是围绕争议的特定要素进行分析论证，依据相关法律作出裁判。对无争议的事实要素简单罗列，不再分析论证。

第十二条〔即时履行〕当庭即时履行的案件，经征得各方当事人同意，在法庭笔录中记载相关情况后不再出具法律文书。

第十三条 本指引自发布之日起试行。

附：参考九类案件《审判要素表》（略）

后 记

近几年，业内许多人士总会将我与要素式审判法联系在一起，甚至认为要素式审判法是我们的创造发明，原因就是我与刘龙法官曾于2016年年底合著《要素式审判法：庭审方式与裁判文书的创新》一书。其实，我们不仅在书的"前言"中，而且在许多场合都一再强调"要素式审判法"真的不是我们的发明创造。早在2012年深圳中院就率先在其辖区内试行"要素式审判法"，后来全国多地都有效仿与推广，广东、浙江、山东、陕西、内蒙古等地都相继发布有关要素式审判的改革成果和指导意见（山东莒南县法院从2015年开始用要素模式引领审判权运行的改革，卓有成效，影响至深）。2015年年底，人民法院出版社希望能由基层法院的法官编写关于要素式审判法的审判指南或者操作手册，希望通过总结既有的实践经验加以推广运用。受邀之后我却在想，要形成可复制、可推广的一套审判经验方法，恐怕还要从理论上进行论证才行，若无理论与现行法律依据的支撑，那么这个所谓的指南就可能会指错方向，也可能不具有生命力。所以，我试图将书稿的写作方向稍稍向理论上倾斜，试图寻找出要素式审判法背后的理论支撑，甚至希望从理论层面上对这一方法进行一些拔高，然后再进行相关的要素表、庭审提纲与文书制作样式的安排。最后，根据我们所拟定的书稿内容，确定了书名为《要素式审判法：庭审方式与裁判文书的创新》，尽管在书名上稍稍远离"审判指南""操作手册"的性质，但还是觉得该书内容的性质并没怎么改变，理论上仍有更深层次或更广泛意义上的提升空间。

运用要素式审判法确实能在一定程度上减少法官的工作量，提高审判效率，具有一定的推广价值。但在搜集资料和写作的过程中，我并未发现任何有关要素式审判法的理论文献，这其实意味着理论阐释部分完全要靠我们自己去思考和架构。我们在汇集各地法院规范性文件及其探索所取得的经验的基础上，进行了系统化地梳理与研究。通过研究，我们将要素式审判法的案件适用范围，确定在适用简易程序案件包括小额诉讼程序案件的类型之中，作为繁简分流机制当中速裁机制的内容，并且将要素式审判法的方法范围，确定为包括要素式庭审模式与要素式裁判文书。这样的结构安排，得到人民法院出版社领导与编辑的认可与支持，甚感欣慰。

该书在出版后，人民法院出版社电子音像出版社录制了要素式审判法的推介视频；《中国审判》杂志2016年第24期用了10个版面进行了专题推介，并发表了评论；我也在该期上以《要素式审判的理论与实践思考》为题，对"要素式审判法"进行了简要介绍。中国人民大学法学院汤维建教授、华中师范大学法学院杨凯教授也分别以《如何理解要素式审判法》《司法体制改革视野下的要素式裁判文书动态写作方法》为题，对要素式审判法进行了解读。这一宣传推广，客观上使要素式审判法在全国范围内产生了进一步的影响，《要素式审判法：庭审方式与裁判文书的创新》一书也因脱销而多次加印。

2017年春节前后，我在国家法官学院江苏分院举办的连续两期的初任法官培训班上，专题宣讲了要素式审判法，也应邀为南京师范大学法学院的本科生、研究生宣讲了要素式审判法，还有全国多地法院亦邀请宣讲要素式审判法。我之所以乐此不疲，主要还是因为非常希望要素式审判法能得到更多理论与实务界特别是基层法院法官的认同，从而发挥其提升审判效率的积极作用。2017年2月，江苏省淮安市中级人民法院第十七期"青年法官论坛"以"要素式审判法"为主题，特别"移步"至我所在的法院举办，江苏省高级人民法院李玉生副院长和时任南京工业大学法学院院长、江苏省淮安市中级人民法院副院长的刘小冰教授等亦参加了该期论坛，大家围绕主题各抒己见，分享自己的经验和体会。

在审判实践中，我们也尽可能地在自己所承办的案件中适用要素式审判法，通过亲力亲为来推广经验，效果显著。要素式庭审通过填写《诉讼要素表》的方式进行证据交换，在明确争议要素后对其重点审查，较之于传统庭审模式确实更加简便，且要素式裁判文书也在要素式庭审方式的基础上变得更为简明扼要，具有普适性与可复制性。当然，我也深知，司法现实中仍然存在运用受限问题，换句话说，全国许多法院在普遍认同要素式审判法的同时，也出现一些不和谐的声音，导致要素式审判法在有的地方适用率不高且运用效果参差不齐。一些基层法官对要素式庭审模式的原理不甚了解而不能运用自如，对原来所推行的要素式裁判文书样式也产生"不接地气"之抵触情绪。为解决实际运用中的这些问题，我通过亲身实践、走访座谈，并在潜心思考后找到了一些原因，比如除了部分法官在观念上仍然习惯于传统办案方式，或者因为在手案件审理压力不大而缺乏运用的动力之外，要素式审判法本身也还存在着诸如《诉讼要素表》的填写、法官助理的作用发挥等一些制约性瓶颈。为此，我进行反思与研究，提出了一些变通的解决办法。我的一些办法在各地法院包括安徽滁州中院、黄山中院、内蒙古乌海中院等全国多家法院来我院进行考察时也进行了毫无保留的交流。2019年下半年，我就自己的所思所想，撰写了题为《要素式审判方法之改进及其运用——提升民事庭审与文书制作效率的新思路》的文章，发表在《人民司法·应用》2019年第10期上。这篇论文算是我在《要素式审判法：庭审方式与裁判文书的创新》一书出版后，对要素式审判法的又一个阶段性总结，文章内容就包括了《诉讼要素表》的填写及其替代方法、要素式庭审模式操作方案以及要素式裁判文书样式的优化设计等。

  我对要素式审判法所进行的进一步探索与研究，其目的不仅在于排除要素式审判法在实际运用中所遇到的一些机制上的障碍，还在于对要素式庭审方式与要素式裁判文书样式进行模板化的改进或优化，更为重要的是，在这些改进或优化的背后，我们找到了经验资源与现行法的理论与制度供给，尤其是《最高人民法院民事诉讼程序繁简分流改革试点方案》和《最高人民法院民事诉讼程序繁简分流改革试点实施方案》实施以来所积累的实践经验。2020年12月《民事诉讼法解释》修正以及2021年12月全国人大常务委员会对《民事诉讼法》的修正，都肯定了要在繁简分流机制中强化要素式审判法的适用的正确方向。因此，我确信，要素式审判法不仅是一种科学的裁判思维方式，而且会在应用方面成为更具广泛性的一种审判方法。当然，不可否认，要素式审判法的理论仍具有进一步探索、研究和实践的空间，因此我希望能有更多的学者、法官同仁加入到要素式审判法的研究与司法实践活动中，从而让要素式审判法成为真正展示司法公正、提升审判效率的新型审判方法，我还希望要素式审判法能早日与人工智能技术相结合，从而成为为法官减负、为司法增辉的新兴方法与新型技术。

滕　威
二〇二三年九月